行动的力量

——学生眼中的大世界

全国中学生领导力展示会组委会　主编

商务印书馆
The Commercial Press
创于1897

2017年·北京

图书在版编目(CIP)数据

行动的力量:学生眼中的大世界/全国中学生领导
力展示会组委会主编.—北京:商务印书馆,2017
ISBN 978 - 7 - 100 - 13940 - 3

Ⅰ.①行…　Ⅱ.①全…　Ⅲ.①高中生—领导能
力—能力培养　Ⅳ.①G635.5

中国版本图书馆 CIP 数据核字(2017)第 105316 号

行动的力量:学生眼中的大世界
全国中学生领导力展示会组委会　主编

商 务 印 书 馆 出 版
(北京王府井大街 36 号　邮政编码 100710)
商 务 印 书 馆 发 行
山西人民印刷有限责任公司印刷
ISBN 978 - 7 - 100 - 13940 - 3

2017 年 7 月第 1 版　　　开本 787×1092　1/16
2017 年 7 月山西第 1 次印刷　印张 19½
定价 48.00 元

《行动的力量》丛书编委会成员

目录

CONTENTS

序　言

读完《行动的力量》这本书，被其中一群群中学生的行动所感染，所激发。他们充满着远大的理想和抱负，涌动着青春的活力与激情，表现着学生特有的天真与真诚。在紧张繁忙的学习之余，他们积极参加学校的领导力培养项目，在老师的指导下从事服务他人、改善社会的工作，经历着书本上和课堂内没有的实践与体验，收获着别样的成长与发展——领导力的提升。这是我们期待已久并为之感动的事情！

一

领导力是指影响和改变他人思维与行为的能力，其重要性不言而喻。现代社会是一个高度专业化的社会，任何一个事件的成功，都离不开专业的分工与合作，离不开卓有成效的领导。"一只狮子率领一群绵羊的队伍，可以打败由一只绵羊带领一群狮子的部队"，这就说明了领导人的重要性。

然而，不幸的是，当今时代是一个领导危机的时代。领导学研究者伯恩斯认为："在我们所处的时代中，一个最为普遍的渴望便是对强有力的富有创造性的领导的渴求……而目前领导的危机在于，如此多的当权男女平庸无能和不负责任，而又很少有领导脱颖而出以充分满足对它的需要。如果说我们对我们的领导者了解太多，那么我们对于领导就可谓知之甚少……领导是

世界上为人关注最多而又被理解最少的一种现象。"

而在领导力培养方面,中学学习阶段至关重要。因为,领导力最本质、最基础的要素是一个人的世界观和价值观,而中学阶段尤其是高中阶段是人的世界观和价值观形成的最重要阶段。因而,西方发达国家早在20世纪五六十年代,就开始认识到中学生领导力培养的意义和价值。"许多成功人士谈到,他们的领导生涯是从中学生活开始的。"其实,不少世界著名中学在这方面早就开始了探索,并取得了卓著的成效。

英国的伊顿公学以"精英摇篮"而著称,英国20位首相和多位企业政界领袖毕业于该校,承担领导责任的文化已经渗入每位师生的内心。美国威斯敏斯特中学,是美国知名的私立高中,学校的办学宗旨之一就是:为世界各地培养领导人。新加坡莱佛士书院创办之初就定位为培养社会领袖人才,并在发展过程中明确了如下办学追求:通过在服务中领导或在领导中服务,培养未来社会的领导者、思想者和先锋者。新加坡华侨中学的发展愿景是"成为培育领袖的世界级学府"。香港圣保罗男女中学的宗旨是"秉承基督教'信望爱'的精神,培育学生成为未来的领导人才"。澳大利亚墨尔本女子中学的校徽上就写着"致力于培养女性领导力,挖掘女性最大潜能",等等。可见,重视学生领导力的培养,已经成为世界发达国家著名中学的共识。

很欣喜地看到,我国的一些中学已经意识到了学生领导力开发与培养的重要性,并在未名网等单位的大力倡导和支持下,开展了一系列富有特色的项目和活动,取得了良好的成效。本书就是这些中学在学生领导力开发方面特色项目的展示、总结与反思,相信对于其他教育同人均有重要启示。

二

从学生所参与的领导力培养项目实践可以看出,成功的领导需要具备如下品质:

1. 服务他人、奉献社会的价值追求

为改善社会、服务他人做出努力和贡献，是这些学校在培养学生领导力过程中所要坚持的首要价值。学生们在项目中所追求的宗旨是服务他人、帮助弱者、改善社会。只有在服务他人和奉献社会的过程中，才能突显领导的意义，实现个人的自身价值。"领导就是服务"也是在这个意义上而言的。项目所选的主题、所从事的实践和社会需要结合得越是紧密，其团队的凝聚力和向心力就越强，对队员的激发和鼓舞的力量也越持久。

2. 善于沟通、有效合作的团队意识

有效领导需要带领团队成员一起，齐心协力达到共同目标。因而，就目标、路径等和团队成员进行有效沟通与合作，被认为是有效领导必不可缺的素养。当然，有效沟通与合作，离不开对团队成员的尊重，尊重每个成员的人格、个性和想法等，对成员的需求给予满足和引导，关心关爱员工。只有如此，团队成员才可能为达到组织目标而尽心尽力。

3. 自信进取、坚韧不拔的品格特征

带领团队成员一起达到组织目标的过程并不顺利，充满挫折和困境，这就需要领导者具备自信进取、坚韧不拔的品格特点。个人的品格是在后天受教育的过程中逐步形成和陶冶的，领导力培养项目实施过程中同样突出了这一特点。

除了上述几种品质之外，勇于担当和创新的意识，健全而又高尚的人格，多方面的综合实力等都是有效领导之所需，需要在领导力培养实践中给予相应的关注和开发。

三

需要指出的是，中学生领导力培育与开发的项目，都表现出了如下特点：

1. 对学生成长与发展的关注

中学生领导力培育与开发项目，对学生的成长与发展，尤其是对有效领

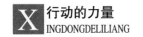
导所应有的情感态度和价值观、选择与判断、沟通与合作等能力发展给予了高度关注。虽然这些学生都是学校中参加领导力培养项目的成员，但是其所表现的领导力和成人世界的有效领导差距还很远。然而，其个人原本领导力的强弱不是项目最关注的，项目关注的是他们在这个过程中的提升和进步，如学生们在参与项目中所表现出的激情和热情，项目进行过程中经历的磨难，体验的艰辛，获得的感动，收获的喜悦，等等。虽然有时还很稚嫩，但是这些体验与收获会为其一生的成长和发展奠定坚实的精神底色。

这些由项目带来的课堂内和书本上学不到的实践经历与精神体验，对学生而言是最为宝贵的收获，也是项目最为重视的学生需要发展的品质。这离不开学校的领导与组织，教师的指导与引领。

2. 社会各界对该项目的支持与配合

中学生领导力开发项目的推进，不仅需要学校的关注和努力，更离不开社会各界乃至每一位公民的支持与配合。学生在发放调查问卷、进行访谈的过程中需要他人的配合和支持。活动过程中遇到经费困难时，也需要他人帮助。

其实，很难说学生的这些行动对于解决实际问题、改善社会现状有多少帮助，但难得的是，社会各界对中学生这样的实践活动抱着鼓励、肯定的态度，并给予了相应的支持与配合。各媒体也都从正面引导的视角对相关事件进行了报道，营造了良好的社会舆论，给学生和所在学校带来了积极的影响。未名网等单位专门组织中学生领导力项目展示会，也是对该项目最有力的推动。这是非常难得的社会现象，也是该项目可持续实施的重要保证。在此，我们对关心支持学生成长与发展的社会各界，表示衷心的感谢！

最后，衷心希望在社会各界的大力支持与学校的有效组织下，中学生领导力项目发展得越来越好！中学生领导力展示会越办越红火！

引领未来

从生活中取材，在身边寻找环保

北京师范大学附属实验中学

> "衣衣不舍3.0"，一个无与伦比、团结一心的团体。我们在一起的故事，我们一起并肩前行的日子深深地烙印在脑海之中。七个人就像一个大家庭一样，成了最要好的兄弟姐妹。因为我们在一起做着一件值得永生骄傲的事——衣衣不舍，废旧纺织品衣物回收。从生活中取材，在身边寻找环保！

在生活中很多黑心商贩通过各种渠道获取各种废弃的棉纺织制品，经过再次加工包装成高昂的纺织品，从而能够获得高额的利润，但产品质量很差。"衣衣不舍"项目组通过实地考察和调研，发现了这个社会问题，制定了行动方案。从校园做起，将"衣服也可以回收"的理念传递给北京师范大学附属实验中学的全体师生，在校内树立环保的观念。

"衣衣不舍"项目组已经走过了两年的历程，项目已经迭代到了3.0。"衣衣不舍3.0"项目组将这个项目进一步扩大服务范围，向更远的地方拓展。

"衣衣不舍"走进社区

在最初制定项目时间表时，社区组的王燕竺、李朔晴和王卓凡以及项目

主席谈雨卓同学通过简单的讨论，便洋洋洒洒安排好了从 5 月底到 7 月初的任务。但随后参加了"衣衣不舍 3.0"跨校组和常态化组的活动后，他们一方面感叹项目组其他成员们缜密的思维和强大的行动力，另一方面检讨自己考虑事情的不周全。之后来回改了好几次时间表和社区回收流程方案书，在经历了成功与失败后，任务也总算是圆满完成了。

在前期准备中，社区组把重点放在踩点和宣传上。为了方便项目组成员的行动，社区组在学校周边开展踩点行动。通过实地考察以及与各小区居委会、物业的初步沟通，社区组暂时决定在丰侨公寓、京畿道和丽华苑三个社区推广我们的项目。

但在深入了解这三个小区后，发现每个社区的情况大相径庭，居民人数、场地、时间都会多多少少给我们宣传或回收带来困扰。尤其是丰侨公寓，物业只允许在一个公告栏内张贴宣传材料，宣传方式和范围受限；因为场地等限制，不让大规模开展回收活动，也没有空地让我们暂时存放收好的衣物，只能分时段挨家挨户收集或是安置回收箱。

幸运的是，另外两个社区都有合适的空间和场地来支持我们的宣传和回收活动。毕竟是初次在社区内开展回收旧衣物的活动，我们不敢贸然尝试，经过全体社区组成员讨论后，我们决定只在京畿道和丽华苑两个社区推进项目。

我们活动的整体流程共分为三个部分：宣传、回收和收尾整理。在踩点以及与社区物业、居委会协商后，我们便做了详细的策划案。

在与小区物业和居委会协商之后，社区组决定于回收活动前四五天时间内，在每栋楼的中间墙上贴海报，楼房中单元门上粘贴文字稿形式的通知，并在社区内发放宣传材料进行宣传。宣传中所用到的主要材料有海报、通知以及横幅。宣传海报主要靠宣传组来完成，文字稿形式的通知则主要由社区组负责人王燕竺来完成，这两项一个用来吸引眼球让大家知道我们的项目，另一个介绍"衣衣不舍 3.0"项目以及旧衣物回收活动的时间和具体事项。而横幅则是为了在回收旧衣物的时候更方便居民找到我们，同时能够以收集签

搬运衣物

社区回收签名活动

名的方式表现居民对我们项目的支持。

在回收活动方面，考虑到居民方便的时间，我们决定7月18日（周六）和19日（周日）的下午，在京畿道和丽华苑社区同步开展回收活动，每个社区有四五位项目组成员和两位主要负责人。项目组成员到达指定的回收点后，便开始回收居民捐赠的衣物，登记居民的住户信息（只记录楼号和楼层），并引导支持并参与我们活动的居民在横幅上签字。

收尾工作主要有运送废旧衣物、回馈再生品和数据统计。因为负责提供车辆的基金会周末休息，无法在19日回收活动完毕后及时将衣物运走。20日一场突发的暴雨打乱了我们原本的计划，社区的居民怕衣物发霉直接来到学校投诉，认为我们没有合理处置衣物。于是，同学们冒着大雨一袋一袋地将衣物运回学校闲置的教室。雨水打湿了同学们的衣衫，浸湿了眼镜，升起一层薄雾。但没有一个人喊过累和放弃，冒雨经过两个小时，我们终于徒手完成了800公斤的搬运工作。也正是通过这样的方式，我们明白了应该完善自己的方案，准备更加合理的备选方案。我们的统筹规划能力以及应变能力在不断增强，领导力也在不断进步！

在北京第二实验小学宣传

"衣衣不舍"走进小学

我们走进了北京第二实验小学，将"衣衣不舍"活动推广到那些更富有热情、更积极的小朋友身边。

在"六一"活动开展之前，王雪莹、王泽源、贾皓元三位同学特地来到实验二小，对本校 3 — 6 年级的所有学生进行了动员和宣讲，向同学们讲解了回收的流程及时间，为回收活动做了铺垫。在开展活动前夕，我们提前来到了实验二小开展踩点工作，将回收工作细化至各楼层。这次活动因为我们在宣传方面的一些漏洞，直接导致了二小同学和老师们误解了我们的意思，以为我们只回收同学们的校服，也有部分同学没有收到六一当天回收的通知。

二小回收遇到突发情况，紧急把
衣物转移至同学家中

由于孩子们很小，而各班的班主任老师却又没有收到我们项目组和校方特别准确的传达，直接导致我们第一天总共只收集了100多公斤的衣物。回收总量少得惊人，这也给了我们当头一击。项目主席谈雨卓迅速整理思路，带领项目组继续奋战。由于回收数量过少，基金会的工作人员没能将衣物拉走，项目组成员又尝试联系该校相关工作人员，希望将回收衣物暂存在校内，但结果却是校内一时间没有合适的地方存放。大家此时都急得焦头烂额，幸好，项目组邱昕元表示可将衣物暂时存放在他们家，等之后各个校区汇总上来后一并拉走，终于解了我们的燃眉之急。

随后，我们整理思路，总结不足。经过和二小的再次商谈，我们决定于6月2日由学校层面出动，对北京第二实验小学官园校区、王府校区、新文化街（本校）校区，以及长安分校和德胜分校集体进行宣讲和倡议，并于6月

将衣物送进回收货车

3日对五校同时展开回收活动。为了避免再次出现宣传不到位的情况，在第二次回收中，我们力争将每一个回收细节都讲解得清清楚楚，让不同年龄段的孩子们都能弄明白回收的方式和类型。

阳光总在风雨后，6月3日的第二次回收效果颇丰。实验二小的五个校区均积极参与，反响热烈，第二次回收的总量甚至达到了惊人的3吨。在6月3日的晚上，项目组成员来来回回往返于二小各个校区之间，在结束学校的课程后，大家利用5个小时的课余时间将近3吨的棉纺类制品集中搬运到预先设定好的学校储存点。5个小时很长，每个人都很累；5个小时很短，没有人喊苦，没有人说放弃，项目组成员也积极发动身边的同学参与到搬运活动中。在大家的脸上，看到的都是满足的、有成就感的笑容。我们在5个小时的搬运过程中有说有笑，来自不同年级、不同班级的同学们分享着自己生活中的趣事，彼此的心越贴越近，真正凝聚成一股绳，为了一个目标

利用三轮车从校门将衣物
运送至指定教室

与校领导商谈衣物回收常态化

不断努力。

之后，实验二小校方表示非常重视此次活动，并希望能够与项目组长期合作，把这项活动以常态化的形式进行下去。

至此，7 名项目组成员、5 个校区、6 个年级、近 1 万人的投入和积极参与，使得本次回收活动大获成功。我们在北京第二实验小学两次回收总量高达 3.1 吨，比项目 1.0 时的总量增长了 400%。

"衣衣不舍"走进每天的生活

在校园内部实行衣物回收常态化，是"衣衣不舍 3.0"三个环节中最重要的一环，因为它主要是推行一个想法，一个程序，具体要做的事并不多。不过，要想让校领导和大众认同这个想法，就需要做充分的准备工作。为了能让工作进行得更加有条不紊，我们决定先制作一个时间表。

时间表，听起来是个很简单的东西，但实际上，制作一个完善的时间表实属不易。事件需要全面并且概括，要用尽可能少的话把事情说清楚；每件事情要指定到人，哪件事谁做，都要写清楚。还要设计 B 计划，来应对突发情况。为此，我们把时间表修改了一遍又一遍。

校园常态化需要做以下几件事。首先，项目组成员邱昕元、谈雨卓、刘昊琳等同学去各个校区踩点，寻找合适的放置回收箱的位置。其次，拟定一份常态化的运行方案，具体说明衣物的投放、管理、运输以及回馈。然后，对三个校区进行一次回馈活动。最后将我们所有活动资料整合在一起，交给北京师范大学附属实验中学杨文芝校长审阅，征求他的同意。

但在和杨文芝校长最终商议的时候，我们的想法被否定，因为有两个问题她没有得到想要的答复。一是回收箱的占地、清洁问题；二是安全问题。客观原因是，项目组成员当时是去约时间的，没有带上材料，有些东西口头不好明确，所以难以说服杨文芝校长。我们利用接下来的几天，完善了之前的材料，让安全、管理等问题都有了合理的答案。带着满满的信心，我们再次找到杨校长。这回，她心中的"顽石"终于被打动了，项目得到了最终的通过。

在项目实施过程中会遇到许许多多的困难，但总会在黑暗中找到光明，找到那个最棒的解决方案。永远不要放弃，放弃永远是不成功。

"衣衣不舍"走进社会的每个角落

项目组所有人的努力和信念都是项目成功的关键，前期的一切工作都在按部就班地开展和进行。但在过程中经历的种种情况，使项目组成员不禁会思索，究竟何为领导力？其实，一个群体或有组织的领导人，要实现有效的领导，必须具有影响力。在项目工作中也是如此，领导力的一种体现便是好的影响力。自然，一个成熟的项目需要社会影响力的提升。

社会的影响力，又分为很多种。"衣衣不舍"在校内进行的调查、宣传、回收是一种影响力；走出学校在社区、小学面对各种情况，及时解决，回收成功，收获好评是一种影响力；《中国教育报》、北京电视台、废旧纺织品专业委员会的相关报道也是一种影响力；乃至到第七届全国中学生领导力展示会的舞台上，到CCTV的报道上，更是一种影响力的展现。项目的不断传承，内容和形式的不断创新，我们需要的不仅仅是人们的认可和项目的推广，更加希望项目能够走出学校，步入社会，让更多的人学习公益，了解环保，怀揣本心去为环境贡献一份自己的力量，能够使之成为一种良好的社会风气，真正让"衣衣不舍"飞入寻常百姓家，让更多的人加入到这个优秀的行列之中。

项目1.0已经在校内进行了两次回收，总量为1.7吨。而3.0在西城区京

畿道和丽华苑小区共回收了 0.8 吨的衣物，在北京第二实验小学旧衣回收量则达到了 3.1 吨，这说明群众对于环保的热情十分高涨。此外，在社区的衣物回收中，有不少居民询问下次活动的时间，并表达了对项目的赞美和支持，希望能够长期办下去。当项目组成员进行前期的调查时，发现每个人家里必定有或多或少的废旧衣物或纺织品，所以项目前景是十分乐观的。在 1.0 —3.0 的项目工作中，相对于北京这样一个大环境只是开展了对于其中一所小学、一所中学、两个社区的回收工作，就已达到 6 吨这一惊人的数量。如果说项目组能够得到支持，将项目推广到北京市的各个角落，甚至将其置于更广大的"舞台上"，那么对于废纺资源的回收和循环利用将是多么有帮助！

于是，王雪莹同学想到了政府，也只有政府才能够带领"衣衣不舍"走得更远，让这种公益产业能够真正服务于群众，服务于社会。

在项目组全体成员的商讨下，以提案的形式向北京市政府写了一封"倡议书"，对项目的背景、意义、目标、实施成果、预期、希望政府支持等多个方面进行了陈述，全方位地向政府和市长先生展示了"衣衣不舍"，为项目下一步工作奠定基础。

在倡议书中，表达了项目组成员及广大市民的夙愿，希望政府能够出台相关政策，给予各项保障，能够进一步完善"衣衣不舍"的机制。对此项目组成员也表示真心地希望政府能够在各大中小学宣传"衣衣不舍"的理念，并鼓励他们组织废纺回收活动，增强学生的环保意识；其次，希望政府向广大人民群众宣传环保理念，给予人力、物力、财力等各项支持，在社区放置旧衣物回收箱，并且联系相关废纺回收公司定期回收，给居民带来方便；最后，希望政府能将回收成果向全社会宣传，让大家知道，环保不仅仅是口号，更是实际行动！

在 7 月 20 日，政府已将提案移送有关部门审理，相信在不久的将来，"衣衣不舍"可以走进学校，步入社区，推广到社会的各个角落！

结语

"衣衣不舍 3.0"，一个无与伦比、团结一心的团体。我们在一起的故事，我们一起并肩前行的日子深深地烙印在脑海之中。七个人就像一个大家庭一样，成了最要好的兄弟姐妹。因为我们在一起做着一件值得永生骄傲的事——衣衣不舍，废旧纺织品衣物回收。从生活中取材，在身边寻找环保！

我们知道，在活动中出现问题是不可避免的，对于中学生的我们来说，是挑战，亦是成长。所谓的领导力是什么？是对新事物的预判，对新方案的执行，对突发情况的应变，对整体运作的把控。在领导力的指引下，我们升华自我，提升能力，在困难中学会成长。我们期待未来在更多的地方找到"衣衣不舍"的足迹！

衣衣不舍 3.0 项目成员合影

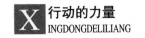

附录一：政府提案

　　尊敬的北京市政府、市长先生：

　　您好！感谢您在百忙之中抽出时间亲自查看信件！我们是北京师范大学附属实验中学领导力团队——"衣衣不舍3.0"项目组。在此，有一些我们项目组关于环保节约的做法和措施想跟您做一个交流，并由衷地希望能得到您的认可和支持。

　　2014年，我校的学长们通过领导力课程成立了"衣衣不舍"，将环保理念提上日程，传承下去。我们项目的核心，是将旧衣物回收再利用的理念付诸行动，让更多的人参与公益，了解环保。我们将同学们和社区居民的旧衣服以及各类废旧纺织品收集起来，然后运送到工厂重新加工，加工出的产品再投入社会中使用。这样，既服务了同学和居民，帮助他们处理了无用且占地的旧衣物，又达到了环保的目的。项目1.0之前已经在我们校内进行了两次回收，总量为1.7吨。而我们这届在西城区京畿道和丽华苑小区共回收了0.8吨的衣物，在北京第二实验小学旧衣物回收量则达到了3.1吨。这说明群众对于环保的热情十分高涨。此外，在社区的旧衣物回收中，有不少居民询问我们下次活动的时间，并表达了对我们项目的赞美和支持，希望能够长期办下去。居民们的需求、衣物回收的数量都能直接表明，我们需要将"衣衣不舍"带入寻常百姓家，让更多的人加入环保节约的行列中。

　　当项目组成员进行前期的调查时，发现每个人家里必定有或多或少的废旧衣物或纺织品，所以前景是十分乐观的。在1.0—3.0的项目工作中，相对于北京这样一个大环境只是开展了对于其中一所小学、一所中学、两个社区的回收工作，就已达到6吨这一惊人的数量。如果说政府能够给予我们支持，将我们的项目推广到整个北京市，甚至将其置于更广大的"舞台上"，那么对于废纺资源的回收和循环利用将是多么有帮助！

所以，我们希望北京市政府能够助我们一臂之力，让"衣衣不舍"走得更远，让这种公益产业真正服务于群众、服务于社会。

我们真心地希望政府能够在各大中小学宣传我们的理念，并鼓励他们组织废纺回收活动，增强学生的环保意识。其次，希望政府向广大人民群众宣传环保理念，给予人力、物力、财力等各项支持，在社区放置旧衣物回收箱，并且联系相关废纺回收公司定期回收，给居民带来方便。最后，希望政府能将回收成果向全社会宣传，让大家知道，环保不仅仅是口号，更是实际行动！

《中国教育报》也对我们的活动进行了专题报道，发动更多的人步入"衣衣不舍"的行列，一同去营造一个绿色的社会。报道已经在一定的领域引起了反响，望市长先生能够做出相关批示，使"衣衣不舍"的理念和行为能够真正影响人们的本心，改变现实的社会。

对于下一步，我们也做出了一些初步的打算。如果政府真的能够给予我们项目认可和支持，我们希望能够将项目推向数字化和信息化，能够真正和新时代对接。我们会分享项目组的回收和管理方式，让各社区据此开展自主回收，设立回收箱，从而让常态化回收覆盖全市；还将设计一款软件记录居民们何时需要回收衣物，根据情况派遣车辆，提高运送效率。

我们是北京师范大学附属实验中学的学生，在用所作所为践行着环保，用正确的价值观引导着大家，并且用我们的实践亲自证明其可行性。这样，才能真正让环保的理念深入人心，让更多人参与到环保的事业当中。衷心希望政府能够考虑我们的提案建议，号召人们用行动，将环保进行到底。

祝：

工作顺利！

北京师范大学附属实验中学"衣衣不舍"项目组

2016 年 7 月 10 日

附录二：社区回收通知

通知

　　尊敬的京畿道小区住户，您好！我们是北京师范大学附属实验中学的学生，近期将向校外推广"衣衣不舍"项目。这是一个以旧衣物回收再利用的理念付诸行动，倡导并带动人们了解并践行环保为项目理念，主办项目组成员均为学生的大型公益活动。

　　去年，"衣衣不舍"项目在我校成功施行，全体学生及教师均参与其中，并给予了诸多支持与配合，最终回收了3吨废旧衣物。"衣衣不舍"项目在校内外均获得了大量好评。

　　如今，我们决定将项目从校园推广到社区，让更多的人了解环保、参与公益。在6月18—19日14：30—18：00，即本周周末，我们将会在小区内安置回收处（即6号楼和9号楼之间），您若是能将家中的废旧衣物或是布料扎成捆或是包裹起来，捐给我们的项目人员，并在登记本上留下您的姓名和房号，我们会把旧衣物派送到全国捐献废旧物资再生加工北京基地进行可回收物再加工，并将所制得的精美织物赠送给您。（^‿^）

　　特此，衷心地祝愿您身体健康、工作顺利、合家欢乐！

　　承蒙关注，不胜感激！

北京师范大学实验中学衣衣不舍3.0项目组

2016年6月14日

附录三：校园常态化运转方案

"衣衣不舍 3.0" 校园常态化组
——旧衣物回收箱运转方案

一、概述

1. 目的：校园常态化，旨在将旧衣物回收放到平时，融入同学们的生活之中，而不是仅仅为了一次性大批量的回收。这样做，能够随时提醒同学们，如果有旧衣服，不要着急扔掉，而是拿来回收再利用，从而增强同学们的环保意识。

2. 开启时间：2016 年 6 月 20 日。

3. 数目：本校两个，分校两个，二龙路两个。

4. 负责人员：本校、分校、二龙路各两人，均来自于领导力小组成员，保证承担该项任务的人愿意承担。

二、具体内容

1. 运行方式：箱子全天开放，同学们随时可以把旧衣物放入回收箱，在捐衣物的同时，可以拿一张纸条，写上自己的班级姓名，捐赠衣服数量，并贴在衣服上（必须和衣服在一起，以证明确实捐了衣服）。每周四，各个校区负责的同学去检查箱子时，数衣服，取出所有的纸条，并在下周一把小礼物送到每一个捐衣服同学的手中（这要求基金会提前准备小礼品）。

2. 回收周期：各个校区，每周四（领导力选修课后），由领导力小组负责人检查箱子的情况，以及箱子中衣服的数量。然后，视衣服的数量决定是否清空箱子。若衣服多，两周收一次；若不多，两个月收一次。只要有一个校区的负责人决定要清空回收箱，就立即与基金会约时间，然后三个校区的同学统一把回收箱中的衣服放入准备好的编织袋，送到约定地点（最好是本校西门），装车送走。

3. 箱子维护：周四定期检查箱子里的衣服时，检查箱子是否有破损；若有，

立即联系基金会进行修补。如果破损严重，则有可能是有同学刻意损坏，这种情况，由负责该箱子的同学，自己想办法修补；或者追究责任，找到损坏箱子的同学，让其赔偿。

三、管理方案

1. 人员与箱子：六个人，每个人与一个箱子绑定，对该箱子的任何情况负责任。如果某位或某几位成员因为各种原因无法完成自己的任务，必须提前一天告知项目组的其他同学，然后由其他同学代替他们本次的工作。不过，在收集箱子中的衣服给基金会时，大家请互相帮助，增加效率。

2. 汇报：每位负责的同学，在每周四检查完箱子之后，都要在领导力群里进行汇报。汇报的内容：衣服件数，纸条细目，箱子情况，是否需要清理。每周一，把小礼品送至同学手中后，需要在群里发"已将回赠品送至同学处"。六位同学之间互相监督，提醒没发的同学尽快完成任务。整合给基金会后，由一位同学统计衣服总件数（鉴于常态化不会有太多衣服，该方法可行），发至群里。期末考试前一个月，请每位负责的同学写一篇本学期自己负责的箱子的情况总结。

3. 联系基金会：只要涉及联系基金会的事，统一联系谈雨卓。

4. 资金：如果需要资金，请与谈雨卓协商，最好不要轻易用自己的钱。

四、反馈校领导

学期结束后，谈雨卓、邱昕元、刘昊琳三位同学，会根据六位同学最后的汇报情况，以及送给基金会衣服的情况，反馈给校领导。

项目名称：衣衣不舍
项目组成员：谈雨卓　王雪莹　王泽源　贾皓元　王燕竺　刘昊琳　邱昕元
指导教师：吴国英
撰稿人：谈雨卓　王雪莹　王泽源　贾皓元　王燕竺　刘昊琳　邱昕元

衣公益

浙江省余姚市第四中学

"余姚衣公益爱心流转站"是由社会公益人士、学生和社区共同创建的公益组织。2015 年注册,由余姚民政局直接管理。成员有企业员工、个体工商业者、在校教师和学生。其中,余姚四中在校学生占一半左右。

"衣公益"的宗旨是保护环境,弘扬爱心。业务为收集旧衣、旧书和其他文化用品,经过处理后赠予贫困地区人群和儿童。资金来自于社会人士捐助和学校活动经费。成立两年来,已多次赴金阳、威宁、武义等地扶贫考察,已捐赠旧衣 10 余吨,辐射西藏、四川、贵州、云南、安徽、浙江多地。目前,在努力争取政策支持,朝公益创业方向发展。

从垃圾分类调查到旧衣专项回收公益组织创立

2015 年寒假,余姚四中高一年级的学生接到了一个特殊的任务,宁波市副市长张明华建议我们做一个城区生活垃圾分类可行性调查,为即将推行的垃圾全面分类做好准备。

接到任务之后,高一年级一百多人分成五个组,在高二年级几位参加过中学生领导力大赛的老队员的带领下,全面考察了余姚城区垃圾分类情况,

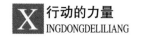
采访了街道、社区、环卫处和垃圾中转站，对市民做了问卷调查。

在考察过程中，同学们看到，大多数小区并未设置分类垃圾箱，只有部分高档小区有分类垃圾箱，但也没有有效分类。更让人沮丧的是，俞泽铭小组到垃圾中转站实地考察后发现，所有的垃圾拉到中转站之后，统统混装，经过压缩机压缩打包后，运到填埋场填埋。所以，垃圾分类根本就是白忙活。环卫处的高书记向马嘉吟同学证实了这一点。他说，难点不在于居民，而在于政府投入。

我们本着实事求是的原则，得出结论：在终端设施尚未建成的情况下，生活垃圾不可能得到有效的分类。但是，我们同时也提出了六条积极建议，其中有一条就是进行前期专项分类，尽可能把有用的垃圾单列出来，专项回收，有效减少垃圾总量。这些建议刊登在2015年8月2日《余姚日报》专版《美好生活呼唤垃圾分类》上。

提出建议之后，我们还能做些什么呢？我们是学生，有影响力、信誉度，有大量的人力、时间，但我们缺少资金、场地、设备，如果能找到一个合作平台，肯定能有所作为。这个时候，我们发现了专门回收旧衣服的"余姚好人"狄万胜。于是，我们开启了合作之旅。

狄万胜是安徽籍的新余姚人，他开了一个小厂，用自己的一点点启动资金，做了一些旧衣回收箱，放在街头。回收的旧衣，择新发往西部山区。为此，他获得了余姚、宁波政府的表彰。

然而，狄万胜单枪匹马，没有一个组织可以依靠，信誉度不高，难免被有些群众怀疑。我们请示了校领导后，决定邀请狄万胜来学校谈一谈，以学校的名义和他共同行动。

首先，我们以余姚志愿者协会成员单位的名义，吸纳狄万胜等人为注册志愿者，团队组织就叫"衣公益"。

2015年4月18日，高一（3）班的王艺璇、何赟涛、符新源、韩铿、沈佳铭、朱银莹六位同学去仓库和小区，做了一整天的回收、整理、发送工作。上午，同学们从汇萃花园开始，途经丹凤新村、天鹅湾、舜江名苑、舜北、富巷北、长生公寓，到新城市花园结束。仅这些小区一个星期的衣服，就收集了一辆面包车的半个车厢。中午，同学们来到位于梁辉的旧衣仓库，把衣物卸下来，并参观了旧衣处理过程。场地虽然简陋，但存放、分拣、洗涤、消毒、打包的整个流程都是完整的。下午，同学们一起来到桐江桥邮局，把八箱衣服发送到西藏日喀则仁布县康雄乡。同学们把三四十斤的衣箱一个个扛上柜台，邮局员工一件件进行检查，最后封包过秤。衣服都是八九成新的，有一件还是裘皮大衣，引发一阵感叹。邮费是每公斤5元，总共付了1068元。狄万胜说邮费太贵，已经付了3万多，以后他打算自己派一个大卡车把衣服送过去，这样能省一半钱。经过一天的活动，同学们感触很深，说：比起西部地区的孩子来，我们这里的生活真是太幸福了，幸福得有点奢侈。狄万胜说：他最大的愿望是大家能理解，他的过程是全开放的，以后他还会通过志愿者服务平台不定期发布活动，欢迎市民们一起来参与，有决心的话，一起到四川、西藏，亲手把衣服交给那里的群众。

我们以注册志愿者的身份见证"衣公益"流程

然而，我们还是没有在程序上走到位，我们前脚收衣服，城管后脚就来收箱子了。原因是"擅自占用城市道路"，并被罚款490元。

备案证书

怎么办？一时间大家都有点儿泄气了。我们去拜访市委文明办，因为"余姚好人"狄万胜的荣誉是他们发的，文明办应该不会拒绝这个请求。文明办的工作人员肯定了我们的公益行为，但城管也是在照章办事，他们只能协商，不好干涉。

让我们感到庆幸的是，当地媒体来帮助我们了。4月20日，余姚教育网、宁波青年网发出报道《送出友爱，留住环保——四中学子参与"衣公益"志愿行动》，5月8日，中国共青团网也转载了此条新闻。这无疑是对我们行为的莫大肯定和鼓励。

这时，新城市社区韩静安主任也主动伸出了援手，愿意与我们合作，成立一个社区组织，解决合法性问题。韩主任还指导我们将公益事业过程透明化，由狄万胜负责日常操作，我们负责公益宣传与实践。

注册证书

在韩主任的帮助下，备案的事情很快批下来了，5月3日填好了社区公益社团备案表，5月中旬就拿到了备案证书，"衣公益"正式成为合法组织。

可是，在哪里放置回收箱呢？如果放在街头，城管还是要来收的。

于是，我们想到了学校和社区。

首先，我们邀请狄万胜在学校放置了一个回收箱。四中学子们对此很好奇，也很兴奋，大概是因为能够与公益事业近距离接触吧！

同日，狄万胜和钱剑波老师又去了各个社区，希望能从社区入手，安放旧衣箱，给更多的旧衣服找到一个家。许多居民反映说，家中的旧衣服不穿了，扔了可惜，放着发霉，如果有了旧衣回收箱，这些衣服就有一个好去处了。

但社区干部的反应不一，例如凤山社区主任说社区很小，没地方放；酱园街社区说主任在开会，以后再来；花园社区主任指了一块空地，说放那儿好了，城管来了她们会解释的，她还建议我们找政府领导去解决这个问题，还希望我们能够先把摆放分布图弄出来。于是，我们又抓紧时间在图上标记出放置箱子的地点。

新城市社区韩主任积极向街道领导反映，争取在阳明街道所属小区全面铺开。

这些事情，被刊登在 5 月 5 日的《余姚日报》第四版上，标题是《旧衣回收箱大部分被撤——余姚四中和新城市社区愿意与狄万胜合作　"衣公益"尝试成为社区的一个公益组织》。

随着"衣公益"影响力的提升，我们已经不满足于备案组织的层次了，想直接成立为法人组织，这一想法得到了民政局的支持。以前，像我们这样的民间组织一定要挂靠一个党政机关才能注册，老百姓称"找婆婆"。可"婆婆"是不好找的，因为人家不愿意来管你。而这次民政局愿意直接给我们登记，真是太给力了。10 月份，我们就领到了登记证书，全称是"余姚市衣公益爱心流转站"，发起人为狄万胜、韩静安、钱剑波，注册资金 3 万元，法人代表狄万胜，办公地点设在春晓华园物业用房内。民营企业、社区、学校联合组成的民非公益组织，恐怕国内还不多见呢，为以后的发展打下了坚实的基础。

大凉山之行

"衣公益"成立以来，一直被有些群众怀疑，衣服到底到哪里去了？你们有没有亲眼看见？为了解决这个疑问，补足最后一个环节，我们决定亲自去一趟大凉山。

艰难的路程

我们早早开始做准备。何赟涛、沈佳铭等在老师的带领下前往"衣公益"仓库对旧衣进行分拣、消毒、打包。三伏天的酷热，也阻挡不了我们的一片热心。不仅如此，我们还积极说服家长加入我们的行动。这也引起了社会的广泛关注，宁波电视台"刘博士调查室"对我们进行了采访。

2015年8月5日，由狄万胜为向导，钱剑波老师、高一（3）班班主任张培明老师和五名学生家长带队，一支26人组成的"衣公益"送衣队前往四川省大凉山州金阳县马依足乡特普洛村马则洛组发放衣服，顺便结对助学。

飞机从宁波出发，晚上11点到达成都，我们当晚入住成都人口宾馆。第二天，我们乘坐成都至金阳的大巴前往金阳。

从成都至宜宾都是平原，农田平整，屋舍华美。从宜宾到永善，道路渐渐进入山区，再往前，贴着金沙江，盘山公路蜿蜒曲折，一边是悬崖，一边是峭壁，令人胆战心惊。坑坑洼洼的路面时时可见泥石流、塌方，车子一次次被从山上滚下的石头挡住去路。13个小时的行程，车上的人个个提心吊胆，吓得不敢闭一下眼睛。最后进入金阳界，路面明显好转，沿着山势，七转八拐，终于到达县城，晚上10点，我们入住金阳宾馆。

7日，我们在金阳宾馆稍事休息，逛了逛街景。金阳县是国家级贫困县，县政府所在地天地坝镇是县内最大的镇，方圆一公里。城内没有一条道路是平的，坡度往往达到三四十度，我们看着车辆，总是替他们担心。跟我们联系的是《凉山日报》驻金阳记者白里呷。白里呷，彝族人，在县委宣传部记者站办公，是个热心的公益人士，在当地声望很高，深得彝族群众信任。他把狄万胜先生资助的三个彝族小孩叫过来和我们见面。一个是花路黑，一个是沙古曲色，一个是哈马古作。随后，我们在金阳宾馆热情地招待了他们。张培明老师带着两个小女孩（沙古曲色和哈马古作）买来新书包，裘敏轩妈妈送给他们新文具，施铖梁妈妈给了他们每人 200 元。彝族小孩三年级以上才教汉语，所以只有花路黑会讲汉语，其他两个女孩不会讲，但大家通过动作、姿态、笑声交流得很融洽。家长们要来白记者的通讯地址，通过朋友圈、QQ 空间转发，很快得到了回应，估计这个结对助学的声势会越造越大，爱心事业棒棒相传。

8 月 8 日，我们一行人一大早租用了五辆农用车，装载着 20 大包的衣服鞋子，向目的地——马依足乡特普洛村马则洛组进发。车子经过两个多小时的颠簸，从省道转入县道，又从县道转入乡道，最后的山路不通车，我们只能徒步上山，衣服则由村民牵马下来驮运。

神秘的大山，云雾缭绕，宛如仙境。可是上山的路只有一条泥泞的羊肠小道，是村民们用脚踩出来的。天又下着小雨，山路像泥浆一样。鞋子一次次陷入黄泥中，被厚厚的黄泥覆盖，早已面目全非，让人无法忍受，我们脱去鞋子准备光脚走泥水，当地人看见了急忙劝阻，说脚会被小石子割伤的。短短几句话让我们感受到了少数民族人民的淳朴爱心。雨一直下，风凉飕飕。小道宽度仅二三十厘米，旁边就是没有尽头的悬崖，我们手牵手挪步前行，互相提醒。一个小时过去了，步伐变得越发沉重，鞋底已经粘上了两三厘米厚的泥土，让滑湿的山路更加危险。几个男生小心翼翼地扶着山石，搀扶着后面的女生绕过去，让整个团队变得十分温情。我们不禁佩服山里人的勇气和毅力，他们天天要走这样艰难的山路。两个小时转眼就逝去，"泥人队"走完了三分之二的路程。据当地人说离目的地还有一千米，但也是最险的路段。有一段下坡路，黄泥犹如肥皂一样滑，一个不慎，就会跌倒在地。这时候我们心中充满了震惊，我们爬到 1500 米高的山上就已是如此艰难，但山上的学生每星期都要翻山上学，令人难以想象。两个多小时的山路终于完成了，我们向着白雾掩罩的山谷齐声呐喊，为我们的成功庆祝！

在山路上互相帮助

来自大山深处的震撼

其实早在去凉山之前，就已经听说过那里的贫穷程度了。那里的人住在土房子里，喝山泉水，没有衣服穿，吃得最好的是烤土豆（没有其他配料，只有辣椒粉）。起初我们还不太相信，一到那里，才知道这种描述一点儿都不夸张。泥泞的山间小路，角度很大的陡坡，到处可见的马粪，一不小心便会"中奖"。就像电影镜头中为博得眼球的特效，电视节目为获取收视率的手段，我们发现自己真的穿梭在草舍土墙之间，窄小而充满纯天然生物肥料的路上不时会有牲畜与你争相前行。在村民的带领下，我们在又滑又陡的路上又摸索了一阵，终于在一片泥土墙中看到了一间被粉刷过的房子。透过破碎的玻璃，脏乱的屋子中央摆的四张破旧的课桌与两条长凳直入眼帘。回头望向整个村落，你会发现学校是整个村落中最好的一栋建筑。村校是全村唯一的一间砖混房，只有 30 平方米左右，教室里除了刚看到的四张破旧的课桌和两条长凳外，再也找不出其他东西，教师办公室里只有一张破铁床。村里的孩子都跑进这间教室，他们用好奇的眼光打量着眼前的山外来客。这些孩子有穿棉袄的，有穿夏天的裙子的，有穿拖鞋的，还有更多光着脚的。

中午，我们在村组长家里吃午饭，所谓的午饭其实只是土豆蘸辣椒，土豆和玉米是这里村民的主食。村组长家的草屋里只有两张床，被子还是狄万胜先生之前捐赠的。屋子前面是牲畜棚，屋前屋后种着果树。经过询问，我们发现，有床有被子的村组长家是全村条件最好的，不少村民家是真正的一贫如洗，有一名孤寡老人甚至还与马同住一屋。

24

"衣公益"成员与马则洛组彝民合影

分发鞋子和衣服

村里的人由于我们的到来聚集在一起,他们没有一个人脸上不是黑黝黝的,这并不只是日晒的原因,更多的是长年没有清洗留下的污垢。随着人群的增多与聚集,我们向村民们分发零食、文具和旧衣服,很多孩子甚至是第一次看到如此包装的食物与文具,而这些新奇玩意儿远没有旧衣服对他们的诱惑力大,领取零食的孩子们可以说是文静的,可分发旧衣服的现场已可以用争抢来形容。

一大袋鞋子刚从马背上拿下来,人们就围了上来,唯恐没有自己的。在老师们管理秩序后,仍然有些混乱。为了照顾老人,老师先把一双新的解放牌鞋子送给了一位老人(据说那里的人钟爱这个牌子的鞋子),那位老人真的很开心,连说谢谢。沈佳铭同学领着她在一边坐下,让她试穿一下。开始她还怕自己的脚弄脏新鞋子,后来沈佳铭帮她把鞋子拿出来,穿了鞋带,她就小心翼翼地把脚伸进去试了试,然后戳了戳前面,示意鞋子太大了,可是我们没有多余的鞋子了。老人虽然有些失望,但还是乐呵呵地拎着鞋子走了。还有一个女孩子,叫尔古里作,在分发小孩子的衣物时,她虽然很想要那些"新衣服",但因为不好意思去抢,没有进屋。后来在我们的鼓励下,她为自己抢了一双好看

的黑色鞋子。在试穿之后才发现，那双34码的鞋对于她37码的脚来说太小了。她的眼中有几丝失望流露出来，但还是表现得很高兴，不想让我们觉得自己的努力没有用。经过一番交谈，我们了解到，尔古里作今年14岁，读到四年级就辍学了，家里要把钱省下来让她弟弟读书，她只能在家里帮父母干活。彝族的小学高年级才教汉语，尔古里作是村里少数几个能讲汉语的孩子，她告诉我们，她很想读书，可是家里穷，加上彝族重男轻女的风俗，她只能接受这样的安排。尔古里作那种与年龄不相称的哀怨眼神深深地触痛了大家的心。

沈佳铭在帮老人穿鞋带

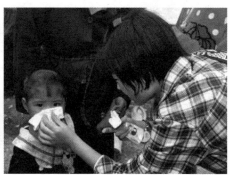
韩思佳在给小孩擦鼻涕

　　两个多小时过去了，驮衣服的马匹还未到齐，因为怕当天回不了县城，我们只得下山。回去的路上，带路的《凉山日报》记者白里呷考虑到大家的安全，选择了一条平缓的下坡路，这条路穿过玉米地，更窄更滑，不少同学摔了跤。回到宾馆，志愿队所有的人都成了"泥人"。

新的起点

　　八天的大凉山之行让我们"衣公益"志愿队终生难忘。回到余姚后，大家纷纷通过文字来表达自己的感受——

　　"这次公益行动让我们受益匪浅，我们拥有这么多，对生活、对学习再不能抱怨，今后一定要力所能及地帮助更多有需要的人！"

"凉山的贫困不仅仅是交通问题，更多的是观念、风俗、人的精神状态的问题。"

"教育和知识是改变贫穷的最好方法！"

"心存善念，尽己所能，去帮助别人！"

"我们的一点点付出，却能温暖一大片人。"

大凉山之行让我们深刻体会到团队的无穷力量。我们将一切杂念抛开，只为心中的目标奋力向前。每一次的牵手汇聚点滴爱，化作我们最初的美好公益心！四中的"衣公益"活动不会结束，同学们的思考才刚刚开始，一些已经毕业上大学的学生在得知母校师生的"衣公益"行动后，纷纷表示要加入这一爱心行列。在家长的朋友圈中，还有不少热心市民准备加入爱心队伍，为需要帮助的人伸出援手……

三、从城市到农村

"衣公益"的脚步最初是从城市开始的。

这中间，我们经历了不被认可、不被理解，也经历了箱子无处摆放等困难。

2015年4月15日，城管机动中队让狄万胜搬走所有箱子，并罚款2万元，理由是旧衣回收箱影响道路安全。狄万胜说自己是有组织的，是非营利的，但是城管不相信。16日，钱老师拿着四中团委开出的证明，和狄万胜一起去城管局说明情况。最后的结果是，罚款490元，限期三天搬走马路上的旧衣箱。

之后，通过狄万胜先生、韩静安主任以及余姚四中这三方的合作，解决了箱子摆放不合法的问题，我们才终于松了一口气。2016年1月，城管把之前没收的三个箱子还给了我们。

2016年1月30日，"衣公益"又组织了一次收衣、送衣志愿者活动。这次活动得到了工商银行、建设银行的大力支持，送来了大量旧衣。活动是以"余姚衣公益"和"慈溪衣重来"的名义联合举行的，这次，新一届高一

的徐敬凯、赵媛、陈雨佳、黄丹盈、励蕙、沈盈辰、陈天天、俞旭丹、赵梦梦、张楚婧十位同学参与了活动。同学们先到明伟村"衣公益"新仓库整理旧衣并打包,每包10公斤,共整理了57包(其中有8包《新华字典》),满满一车,开到慈溪邮局,然后填写单子,分别寄到西藏仁布县康雄乡、四川金阳天地坝,寄件人一半写"余姚衣公益",一半写"慈溪衣重来"。慈溪邮局仍然给我们优惠,收了4000多块邮费。邮发结束后,大家再去慈溪城区各小区收衣服,装了一车。回到学校时,已是天色苍茫了。我们穿的是"衣公益"的马甲,慈溪老百姓问:你们是余姚的?我们就说"余慈一家人嘛"。参加活动年龄最大的是骆一斐,余姚市五星级志愿者,是个"50后",大家亲切地叫她"骆姨";年龄最小的是高一同学,都是"00后"。这支队伍从"50后""60后"到"00后",覆盖了6个年龄段,是共同的公益之心把大家联结在了一起。

2016年寒假,新一届高一同学已经在余姚城区参加了两次收衣、发衣活动,绿色的箱体在阳光下熠熠闪光,闪耀的是我们一片浓浓的公益心。在1月30日的活动过后,我们不禁思索,下一步该做什么?"衣公益"已经在余姚城区进行得如火如荼,成为注册民非组织。我们在城管条例的允许下将100余个旧衣回收箱搬入小区和学校,收来的衣服经清洗、消毒、整理、分拣、打包后,发往四川、西藏等贫困山区。城区的旧衣有着落了,广大农村地区的旧衣仍然没有去处,很多有利用价值的旧衣都被无辜地扔进了垃圾箱,实在令我们痛心,于是,我们把目光投向农村,决心填补这块空白。

徐敬凯决定先从他的家乡——红色老区梁弄做起。

我们事先做好了策划方案,在余姚志愿服务网上发布梁弄收衣活动,招揽志愿者。同时,徐敬凯联系了他的母校——余姚实验学校,利用其微信公众平台发布信息。我们也印了300份关于旧衣再生处理的倡议书,准备带到梁弄去分发。

2016年2月13日,我们踏上了梁弄收衣之行。

早晨天还好,但是等我们出发后就开始下雨了,到了梁弄后,雨下得愈加猛烈，即使如此，浇灭不了我们和梁弄群众的一片热心，现场气氛十分浓烈。

我们把摊位设在梁弄信用合作银行前面的道路上，狄万胜先生买来三把遮阳伞，绑在电瓶车和桌椅腿上，然后我们一起拉起横幅，支起展板，整个收衣活动便由此有序地展开。

过往行人看到展板后，纷纷驻足。展板的内容是2015年暑期"衣公益"前往四川大凉山扶贫送衣的图文介绍，一块块展板生动地再现了当时一行人前往大凉山的真实情景，展板中孩子们纯真朴实的笑脸和周围的环境形成了鲜明的对比，让路人们不禁真情流露。

热心居民纷纷把衣服送过来，燎佳灯具厂的徐厂长送来了整整一车，有的服装店老板把卖不掉的新衣服也整箱地送来了。陈天天、俞旭丹、李漫兮、阮梦涔、周蝶儿同学拿着传单分发，刚开始店家以为我们是做推销的，看都不想看。我们不厌其烦，耐心地向他们介绍项目，大家弄明白了后都竖起大拇指，对我们的行为赞赏有加。

很多家长带着孩子一起来，让孩子亲手把衣服递给我们，还对着展板进行对比教育，希望自己的孩子能做一个善良的人，一个有爱心的人，效果真的很好。我们发了一点儿小小的纪念品（笔记本或字典），孩子们都很珍惜。

余姚实验学校的陈妙维老师特意从宁波赶过来参加这次活动，徐敬凯的爸爸热情买来矿泉水和橘子，还有"衣公益"的驾驶员，全程开车，装货、送人。每一个人都在为收衣活动做贡献。

很多市民事先不知道有这个收衣活动，要求我们第二天再来，他们整理出衣服等我们。

第二天，狄万胜、钱老师、徐敬凯、赵媛一早出发，赶在镇政府开工作会之前面见镇长，陈述在镇上放置箱子的意见，何镇长一口应允。然后，我们再到信用社门口设点继续昨日未完的收衣活动。那天下大雪，天很冷，但还是有市民送衣服过来，真心让人感动。两天共收了800公斤左右，如果天气好的话，收到的衣服可能会更多。

2016年寒假，余姚"衣公益"在梁弄募衣

　　通过赵媛妈妈的联系，我们又把旧衣回收箱搬入陆埠。在陆埠街头放箱子的时候，我们遇到了黄典同学的妈妈，她母女俩去年曾去过大凉山。黄典同学妈妈就在街上开厂，热情地和我们打招呼，并说会替我们照看好箱子。旧衣回收箱对陆埠小区居民来说还是新鲜事物，好多人围在大门口看热闹，都说做得好。后来，我们到陆埠村里募捐，得到了大力支持，一天就募集到了5000元。

　　现在，农村地区的"衣公益"拓展活动井然有序地开展着，大部分乡村已经放上了箱子。个别偏远地区，考虑到成本问题，只好放弃了。

结语

　　短短两年，"衣公益"从无到有，从小到大，从自发行动到注册民非，从城市到农村，从余姚到慈溪，从浙江到西藏、四川，发展迅速。但成本问题越来越严峻。我们一直在向政府呼吁，希望以政府购买社会服务的形式为我们提供资金援助。宁波市政府也给予了肯定答复。目前，我们正努力朝公益创业方向发展，就是将捐不掉的旧衣作为再生资源处理，所得收入弥补公益开支，使组织能长期生存下去。要做到这一步，路还很长，但我们相信，随着民众观念的转变，公益创业也一定能实现，而我们学生，也能一届一届接力，不断获益，不断成长。

附录：获得奖项及媒体报道

1.《浙江余姚"衣公益"志愿者在行动》，中国共青团网：http：//
www.ccyl.org.cn/place/news/zhejiang/201505/t20150508_740427.htm.

2.《旧衣回收箱大部分被撤——余姚四中和新城市社区愿意与狄万胜
合作　"衣公益"尝试成为社区的一个公益组织》，《余姚日报》：http：//
www.yynews.net.cn/eyyrb/2015/05/05/4/content_1.htm.

3.《美好生活呼唤垃圾分类》，《余姚日报》：http：//www.yynews.
net.cn/eyyrb/2015/08/02/2/content_2.htm.

4.《狄万胜和他的"衣公益"》，宁波电视台"刘博士调查室"：
http：//www.nbtv.cn/gbds/ds/NBTV1/1079/2015-08-06/2015080610068136.html

5.《千里送衣上彝寨——四中师生"衣公益"志愿活动纪实》，《余姚
日报》：http：//www.yynews.net.cn/eyyrb/2015/08/23/2/content_2.htm.

6.《余姚城区生活垃圾分类处理可行性调查》，2015年浙江省高中生
研究性学习成果优秀奖。

7.2015年浙江省大中学生暑期社会实践优秀团队（浙江省学生联合会
颁发）。

8.第七届全国中学生领导力展示会项目特等奖。

项目名称：衣公益
项目组成员：马嘉吟　黄佩佩　何赟涛　沈佳铭　黄璐瑶　徐敬凯
　　　　　　赵　媛　陈雨佳　阮佳烨　董陈露　张楚婧　张嘉威
指导教师：钱剑波
撰稿人：肖笑

一念之间，创造改变

贵州省贵阳市第一中学

一步一个脚印往上走就是，一点点小小的东西聚集在一起，往往能量就会特别大！我们传播环保理念，让更多人关注环保，更多人践行环保。我们用行动走出了一条简便的环保路。我们很自豪，我们能够为环境保护事业做贡献，我们可以证明，一念之间，我们都能创造改变！

打开未名网的项目库，"国际性纪念日"的目录下空空如也！充满豪情、斗志昂扬的我们立刻决定，"就它了"——国际性纪念日。那么，问题来了：做什么？怎么做？纪念日本来就种类繁多，而且，每到国际性纪念日，各个国家或相关组织都会举行相应的活动，而我们十二个人的力量多么微小，简直蚍蜉撼树，相形见绌。

然而，我们相信，"路虽远，行则必至；事虽难，作则必成"。我们一定可以把一句"我不会"变成"我可以学，可以摸索"。

于是，我们聚焦于6月5日世界环境日。"环保"这个日常生活中的高频词，常常被谈起，却又如过眼云烟，踪迹难寻。作为一名中学生，我们能为"环保"切实做些什么？我们是否可以用自己的行动走出一条环保可视化的道路？我们决心像保护眼睛一样保护环境，像对待生命一样对待环境！

第一次草海之行

曾经被誉为"高原明珠"的草海，是一个历史悠久、风景优美的旅游胜地。然而，随着经济的过度开发和旅游的人流增多，草海被污染的状况日益严重、触目惊心。于是，我们把项目的选点定在了草海。

第一次去草海，我们分为两组行动。我和张议予、余雨瞳负责与事先联系好的领导进行沟通调查。

联系到局长的是一中的一个同学，他很热心地跟着政府一起回到草海。五月，夏季未到，草海就热得不行，高原气候使得这儿天高云淡，几个队员相视笑笑，嗯，天气这么好，工作肯定会很顺利。

"局长是个怎样的人啊？"我悄悄地问来帮忙的同学，他若有所思地沉默了好一会儿，继而投给我一个谜一般的微笑，一副你猜就好了的模样。我无奈地瘪了瘪嘴。

"我们做好自己就好了，想这些也没用，快过来想想要问的问题。"余大哥默默地来了一句。我想也是，纠结些有用的东西总比没用的强。

事实证明，当我们在局长家里吃着红烧肉，喝着白菜汤时，才发现刚刚的焦虑有多愚蠢，局长非常热心，局长夫人不停地往我们碗里夹菜。我和议予两个女生吃不了多少，便全部把菜推给余大哥，他倒是吃得开心，一碗添一碗，毕竟嘛，主要负责采访的是他，他的宗旨便是吃饱了才有力气干活。

吃完饭，余大哥和局长在讨论着一些问题，从风景到历史，从环境到"文革"，应有尽有。我摆好摄影机提醒他好几次，他们才回到原题上。草海，很美，但污染源也很严重。尽管国家下发资金也的确解决了大部分的水体污染，但为什么还是有这么多不好的评论，是什么阻挡了人们把目光投向这片乐土？

局长让我们在 6 月 5 日当天再来，与政府合作一起进行宣传活动，还建议我们去景区实地看看，找些素材。

告别了局长和那位热心的同学，我们小组几个同学匆匆赶往景区。本来

打算会合后再行动，但因为司机把我们送往了不同景区，我们只好又分头行动。路上，刚好碰见原本就计划采访的外国游客，我们赶紧跑了上去。

英勇的余大哥挽起袖子便上前询问。他用他极具方言特色的英语加上地道的肢体表达，终于……让那几个游客听懂了我们的问题，帮我们一起完成了调查问卷。他们认为草海很美，但是，有些游客的不良素质掩盖了很多美丽的地方。

随后，我们准备前往景区内部采些水样资料。来到船票中心，看了看昂贵的票价，摸了摸钱包里的余额，我们仨慢慢地退出了大门。

"找个地方要点优惠呗。"我看着那仅剩的几十块钱。

"要不我们去开发公司问问，搞不好还能拉点活动赞助。"议予指了指我们头上的公司办公室。

"说走就走，不要犹豫，干干干！"余大哥就像打了鸡血，一直是干劲十足，悄悄拍了一张，不错，真傻！

在公司老总办公室外面等了半个多小时，我们已经把思维从一开始找点优惠晋升到怎样商量活动，怎样游说赞助，总之，到了这里才有这些收获，成果嘛，总是一点点做，才能做出来的。

老总干完他的事，招呼我们坐下，也和我们谈了很多，虽然赞助费没有谈下来，但他愿意让我们环境日当天在景区进行活动，也答应使用带有我们标识的环保标牌。

初衷虽未完全达到，但很开心的是，我们的收获满满，已是黄昏时分，我们正迫不及待地准备与游客组的伙伴们会合。突然我接到一个电话，张毅为打来的，怀着满腔热情，想想她们肯定也收获了不少。

"喂，毅为啊……"

"茜茜，不好了，项目做不下去啦！"

开着手机的免提扩音，我不出所料地看见了身旁两张惊诧的脸。

这是另一组同学：张毅为、江佳新、黄瑞昊、蒙萌。我们在草海火车站就分头行动了。他们品尝了地道的威宁家常菜，老板娘还热心地给他们介绍了草海保护区周围的大体情况。本来满怀信心的他们却在实际调查中遇到了麻烦：问卷调查对于我们项目的实际帮助不大，在码头发现的问题政府已经在计划解决了，这些违背了我们调查的初衷。在调查组看来好不容易燃起的希望就这样熄灭了……隔着手机都能感受到他们的绝望，可是我们这边收获颇丰呀！我们决定卖一个关子，只告诉他们我们有一个大惊喜要给他们，他们听到以后似乎恢复了一点儿元气。

我们在一家咖啡馆碰面。两支队伍的气氛完全不同，一队沮丧失落，一队昂扬激情。当余大哥将我们组的成果缓缓道出时，调查组的同志们才活了过来。随后收获满满的我们踏上了回家的路，累了一天的伙伴们在火车上睡着了。在归途中，黄瑞昊同学时不时地就来大家睡觉的地方看一下，毕竟火车上还是不太安全。哈哈，这个男孩子很有忧患意识呢！

又一次的例会上，张毅为同学提到了一个问题："参加草海政府的世界环境日宣传活动真的是我们项目的重中之重吗？我们不是组织者，只是参与者。这个活动就算我们不参加，也依旧会办的。"这个问题最初没有得到大家的重视，直到第一次小汇报，老师对这个活动提出质疑才引起大家的关注。经过讨论我们决定，政府的活动我们要参加，但草海的重点是，我们在草海两个码头安放标牌的活动。

草海的风雨无常

若说临近夏季的贵州"天无三日晴"，这可不只是说天气无常。离6月5日只有三天了，学校方面突然出现了特殊情况，老师没法陪我们前往草海了。这不仅意味着提前请假的机会没有了，还说明如果找不到家长跟随我们这次活动，会得不到校方的批准，本来就因为策划提送太晚，校长对我们有些失望，这个问题要是解决不了，那这次活动将无法完成。

我们几个无精打采地趴在会议桌上叹气，活动一定要办，总得想办法。

"最好还是有家长陪，大家回去再问问，肯定会有办法的。"张毅为尽力鼓励大家不要丧失信心。从崔雅雯因为学业问题退出以后，大家都意识到了外界的压力对做一件事的影响很大。我握了握她的手，暗暗说了声"会没事的"。最终董秩豪的妈妈答应和我们一同前往草海。尽管眼前的问题暂时解决了，但前路仍有很多的不确定性令我一直担心着。

"茜茜，快起来，标牌还是没有到！"

"怎么回事，不会没有到贵阳吧？"

"先换衣服吧！就算来不及了，也要赶过去给他们几个讲。"

负责标牌的是我和张毅为，前一天夜里取包裹的时候没有拿到标牌这个大头工具，我们俩心焦了一个晚上，今天打电话还是许久没有回音。我们也知道不提前做好准备以防万一是很愚蠢的事，但如今也只有等待上天对我们好些了。

"喂，顾客你好，我们问到你们的快件被快递公司运往本店，可能要辛苦你们去拿一趟。"

"不辛苦，不辛苦，到了就好，到了就好！"挂了电话，我们便急匆匆地赶往快递店取标牌。费了九牛二虎之力，两个女孩子才把东西搞定并运到了张毅为家楼下，赶到时余大哥已经在那里等着了，拿到标牌的我们松了一口气。

但事实证明千万不要高兴太早，当你啃着包子，坐在出租车上，刚好在火车出发时，到达火车站后，你想哭都哭不出来。"完美地"和其他队员错过的标牌小分队只好在餐厅里苦苦等待下一趟火车的到来。

天色渐渐暗了下来，与午时的烈日高照不同，阳光中夹杂了乌暗的云丝，如果下雨……乌鸦嘴这种东西绝不是说说而已的。当我们仨迈着欢快的步伐走下火车，感受迎面而来如刀刃般刺脸的雨和宛如冬天肆虐的狂风时，我们站在出站道上，生无可恋地哀号着。

沉默是今晚的康桥！啊，握着三个没有信号的手机，我们就只能开着电筒照亮前路了。也不知道这雨要肆虐到什么时候，完全联系不到其他小伙伴的我们只有等待。再黑再冷也必须等！

"请问你们是贵阳一中的吗？"一道温暖如晨光的声音闯入我们三人耳中，回头一看是一个眉目清秀的大哥哥。

"是，请问有什么事吗？"

"真的呀！我是你们的学长，2011届的，太巧了！你们来做活动吗？这雨下这么大，你们跟我一起走吧，一会儿有车来接我。"

天知道我们有多想拥抱一下这位帅气迷人的学长。所谓"三年一中人，一生一中魂"，真的不是吹的！

"学长的班主任是谁呀？"

"付勇。"

"啊，他呀，最帅的年级组长！"

坐着学长的车，聊着学校以前的趣事，这世界终究是美好的呀！

送走了热心的一中学长，我们终于迎来了难得的12个小时休息时间，大家坐在一起吃点饼干，讲讲笑话。外面的雨还未停，但不知道为什么，我们没有一个人担心明天的天气会无法进行活动。阳光总在风雨后，兜兜转转那么久，我们不也完整地来到这里了吗？

草海的公益展演

6月5日来了，大家等待了一个多月的世界环境日终于到了。我们按照顺序和环保局的领导们一起开展了活动，人们对环保袋有很大的兴趣，这可以减少大家在买菜、购物时使用的塑料袋的数量。活动大概持续了两个小时，所有的宣传资料和环保袋就发放完毕啦！接下来的重头戏就是标牌的安插了。

我们带上标牌来到草海码头，在草海保护公司的帮助下，在草海留下了我们的足迹。我们将标牌插在土壤里，希望能够在人们的心田里生出环保意识，让这些标语时刻提醒着游客：大自然馈赠我们美景，我们以干净回报。

我们还要在6月9日举办"一念之间，创造改变"环保公益展演，活动地

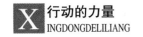

点选在贵阳市中心的南国花锦。南国花锦，这个我们以前时常出入的地方就此开始有了不一样的意义。拿到南国花锦活动负责人电话的我们，冒昧地拨通了电话，说明了我们的来意，出乎意料地得到了肯定。第一次面谈在 5 月 15 日，本来活动主管只有工作日上班，考虑到我们是在校生，特意将面谈时间换到了周日，遇见贵人也是我们活动得以施展的原因。面谈过程中毕主管对我们的活动表现出很大的兴趣，还称赞我们作为高中生愿意做环保很了不起。但是活动的举办还要得到上级的允许，具体的结果还不得而知。

即使这样，活动的筹备工作还是如火如荼地展开了，制作海报，设计活动背景板，邀请同学们作为表演者参与到活动中，设计小游戏，采购奖品，指纹点赞板的设计，邀请本校学生组织成员和校领导录制环保宣言，剪辑录制宣传片，一切都有序地开展着。直到 5 月 21 日的一条短信，我们的心又紧绷了起来。"你们之前的活动方案不够饱满，领导不满意，所以我们还要再谈一次。"当我把这个消息告诉小伙伴的时候，大家之间的空气凝固了三秒钟，然后就炸开了，你一言我一语地讨论对策。用两天的时间丰富活动，设计更加大众化的游戏，丰富表演的内容，修改策划案，在 5 月 24 日迎来了我们的第二次面谈，这一次带着担心和自信踏进了会谈室。半个小时以后走出来，还是无法确定，活动的举办涉及多方面，所以我们的活动需要通过南国花锦次日的六月活动会议。5 月 25 日下午，我接到了毕主管的电话，看到来电显示我迫不及待地接通了电话，终于得到了肯定的答复，这煎熬的一天总算过去了。

街道的使用需要拿到城管的临时占道许可，只要再过这一关，我们的活动就可以开展了。几经周折，终于在活动的前一天，赶在城管下班前拿到了占道许可，舞台的搭建也在这一天的晚上完成了。

6 月 9 日活动当天，早晨起来一直在下雨，活动安排在下午两点半，直到中午，这淅淅沥沥的雨还在下，参演者的群里开始问今天的活动还要不要进行，贵阳的天气本来就变化无常，这个问题我们心里也没有底，但还是给出了肯定的答复，天气预报显示是阵雨，我们也希望活动开始前雨可以消停一会儿。终于，天公作美，两点雨停了，表演者也陆续就位了，前奏音乐响起，又逢端午节，街上的人流量大，不一会儿，舞台周围聚集了很多观众。同学们带来的精彩表演赢得了观众的掌声，市民们也积极地参与到环保小游戏中来。原本干净的指纹点赞板上也印上了五彩的指纹。在接受了"百姓关注"的采访后，"一念之间，创造改变"公益展演活动完美落幕。我们用行动的力量感染了一部分人，哪怕只是一小部分，但点滴的力量汇聚在一起就是洪荒之力！

小学生环保绘画比赛

虽然在草海一行中我们收获颇丰，但是还是有传统环保宣传方式的低效限制，所以我们致力于不将环保理念强加于人，而是从人之初的本善开始，借助小学生环保画展扩大我们的影响力。不仅将环保的观念植入祖国的"花朵"心中，也以他们纯真无邪的视角看这个世界环保的好坏，以此唤醒人们对环境的敬爱之情，以带领更多的人走向环保之路。

经过缜密的计划后，我们首先向贵阳一中管理处备案，同时取得校方的推荐信，"师出有名"。紧接着小学活动组分为两组，一组来到教育部门，多方联系贵阳市各个区教育局，功夫不负有心人，终于得到云岩区教育局的首肯。同时教育局相关领导也表示，每年虽然都会消耗大量人力财力于世界环境日宣传，但事倍功半。他们也希望我们能打破僵局，不只是把环境理念展现于市民眼前，而是使其深入人心。这也正好与我们的活动主体相契合。接下来经过多次实地走访，在确定的三家小学中反复考虑后，我们最终选定贵阳历史悠久的达德小学，并通过电话、邮件等，阐明意图，使达德小学相关领导对我们的项目产生兴趣，并给予支持。

因为我们的课程安排时间与小学工作日有冲突，所以具体活动商谈耗时较长。但在我们的不懈努力下，终于完成对接。当天就张贴了为小学活动特制的宣传海报，并分年龄段有针对性地宣传世界环境日意义及理念，为了让他们的理解更加深入，特别插入了环保系列动画片，使孩子们了解世界环境日，不仅自

己身体力行参与环保，也带领家中大人一起改变观念，同时借此放飞其对环保的想象，以使画作更加符合环保主题，以发人深思。在回收画纸后，虽然所有的画作都是小朋友们对环保的独特见解，但为了达到最好的效果，我们还是联系贵阳一中美术组及达德小学艺术组精心筛选了一些佳作。之后，在我们的不懈努力下，取得贵阳一中校园广场使用权限，并配以联合国环保周计划结合画作内容进行了宣传。具体方式即将其中佳作于贵阳一中展示，期间于贵阳一中家长开放日组织小组成员讲解，以达到扩大世界环境日知晓率及环保参与率的目的。

用行动助力环保

作为中学生，我们力量有限。我们无法建立一个污水厂来使一条河流变清澈；我们无法建立垃圾回收站让垃圾有自己的归宿；我们无法时时刻刻提醒人们爱护环境⋯⋯但是我们可以建立环保布袋循环站，让环保行动进入校园，切实减少塑料袋的使用。

作为我们课题组最后也是最重要的微项目，其意义不言而喻。想要顺利完成这项任务的心情，让这一路走来遭遇的艰难困苦都显得微不足道。一开始策划时，大家积极地讨论，碰撞出的火花足以点燃所有人对微项目的热情；前期活动准备，当熬夜熬成了熊猫似乎才达到大家的要求；过程中，一次又一次被拒之门外的尴尬，积累了不知多少的"量"才遇到我们的"伯乐"；终于，在一切均已准备妥当后，在校园内外奔波几天后，在大家担负着课业压力完成最后一步后，我们胜利了。这不仅仅是布袋微项目的胜利，还是我们课题组的胜利。我们不知各自来时的想法，但却知道要一同去往的方向，那是合作，那是收获经验与友谊。马克思曾言："我们知道个人是微弱的，但是我们也知道整体就是力量。"还有话说："友谊第一，比赛第二。"这两句话不只是说说而已，是要亲身体验了才会懂得的，懂得"合作是一种缘分"所承载的意义是多么的深沉。

一步一个脚印往上走就是，一点点小小的东西聚集在一起，往往能量就会特别大！我们传播环保理念，让更多的人关注环保，更多的人践行环保。我们用行动走出了一条简便的环保路。我们很自豪，我们能够为环境保护事业做贡献，我们可以证明，一念之间，我们都能创造改变！

回望与成长

在每一次的讨论会中，大家总会有不同的意见，每次都争论得面红耳赤。但真理是需要辩论的，通过辩论才能有更明确的认识，就是因为这一次次的争论，我们的思想才碰撞出了激烈的火花，项目才在实施过程中不断成熟起来。每每遇到困难，我们并非两手一摊的不作为，而是竭尽所能之后不强求。这世界难，我们却从未黯淡，作为青年人的我们，懂得承担社会责任。我们还在旅途中，生命正在精彩起来，世界也在因为我们的行动发生着改变。

在会议室里我们是团队，我们团结；在生活中我们是朋友，我们互相理解，互相鼓励。我想起几句歌词：

这世界难，我却并不孤单；

有你们在，没有什么难办。

我不怕苦，也永远不会说后悔；

只要我们在一块儿，

没有什么过不去的坎儿！

项 目 名 称：一念之间，创造改变——纪念6月5日世界环境日系列活动
项目组成员：张毅为　周凯茜　余雨瞳　董秩豪　黄瑞昊　江佳新
　　　　　　崔雅雯　胡瑞芳　蒙　萌　张议予　李祎琳
指 导 教 师：卢履智　彭　勇　高凡椅
撰 　 稿 　 人：张毅为　江佳新　周凯茜　黄瑞昊

阅己悦自然

山西省孝义中学校

风是绿的，笑声是绿的，歌声是绿的。
阅读自己，愉悦自然。
不让知识积压箱底！
让一本本旧书变成一颗颗公益的水滴、慈善的爱心。
不让自然失去光泽！
用我们的微薄之力为这世界添一抹绿色、增一份美丽。
用知识的海洋滋润一个绿色的梦想，
用学子的热忱放飞属于青春的希望。
……

小荷才露尖尖角，早有蜻蜓立上头

《意林》《青年文摘》《安徒生童话》《笑话集》《绿山墙的安妮》《森林报》《斗罗大陆》《教材完全解读》《小学生满分作文》《中考试题研究》……面对家里成堆成摞如同废纸的名著、杂志、教科书，我内心是崩溃的。呆坐在书柜前，我思绪万千，以前省吃俭用，拿抠搜下来的零花钱买的一本本爱书，现在却要几毛一斤卖废纸。一想到这里就心疼得不要不要的，我脑袋都大了，再瞅瞅这些书，保存得完好无损，卖了破烂实在可惜。可弟弟妹妹还小，也用不上这些书，这可如何是好？我在房间里踱来踱去，不知所措。"咦？"突然，一个念头令我豁然开朗。"我们校高三毕业生每年不是有跳蚤市场的传统吗，不如我也搞一个跳蚤市场，把这些书低价卖给学弟、学妹，既能很好地处理这些书，还能大赚一笔啊！"我不禁为自己的聪明才智沾沾自喜，马上风风火火地开始行动了！分类、打包、召集人马……令人惊喜的是，刚在班级 QQ 群里发了个公告，很多同学都说他们也正为这件事发愁呢，这个点子真是"及时雨"。2 月 23 日，浩浩荡荡的义卖队伍走上了街头，正月里逛街 shopping 的人多，我们也开张大吉，收获多多。我们扛着几箱收集来的图书摆开了义卖的书摊，擅长绘画的同学现场画了宣传海报，细致认真的同学把书分门别类、摆放得整整齐齐，开朗活泼、口才好的同学主动开始吆喝招揽生意……义卖活动紧张火热却又有条不紊地进行着。一天的忙活之后，我们美滋滋地清点着劳动成果，正想着用这钱干什么好，某个同学提议道："这不快到植树节了，咱们班的植树经费还没着落呢，用卖书的钱去植树怎么样？""是啊，与其拿这些钱吃吃喝喝，不如做点儿有意义的事。""咦，人们砍伐树木制造纸张，我们再把这些废书重新利用，以书换树，想想就很好玩啊！""不错，不错，满分。"

　　"纸里包不住火"，我们的光荣事迹迅速传到了校领导耳中。"以书换树"的活动被"星探"团委书记贾老师发现了，他把我叫到办公室里，难掩激动地说："'以书换树'这个环保理念真的很不错，你们学生家里的废旧书籍那么多，捐献出来给需要的人，也是对资源的重复利用啊，咱们要做就做得轰轰烈烈，号召全校的学生一起来做，建一个孝中学子林出来，让大家看看你们中学生自己的力量。"听了贾老师的这段话，我有些受宠若惊。想不到我们无意中头脑风暴的小小举动，也能得到赏识。我的脑海中不由得浮现出了一本本书籍"嗖"地变身成一片又一片的树林……可是，光靠我们几个学生能有这么大的影响力吗？我有些怀疑自己，但贾老师的鼓励和支持，让初生的"牛犊们"勇敢地迈出了成长的第一步。

　　就这样，我们的"阅己悦自然"项目组成立了。所谓"阅己"有三层意思，

一是"以阅书而阅他人"，号召全社会公民将废旧书籍捐献出来，传播给需要的人，实现书籍最大利用的价值；二是"增己之阅历"，通过组织社会实践活动丰富自己的高中生活；三是"阅己之不足"，在服务社会之中感受责任和担当，不断地反省自己、完善自己，更好地成长。"悦自然"之意有二：一是让自然美，为环境添一抹绿色，增一份美丽；二是让人们因自然而愉悦，呼吁人们回归自然、热爱自然、感受大自然的魅力。

把书本再利用　不让知识积压箱底
为环境添绿色　不让美丽失去光泽

在 3 月 12 日植树节前的短短一周，我们完成了项目的人员分工、工作安排，并决定以植树节为契机，在孝河湿地公园召开"阅己悦自然"项目的启动仪式。

第一次和同学、朋友、家长、老师之外的"社会人士"组织活动，紧张和纰漏是难免的。我们的"第一次"真可谓惊心动魄。"喂，您好！是刘主任吗？我是孝义中学'阅己悦自然'项目的负责人岳晓燕，植树节我们学校想在湿地公园举行植树活动，希望得到您的支持……"第一次打电话时，哪句话应该怎么说，用什么样的语气说，万一他不搭理我们怎么办……不敢去做和不

3 月 12 日"阅己悦自然"的项目启动仪式

得不做的念头一直在心里打架，但当迈出了第一步，才发现并没有那么困难。在与刘主任协商好见面时间后，我们认真制定了活动策划书，做好了准备工作。真正见面后，我们简洁精练地为他介绍了我们的活动，他十分惊讶，"这小娃娃们的活动很不错，我们也会尽量帮你们"。在刘主任和园丁梁师傅的帮助下，我们购买了树种，准备了植树工具，一切准备就绪。

启动仪式上，孝河湿地公园刘主任、我校团委书记贾红义老师以及学生代表郭晓旭都做了精彩的发言，并举行了签字仪式。随后同学们开始了两个多小时的植树活动，在园丁梁师傅的指导和讲解下，男女同学分工明确，铲土、挖坑、抬树苗、踩土填实、挂红彩球……欢笑声不断，冬日的余寒也未削减我们的半分热情。

碧玉妆成一树高，万条垂下绿丝绦

启动仪式落成后，项目如何进展成了首要问题。我们制定了时间表，将活动分为三个阶段进行。

第一阶段（3月）：面向我校高一、高二年级学生，由校长助理组织发动各班同学捐书，由绿手印社员分类整理书籍并组织义卖活动。

第二阶段（4月）：发动全体在校教职工捐书。

第三阶段（5月—7月）：从校园走向社会，发展全市中学生力量。并寻求社会各界的支持和帮助，扩大社会影响力。

碧玉妆成一树高　万条垂下绿丝绦

发动全校学生力量，倡议捐书

倡议书

亲爱的同学们：

孝义中学"阅己悦自然"大型领导力项目已于3月12日正式开展，该活动以"以书换树"的形式开展。活动将持续到7月底，捐书、义卖活动也会同步推进，并定期组织植树活动。

现特号召全校同学捐出你的旧书（名著小说、报纸杂志、教参等各种正式出版读物），不要让旧书躺在阴暗的箱底了。如果你已经不再需要它了，那么请你大方地将它拿出来，让一本本旧书变成一颗颗公益的水滴、慈善的爱心，将它们汇集到需要的人手里，让它们重现光明，让书的价值最大化。

具体事宜：

1.以各班为单位，由各班校长助理将所捐书籍统一收齐并登记。

2.所捐书籍及登记表统一交至行政楼3层活动室。

3.所捐书籍内容健康向上、书页无污损、无缺页及较严重的涂画、品相较完好的优先。

领导力项目组（宣）

倡议书得到了极大的响应，同学们热情高涨，纷纷捐献书籍，少则几本，多则上百本，每个人都在贡献着自己的一份力量。我们将收到的图书列表登记，并整理分类。

向在校教职工倡议捐书

倡议书

亲爱的老师们：

孝义中学"阅己悦自然"大型领导力项目已于 3 月 12 日正式开展，该活动以"以书换树"的形式开展，到目前已收到来自高一、高二年级各班捐书 2000 余本，两次小型义卖（部分书）活动后暂筹得经费 2000 余元，其中 1300 元已用于 3 月 12 日植树节在湿地公园的植树活动（共植树 30 棵，其中红槐花 20 棵、柳树 10 棵）。

此项目将持续到 7 月底，捐书、义卖活动也会同步推进，并定期组织植树活动。现特号召在校教职工捐出您的旧书（名著小说、报纸杂志、教参等各种正式出版读物），不要让您的旧书躺在阴暗的箱底了。如果您已经不再需要它了，那么请您大方地将它拿出来，让一本本旧书变成一颗颗公益的水滴、慈善的爱心，将它们汇集到需要的人手里，让它们重现光明，让书的价值最大化。

我们植树去，带着三月的风、四月的雨。既然春回大地，何不为它装点些新绿。种下美好，点燃希望。我们植树去，既然这世界还有荒芜，我们何必吝惜。春的感激、秋的谢意，会随着季节的变换留给你。于是在你生命旅途里，不只有芬芳，也有无悔的记忆。也许我们无法改变世界，但起码可以通过自己小小的一份力量为这世界添一抹绿色，增一份美丽。

具体事宜：

1. 以教研组为单位，由教研组将各老师所捐书籍统一收齐并登记。

2. 所捐书籍及登记表于 4 月 11 日前统一交至行政楼 3 层活动室。

所捐书籍内容健康向上、书页无污损、无缺页及较严重的涂画、品相较完好的优先。

领导力项目组（宣）

5 月 24 日教育系统团委"以书换树"志愿活动动员安排会暨"阅己悦自然"项目交流会

语文教研组、数学教研组、英语教研组……宣传组成员进进出出，号召老师加入活动。老师们多余的教科书原本只有卖废纸的宿命，却被我们的项目组"搜刮掠夺"。我们的图书种类也由此丰富起来，让预习新课程的学弟、学妹可以低价购买到实用的参考书。

走向社会，展示行走的力量

5 月 22 日—5 月 23 日三访党校。

为了将"阅己悦自然"项目刊登在我市有名的杂志《孝义风采》上，项目组成员到杂志社编委任贵宪爷爷家探访了他，为他介绍了我们的项目，并有幸获得他的亲笔题字。在他的推荐下，我们见到了编委会主任陈守钦爷爷，并与其进行交谈，将项目宣传稿件交给他。

5 月 23 日走访教育局，与高佳书记进行了一下午的交流，他表示将尽自己最大的能力为我们的活动提供帮助。

5 月 24 日在高佳书记的牵线下，项目组成员邀请到了全市 18 个市直中学的团委书记，到我校出席教育系统团委"以书换树"志愿活动动员安排会暨"阅己悦自然"项目交流会，围绕"阅读、环保"两大主题进行了热烈的讨论与坦诚的交流。会议由教育系统团委高佳书记主持，教育局督导室副主任赵晓伟与孝义中学霍英校长助理出席会议，孝中团委全体成员及"阅己悦自然"项目组负责人列席会议。

动员会首先由我校团委书记贾红义介绍了中学生领导课程实施概况，从课题由来到项目选题，再到项目实施及评价，使与会人员进一步了解了这一课程的前瞻性与可行性。接下来，岳晓燕同学代表项目组汇报了我校"阅己悦自然"项目的实施及取得的成果，她热情洋溢、充满自信的汇报得到了大家的高度赞扬与肯定。

赵晓伟副主任代表教育局高度肯定了这一项目所取得的成果及继续深入开展的重要性，他在讲话中对与会各校团委书记提出了两点希望：一是希望大家高度认识，明确目标，身体力行共同做好这一项目；二是希望大家转变观念，理念引领，在团委这一极具活力的岗位上做一些有意义、有价值的事。

最后，各校团委书记针对"以书换树"志愿活动并结合本校实际进行了现场交流，大家一致表态全力以赴做好这一项目，同时也就这一项目的推广提出了一些针对性的建议和意见。

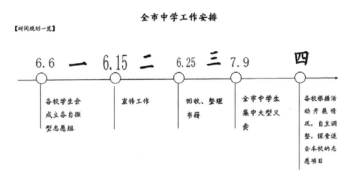

全市中学工作安排

5月24日—5月30日，项目组决定在"以书换树"的基础上举办"行走的力量"活动，通过查阅资料，以及拜访资深户外人士，制定了安全可行的活动方案，并取得了自行车协会、捷安特俱乐部、美利达俱乐部、人寿保险公司的大力支持。我们倡导绿色出行、

与各部门沟通 1

与各部门沟通 2

低碳环保。现如今，以步代车、骑行天下，已经成为一种时尚。这不仅是对环境的保护，"行走的力量"其真正意义在于：用行走和止语方式，向人们传达一种积极向上的人生态度、生活理念，从而净化心灵，使内心充满力量。

6月，各校积极响应，志愿活动顺利进行。6月6日，各校学生代表参加了"行走的力量"活动。活动结束后，我们举行了全市学生代表交流会，介绍了我校项目活动，为各校提供了活动时间表的建议，并对活动中可能出现的问题进行了交流探讨。与此同时，我们积极奔走于教育系统、自行车协会、孝义市志愿者协会、社区服务站，并充分利用电视台、报刊、微信、微博、QQ 等媒体力量进行活动宣传。

7月1日—7月8日，为大型图书现场交流会做准备工作（制定活动议程，联系疏通各部门）。

孝义市中学生"以书换树"——"阅己悦自然"公益行动图书现场交流会议程。

活动时间：2016 年 7 月 9 日

活动地点：孝义市府前广场

参加人员：市教育局相关领导、孝义市志愿者协会、市自行车协会、各市直中学代表、市电视台相关领导及人员

仪式程序：

1. 主持人宣布仪式开始，介绍到会领导、来宾；

2. 杨科长发言；

3. 高佳书记讲话；

4. 学生代表发言；

5.所有参会领导与成员合影；

6.宣布公益行动图书现场交流会正式开始。

具体分工：

1.方案策划："阅己悦自然"项目组负责全过程的组织协调工作；

2.主持人：岳晓燕；

3.领导讲话：杨科长、高佳书记讲话

4.前期准备：与市教育局相关领导、孝义市志愿者协会、市自行车协会、各市直中学代表、市电视台、府前广场管理处共同联系落实相关单位领导讲话、时间安排、场地位置安排等接洽工作。

5.物品准备：

（1）布置横幅（内容：孝义市中学生"以书换树"——"阅己悦自然"公益行动图书现场交流会；各校横幅可自行准备）、简易防雨棚（自行车俱乐部提供）、桌椅（孝义中学提供）、海报（各校自行准备）、宣传单（当天由孝义中学绿手印社团成员派发）；

（2）校团委联系电视台报道、办公室负责照相存档；

（3）资料收集，包括发言人发言稿、音像资料等，并整理成电子版；

（4）安全保卫：联系活动用车，维护现场纪律，做好保卫工作、安全工作；

阅己悦自然
——致全体市民的一封信

不知道您有没有发现，现在环境在逐渐恶化，身边的绿色越来越少了，鸟儿也成了稀有动物了，蓝色的天空已经成了一种奇迹……但是，人们并没有停止对环境的破坏，每年的雾霾浓度越来越高了，化工厂排放的污染物也越来越多了，汽车尾气更是浓上加浓。现代人已经有了相当大的改变自然环境的能力，不过人类在享受科技进步营造的舒适生活环境时，并没有及时意

识到所付出的生态代价，结果是人类被迫面对日趋严重的环境污染和地球生态危机。人与自然环境之间应该是怎样一种关系？人类能把自然看作自己的附属品吗？对环境与人类之间关系的重新考虑是 21 世纪人类文明最重要的认识之一。其实解决这些环境问题的方法有很多种，但是，最根本、最直接的便是植树造林。

今年孝义中学开展了全国中学生领导力项目，给了我们这些中学生一些为社会奉献的机会和平台，于是我们寻找到了一种绿色循环体——"以书换树"。

经过我们大量统计，98% 的人家中有闲置无用的书，然而这是一种知识的浪费，是书本的浪费，更是树木的浪费。如果每个人都可以把这些书捐赠出来，让他们寻找新的归宿，重新体现他们的价值，同时，我们低价卖书的钱用于植树绿化环境，这将不仅仅是绿色的循环、知识的升华，更是我们人与人心的交流。

看看我们周边的环境，看看现在的孩子们每天生活在一个充满尾气的世界，看看我们周边动物的远离，想想地球最开始的样子是多么美丽，想想人与大自然和谐共处的绿色世界，想想我们的后代将如何在这个地球上生存……

为此，我们集结全市中学生力量发起了"阅己悦自然"大型义卖活动，在这里您可以淘取您想要的书籍，也可以将您的闲置书籍捐赠给我们（采取一换一的形式，您捐一本书，可以选取您想要的图书），让书籍流动起来，让知识充分利用起来。

活动时间：7 月 9 日全天

活动地点：府前广场

参与学校：全市各初、高中

出席开幕仪式嘉宾：市教育局相关领导、孝义市志愿者协会、市自行车协会、各市直中学代表、市电视台相关领导及人员

不让知识积压箱底！阅读自己，愉悦自然，让一本本旧书变成一颗颗公

益的水滴、慈善的爱心。不让美丽失去光泽！用中学生微薄的力量为这世界添一抹绿色，增一份美丽。

欢迎广大市民参与"阅己悦自然"公益项目，扫二维码，关注微信平台，了解我们！

7月9日，孝义市中学生"以书换树"——"阅己悦自然"公益行动

大型图书交流会现场

图书现场交流会如期举行了，当日市教育系统、市志愿者协会、市自行车协会、全市各市直中学老师及学生代表、市电视台以及新浪微博博主微吕梁出席了我们的活动。当日虽下着大雨，项目负责人早早起床奔走联系各部门，活动紧张地筹备着。联系车辆运送桌椅、搭建防雨帐篷、集合到会人员、整理义卖书籍、张贴宣传海报……10点整，开幕仪式举行了，到场来宾在雨中做了精彩的演讲。市民们也陆陆续续冒着雨前来支持我们的活动，书摊前人流络绎不绝。到了下午，老天爷似乎也被我们的热情所感动，雨逐渐停了，天空也开始放晴。最后，一天的活动下来，效果还不错，许多人问明天是否还举行这样的活动，面对已经散场的图书活动，甚至还有闻讯赶来的老百姓过来想换书，最后一直追到学校。

关于未来的发展计划，我们有三个设想：一是在"以书换树"的基础上继续同步开展"行走的力量"活动；二是建立流动图书馆，即在大街小巷安置移动捐书箱，让人们能随时将自己不需要的书籍捐出来，同时在各个社区开展"取一换一"活动，使资源得到重复利用；三是图书接力站，即把上一届的一名学长或学姐的书籍统一捐赠给低一届的一名学弟或学妹，在一对一的接力下，实现书籍的最大利用价值。

操千曲而后晓声，观千剑而后识器

哲学家菩德曼说过："播种一个行为，你会收获一个习惯，播种一个习惯，你会收获一个个性，播种一个个性，你会收获一个命运。"是的，播种总会有收获的！岁月的洗礼让我们逐渐走上成熟，组织"阅己悦自然"活动让我们收获了别样的人生。

岳晓燕：说到做项目过程中的苦与乐，没有比拉扯孩子更恰当的比喻了。"阅己悦自然"从开始的439班小型义卖到发展成学校项目，甚至影响到全市所有初高中，从小打小闹到初具规模，再到成型壮大，可以说"一把屎一把尿"把它拉扯大，很爱它，同样也很感谢它。

感谢"阅己悦自然"让七只"葫芦娃"相遇，感谢它带来的志同道合的缘分。

感谢这半年以来能够和"阅己悦自然"一起成长，从做事莽撞到能够考虑周全，从手足无措到得心应手。

感谢在活动中接触了形形色色的人，有现实主义者瞬间浇灭我们的希望，给我们以绝地反击、背水一战的斗志；有积极的梦想家支持我们，竭尽全力帮助我们，给我们坚持下去的勇气。

我清清楚楚地看到了社会的残酷和冷血，但也真真切切地感受到了弥足珍贵的温暖。我觉得最棒的事情，莫过于自己在对人生毫无方向、迷茫踌躇的时候，"领导力"突然出现，然后让我慢慢知道了自己真正想要做的是什么，想要什么样的生活，该为什么样的目标努力奋斗。

与其强调我们在做项目过程当中遇到的困难多么棘手，我倒更愿意谈谈我在这逆境当中所感受的温暖和力量。

首先要说的是七只"葫芦娃"，也就是我们项目组的七位主要负责人，说来也奇怪，做项目半年多以来，虽然意见有过分歧，但从未红过一次脸，吵过一次架。做项目之余，大家一起聚餐、骑行，建立了深厚的革命友谊。是"阅己悦自然"让我们相遇，但我更想说的是，正因为有七只"葫芦娃"

的相知相伴、相亲相爱，才让一切难题变得并没有看起来那么可怕，让半年时光中的每一秒钟都变得无比美好。

七只"葫芦娃"

当然，温暖也不止来自同龄人。贾红义老师，我们的指导老师，也是我们的智慧锦囊，他总是能在我们迷茫时为我们拨开云雾，指点迷津。张瑜老师是我市孝义七中的团委书记，在各校进行志愿活动过程中，张瑜老师全程陪同义卖，不慎崴脚，但仍然坚持参与活动。高佳书记一反各大领导接到我们电话敷衍了事的常态，不仅在电话中给予我们极大鼓励，而且为我们提供了很多力所能及的帮助。尽管社会现实残酷，但也不乏温暖，真有幸结识了这些知世故而不世故的梦想家，正是有他们的助力和护航，我们才能走得如此长远。

说到这儿，就不得不提 7 月 9 日的大型图书现场交流会了。其规模大、涉及学校部门多、处处需要统筹兼顾，活动难度自然可想而知。尽管有了教育系统的支持、自行车协会的赞助、各大媒体的报道，奈何天公不作美，我市连续多天强降雨，各种压力奔涌而来。有人说你们的活动干脆别举行了，光追求形式主义，不可能有效果，我什么也没说。活动当天早上，五点钟我们就早早起床，看到雨小了，反复权衡之下我仍然做出了活动如期举行的决

定。高佳书记也在活动群中积极回应："公益无惧风雨，公益考验人心，做公益风雨无阻！"我能说什么呢，除了感动还是感动，除了温暖还是温暖。质疑的声音固然压得人喘不过气来，但我看到的是项目组成员五点多起床整理文件、宣传海报，积极联系各个部门；我看到的是哪怕山路崎岖也要赶往市区参加活动的乡镇学校；我看到的是十个学校代表紧张但井井有条地准备活动；我看到的是每一位同学来来回回地搬运桌椅、搭建帐篷被淋得浑身湿透；我看到的是每一位领导、每一位负责人雨中有条不紊地指挥活动；我看到的是义卖时一位位热心的市民积极参与；我看到的是在这寒冷暴雨天一颗颗炽热的心。我们总是喜欢拿"顺其自然"来敷衍人生道路上的荆棘坎坷，却很少承认真正的顺其自然，其实是竭尽所能之后的不强求，而非两手一摊的不作为。最后，一天的活动下来，效果还不错，许多人问明天还举行这样的活动吗？面对已经散场的图书活动，甚至还有闻讯赶来的老百姓过来想换书，最后一直追到学校。就连老阴着的天、不停的雨，也放晴了，不下了。大家都说，是被活动现场的人气、被大家的诚心感动了。虽是戏言，却是对我们活动的肯定。是啊，没有不下雨的奇迹，但所有人让看似不可能完成的事情变成了现实，这就叫奇迹！

也许我们的力量还是过于薄弱，但起码，所有人努力了这么久的目的，无非是想通过自己的力量为这个社会做点儿什么，哪怕只是节省了一本书，哪怕只是种了一棵树，我们也很开心，能让这个社会因为有我们的存在而有那么一点点的不一样。

郭晓旭：2 月 23 日"以书换树"活动第一天进行，初次听时，感觉很新颖，初次加入，大家在寒风中大声吆喝着，让更多人了解，有许多人前往关注我们的活动，共得到 335 元的费用，感觉到团队的力量与社会的支持；3 月 12 日我们在国家 4A 级孝河湿地公园进行启动仪式，将费用用以植树，实现换树的价值；3 月、4 月发动学生和老师捐书，大家予以支持；之后发动全市初高中一起进行活动，7 月 9 日，雨一直下着，但活动仍然进行着，大家在风雨中奔跑着忙碌着，许多人前来支持活动，拿着自己的书来交换，进行知识的交换，得到精神的交换。活动圆满结束后，终于迎来了全国第七届中学生领导力展示。很遗憾没有去现场体验整个展示会的过程，我们的项目取得了全国特等奖，成绩固然不重要，但初次接触领导力，让我感受颇深。感谢领导力让我们"葫芦娃"相遇，一起为"阅己悦自然"奉献自己的力量；感谢领导力让我知道社会上有如此多的人对知识的渴望，一直支持我们的活动；感谢领导力唤起人们对绿色的重视，对新鲜空气的渴望；感谢领导力让我懂得团队的力量是无穷的，集体的精神是不可估量的；感谢领导力半年来陪伴我的成长，它将会是我青春回忆中不可或缺的一部分；感谢领导力带给我的一切的一切！明年的现在我将不再属于中学生的行列，我将要以一名志愿者的身份加入领导力，让更多的人了解领导力；加入领导力，让领导力陪伴更多的人成长！

霍庭旺：人的一生也许会经历许多，第一次牙牙学语，第一次踏入陌生的教室，第一次目睹大海，第一次……我们就是在这些经历中不断地成长，不断地成熟。

今年，我作为"以书换树"——"阅己悦自然"项目组的一员参加全国中学生领导力活动，第一次接触中国领导力，第一次接触我们遥不可及的任务，通过将近一年的努力，我们七个"葫芦娃"的坚持不懈，最终在今年上海的评比中获得了特等奖。

通过这次活动我的收获还是颇多的：体会到了爷爷常说的"吃亏是福"，体会到了一个团队拥有常人想不到的力量，体会到了人们对环境的关心；看到了人性的另一面，看到了社会的另一面，看到了我们中学生的力量；懂得了"唯有付出才有回报"，懂得了集体的重要性，懂得了中国礼仪的强大；学会了与人相处的真谛，学会了如何凝聚分散的力量，学会了人与人之间最重要的信任……

许多体验是书本中永远学不到的，然而这些能力、这些体验正是现在高

中生、大学生所缺乏的，也是现在学校和家长所不关注的，通过这次的活动我的确成长了不少。看着项目从襁褓中的婴儿茁壮成长，心中的喜悦是无法阻碍的，看着"它"一步步扩大，逐渐步入社会，真正服务于社会，我是打心眼里高兴，但心中还有些许心酸。就像父母看着即将出嫁的女儿，心中既欣喜又心酸。虽然我们的项目成功了，但是我们的项目也的的确确结束了。

通过中学生领导力活动也让我们知道了，社会上有许多人关心我们，关注我们；也让我们知道了社会需要我们，国家需要我们。我们应该用知识武装自己，不断提升自己的综合实力，为复兴中华的事业奉献自己。

人的一生总会经历许多，每一次经历都是人生路途上的沙砾，虽然会感到硌人，但它也会让你记住每一次的痛。人生的道路还很长，伴着路边的风景，踏着硌人的沙砾，痛并快乐地一直走下去。

张凯州：善待每一个遇见，珍惜每一份情缘。

不是所有的人都能成为朋友，不是所有的情都值得你去珍惜。时间是一剂良药，它会沉淀最美的感情，也会带走留不住的虚情。缘分，需要的是珍惜和双向的互动；感情，需要的是感恩和双方的呵护。爱不是单向，情不是索取，懂得珍惜才会持久，知道不易才能永恒。爱得无怨，疼得无悔，只因不图任何回报；爱到卑微，疼到廉价，只因入心入髓。缘，需要把握，更懂得珍惜。懂得珍惜，才会长久；知道感恩，才配拥有。

爱到深处无声，情到深处无语。真心对你的人，不会考虑任何利益；真正陪伴你的人，不会因为你外在的光环。爱是风雨时，悄悄出现在你头顶的伞；爱是困惑时，默默陪伴在你身边的不弃。人生本是一场空，来时一丝不挂，去时一缕青烟。看淡人生，才会看淡名利；看淡名利，才知道人生该珍惜什么。一份情，默默陪伴你，超越一切虚名浮利；一份爱，默默支撑你，凌驾于一切所谓的得失之上。不要轻易挥霍一份看似易得的情，不要轻易伤害一颗默默付出的心，人生没有重来，生命无法倒带，且行且珍惜。

懂得珍惜，才不会错过；知道感恩，才会收获真情。真正的感情，缘于一颗珍惜的心；真正的得到，缘于一份感恩的心态。人的一生可以错过很多，但不要错过真正值得你去交往的朋友。

真正的朋友，或许不能给你物质上的帮助，却可以给你精神上的鼓励；真正的朋友，不是日日相对，不是吃喝玩乐，而是默默关注你的成长，悄悄关心你的一切。朋友不在远近，只要在心；遇见没有早晚，只要有心。好朋友，永远陪伴左右；真情谊，永远风雨同行。

人的一生需要面临许多选择，还要懂得选择。友不在多，投缘为好；人不在众，志同为佳。跟有正能量的人交往，即便放低姿态；跟品格优秀的人交往，抱一颗真诚的心。尺有所短，寸有所长，永远抱一颗谦卑的心，才能让自己更加完善。人生没有完美，只有完善；岁月没有十全十美，只有尽量。人生总要有梦想，岁月总要有追求；珍惜一份情，怀揣一份梦，就是最大的收获。

缘分不会随意而来，因为相吸；缘分不会永远无期，故要呵护。一再的冷漠，伤的是一颗心；一再的漠视，错的是一段情。世间向来没有无缘无故的好，也没有平白无故的爱，别把别人的付出踩在脚下，没有谁本该如此；别以一副高高在上的姿态看已得到的情，人与人是平等的。爱你的人，愿意包容你的一切，但不会接受你的鄙视。感情需要平等，还要懂得尊重，不懂得尊重别人的人，也不会得到真心的情。善待每一个遇见，珍惜每一份情缘。

一枝独秀不是春，百花齐放春满园

"Hello，everybody！欢迎来到'熊熊有话说'节目现场，我是你们的老朋友熊熊！今天熊熊给大家带来一件神秘离奇的事情！在山西省孝义市出现了一个神秘组织，市民的旧书废书大量被卷走，城市四周无缘出现大片树林，这种种背后，究竟隐藏着哪些不为人知的秘密？下面请跟随我的脚步，一起探寻这神秘组织！""熊熊"张凯州充满朝气与活力的开场白以及吸人

眼球的搞笑 PPT 配图嗨翻全场，在短短 6 分钟内，我们介绍了项目宗旨、项目流程、成果以及对于未来的规划，给评委老师和现场观众留下深刻的印象，我们的"阅己悦自然"项目不仅取得了特等奖的优异成绩，项目组张凯州也凭借"熊熊"这个艺名着实在领导力火了一把！

从紧张得上台前手心的汗冒个不停，到自信完美地展示，再到等候结果时内心的七上八下，最后到获得优异成绩的如释重负。在旁人看来，取得如此傲人的成绩是多么的光鲜亮丽，尤其是在全国中学生领导力展示会这样一个大的平台。而我们，却并没有想象中那么欣喜若狂，甚至得意忘形，更多的，是反思。

荣誉固然可喜，可这荣誉又能象征什么。用以评判我们半年来的努力做得好与不好？还是赢得这个所谓荣誉才是我们半年来做这一切的根本目的？我认为二者都不是。好与不好无须评判，只要我们所做的是我们认为正确的，并是传播正能量的，就是好的行为。这荣誉是对我们之前所做努力的肯定，更是对我们永不停歇、不断前行的鼓舞。满足于小小成就而忘记当初是为何出发，这就曲解了领导力的真正内涵。这时，我才真真正正懂得了"不忘初心，方得始终"的真谛。这时，我才真真正正懂得了，领导力不是为所谓成功所谓荣誉而培养，而是能够按照自己的意愿，做自己认为正确的事情，并且有能力号召更多的人一起去做。

英国最古老的建筑物威斯敏斯特教堂旁边矗立着的一块墓碑，上面刻着一段非常著名的话："当我年轻的时候，我梦想改变这个世界；当我成熟以后，我发现我不能够改变这个世界，我将目光缩短了些，决定只改变我的国家；当我进入暮年以后，我发现我不能够改变我们的国家，我的最后愿望仅仅是改变一下我的家庭，但是，这也不可能。当我现在躺在床上，行将就木时，我突然意识到：如果一开始我仅仅去改变我自己，然后，我可能改变我的家庭；在家人的帮助和鼓励下，可能为国家做一些事情；然后，谁知道呢？我甚至可能改变这个世界。"

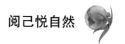

我想，这就是我们当初为什么选择领导力的原因。

在最好的时光里，做最心甘情愿的事。阅己悦自然，我们的成长过程就是破茧为蝶，挣扎着脱掉所有的青涩和丑陋，在阳光下抖动轻盈美丽的翅膀，闪闪地，微微地，幸福地颤抖；成长是无尽的阶梯，一步一步地攀登，回望来时路，会心一笑；转过头，面对前方，无言而努力地继续攀登；成长是一次次的蜕皮，蜕皮是痛苦，是流血，有风险，有失败，但也是对未来的憧憬和期待，变得成熟与美丽。

项 目 名 称: 阅己悦自然

项目组成员: 岳晓燕　张凯州　宋国珍　王柯道　霍庭旺　郭晓旭
　　　　　　张高源　王映滕　王鹤霖

指 导 教 师: 贾红义

撰 稿 人: 岳晓燕　张凯州　霍庭旺　郭晓旭

学生眼中的“大世界”

——特色非遗的传习保护，我们在路上

上海市格致中学

2015 年 5 月，一则新闻深深地感动了我们，引发了我们的共鸣——网民通过网络力量集体留言，最终使得上海金陵东路上即将被拆除的特色骑楼保存了下来。我们震惊于网民们团结起来后这般强大的力量，同时也被他们保护上海文化遗产的责任感与精神所感动。从那时起，一个念头便在我们心中生根发芽：广大网民能仅凭一己之力保护特色建筑，那我们高中生又为何不能联合起来为上海、为社会，甚至为历史、为将来做出自己的贡献呢？

引子

一个民族的文化遗产，承载着这个民族的认同感和自豪感；一个国家的文化遗产，代表着这个国家悠久历史文化的“根”与“魂”。保护和传承文化遗产，就是守护民族和国家过去的辉煌、今天的资源、未来的希望。这不仅仅是一个话题，更是一种行动。

于是，我们组合团队，决心要成为上海非遗保护活动的一座桥梁、一个平台；我们去联系、去整合散落在上海各处的优秀非遗学校、非遗保护机构。在整整

一个学期的努力中，我们不仅联系了专家学者，为上海"大世界"提供非遗展示策划书，开展丰富的非遗推广活动，还推出了自己的微信公众号"上海非遗青年"，并且联合上海 20 多所优秀非遗学校成立了我们自己的"上海特色非遗信息中心"。我们的活动也得到了上海市领导和众多学校及单位的大力支持和赞扬，上海多家知名报刊

"上海非遗青年"微信公众号

媒体如《新民晚报》、搜狐公众平台、《少年日报》等也对我们进行了持续深入的跟踪报道。我们的成果在第七届全国中学生领导力展示会上获得了特等奖。

独上高楼，望尽天涯路

我们要成为上海第一个为优秀非遗项目提供整合平台的团队，这是我们的特色。然而，没有任何前人的经验供我们参考，漫漫长路，有太多的问题有待我们去发现和解决。确立目标后，我们展开了一系列的资料收集以及调查活动：走访朱家角、城隍庙等地，了解目前非遗手工艺人传承现状；通过网上问卷形式，进行非遗普及度调查；搜查了解近年有关非遗的宣传推广活动情况效果反响；走访各类非遗方面具有权威性的专家学者，希望与他们取得联系达成共识，获取宝贵意见……本着"发现问题，了解问题，解决问题"的思路，我们摸着石头过河，一步步了解目前非遗保护推广状况，以及存在的漏洞和问题，并针对我们发现的问题，逐步制定下一步方案。

非遗现状调查

首先，我们来到了位于上海市徐汇区古宜路 125 号的上海非物质文化遗产保护中心。在这里，我们采访了有关的工作人员，了解非物质文化遗产的定义、保护意义、现状等方面的问题。我们又在非遗中心的图书馆中借阅了

相关的书籍。但令我们失望的是，在将近三小时的调查过程中，没有看到一个市民来此参观学习。这说明人们对非遗缺少关注，而这也更坚定了我们参与保护与传承非遗的决心。

我们听说，在上海郊区的一些小镇，有一些手艺出众却默默无名的民间艺人。几经周折，我们找到了一位正在编织竹篮的老伯，他用那双灵巧的手，将身旁的竹条稍稍弯曲，编织在竹篮的框架上。趁着老伯休息的时间，我们

上前与老伯交谈。从老伯的口中，我们得知，这里住着许多老人，他们都爱用竹篮去买菜或是盛放东西，然而现在连自己的孩子都不愿意学习这门手艺，眼看着会编竹篮的人越来越少。老伯说，他从心底里希望把老祖宗留给我们的东西传承下去。我们知道，这不只是这位年过

朱家角编竹篮的老伯

花甲的老伯的心愿，更是许许多多民间手工艺人的心愿。

我们持续关注着身边的新闻。几天后，我们收到来自《腾讯新闻》的一条推送，得知在某个地铁口，有一位深受大家喜爱的手工艺人。第二天放学后，我们便一起去了那个地铁站口，可是苦苦等待了两个多小时，艺人却没有出现……

为了更好地了解上海手工艺人的现状，我们还走访了上海著名地标之一的城隍庙。去过城隍庙的游客都知道，那里的每个角落都有一些叫作"上海印象"的小店铺。我们随机采访了一些游客，发现对于这些传统的手工艺，外国游客感兴趣的程度远远大于中国游客。通过采访这些小店，我们得知，他们现在的生存空间已经被压缩到了极限，没有人愿意为他们的手艺付出相应的价值，他们只能在这里找到一些属于过去的情怀。

不断的采访与了解，使我们对于非遗的现状有了一个更清晰的认识，非

遗的保护任重而道远。

网络问卷调查

上海的非物质文化遗产展现的是一个民间文化意义上的上海。这些财富是中华民族文明里无形的那一部分，也是人类共同的精神财富，但是长时期以来，一直被人们忽视。为了了解非物质文化遗产在当代社会中的地位与现状，为了留住远去的记忆与文化，我们决心展开对非遗的广泛调查。通过微信公众号、QQ空间等形式，面向全市发放网络调查问卷。6月11日，我们进行了第一次问卷调查结果回收，采集了各个学校的学生、老师，以及社会人士的问卷结果，收获了可观的调查总份数。

这些问卷涉及的问题有：是否了解非物质文化的定义，对非物质文化遗产的感兴趣程度，通常参加非遗活动的形式，会否主动参加非遗活动，是否愿意以非遗作为终生的职业或爱好，希望学习到哪些非遗项目，等等。问卷调查结果显示，超过半数的人对非遗文化的感兴趣程度一般；在问卷中的非遗技能选择上，海派面塑、剪纸、皮影戏这三项最受大众的青睐。

问卷调查结果使我们小组的执行方向更为明确，也为我们提供了下一步活动策划的依据，使得方案更为完善。

专家采访

我们采访了上海师范大学非遗中心主任陆建非教授，了解非遗推广现状；采访了复旦大学新闻系原主任、上海教育报刊总社社长吴圣苓教授，征询如何在学生社团以及课堂中推广非遗活动的可行性建议和操作方案；还

采访吴圣苓教授

采访陆建非教授

采访了黄浦区人大代表、格致中学校长张志敏先生和其他专家，请他们为我们的项目给予指导，建言献策。

4月底的一天，我们怀着紧张的心情，来到上海师范大学美丽的校园，走进陆建非教授的办公室。陆教授就上海非遗传承的现状和未来的展望等问题，与我们展开了深入的探讨。

陆教授向我们提起了"大世界"。上海大世界是上海地标性的建筑物，其建筑风格充分体现了老上海的独特风韵，却因运营、场地租借回收、停车难等问题已停业了13年。就上海大世界未来定位以及如何融入非遗文化问题，陆教授说："我的观点主要是希望'大世界'成为一个非营利性的场所。以一个非盈利场所来传习非遗是正确的选择。因为非遗本身并不是一个赚钱的项目，虽然也有一些盈利的，如茶壶，也不是一般百姓可以消费得起的。"

在谈到如何优先传承和保护一部分关注度小和受众面低的非遗时，陆教授提出了"非遗生命力指数"这一概念——在通过对每一项上海非遗进行深入的调查研究的基础上，为每一项非遗打分，完成非遗生命力指数表格，这将大大有利于我们对濒危非遗的保护。同时，陆教授还提到了"活态传承"这一概念，将每一项非遗都作为有生命力的物体进行传承。

我们对陆教授和他团队所制作的"非遗地图"尤其感兴趣。陆教授向我们介绍道："一开始这个地图的名称叫作《上海中小学非遗传习地图》，这样来到上海交流学习或旅游的人们就能根据地图，去这些作为非遗传习基地的学校观摩学习。后来我把中小学几个字去掉，试图把它做大。以后我们还要在里面加入一些非中小学的传习基地，比如朵云轩，比如'大世界'。可能还会加入一些非遗的源头，比如一些老茶馆。非遗不仅有传习，还有消费性的，娱乐性的，等等，我们的地图还有待丰富，把整个非遗链做进去。"

在说到未来对非遗传习的发展计划中，陆教授向我们介绍了他和他的团队正在着手制作的非遗中小学课本，希望以此来继续深化非遗传承的主体应该是中小学生这一概念。同时《非遗传承研究》杂志也在如火如荼地编写、发行中。

在对我们小组未来发展规划的询问中，陆教授建议我们利用现代互联网交流平台，用简单易懂的语言向各个年龄段的人提供非遗知识的普及服务。陆教授还接受了我们的邀请，担任我们课题小组的特聘顾问。他希望我们将课题不间断地进行下去，将我们的成果以小论文的形式发表在《非遗传承研究》杂志上。

与陆建非教授的访谈，使我们对于未来课题的发展思路和方向更为清晰，更明确地认识到非遗保护需要我们中学生的力量！

衣带渐宽终不悔，为伊消得人憔悴

在保护上海优秀非遗的过程中，我们不断努力，主要通过两条主线来展开活动：一是将学生元素融入"大世界"，希望通过学生的视角，将"大世界"以策划书的形式呈现出来，并递交"大世界"方面，希望得到他们的采纳和认可；二是通过校内、校际以及社会三个不同方面进行非遗的全方位活动推广。经过上一阶段的资料收集和整理，我们创建了微信公众号"上海非遗青年"，更方便地向上海青少年和所有热爱非遗的市民进行宣传。

学生眼中的"大世界"——"大世界"非遗元素展示策划方案

1. 背景

"大世界"这个名字，对于我们的上辈人来说，可能已经熟悉得不能再熟悉了，它可能承载着几代人的一份童年回忆、一段过去的记忆。"大世界"始建于1917年，曾是上海最大的室内游乐场，号称远东第一游乐场，素以游艺、

杂耍，以及南北戏剧、曲艺表演为特色，是旧上海最吸引市民的娱乐场所。然而，自2003年受"非典"影响后，上海大世界闭门谢客至今，一直处于修缮状态。停业13年之久，承载着几代上海人回忆的"大世界"究竟该如何复出，如何以更好的姿态面对公众呢？我们上海市格致中学，距离"大世界"仅一条延安中路之隔，绝佳的地理优势让我们决心联合高中生的力量，为"大世界"的规划献上我们的一份力。

2. 宗旨

非物质文化遗产指被各群体、团体或有时为个人视为其文化遗产的各种实践、表演、表现形式、知识和技能及有关的工具、实物、工艺品和文化场所。国务院把每年六月的第二个星期六定为中国的文化遗产日，旨在营造保护文化遗产的良好氛围，提高公众对文化遗产保护重要性的认识，动员全社会共同参与、关注和保护文化遗产。"大世界"近在咫尺、非遗活动急需传承和保护，我们将联合黄浦区文化局，向上海"大

项目小组在"大世界"办公室讨论修改文件

世界"相关负责单位发出倡议，希望将"大世界"建设成为"上海优秀非遗传习保护中心"。将上海非遗文化保护传承工作推向社会，推向全国，推向世界！

愿"不来大世界，枉来大上海"的广告词重回人们心中，让"大世界"承载着非遗以全新的姿态再次登上世界的舞台！

3. 策划

实地考察后，我们根据"大世界"建筑南面的裙楼的4层楼面为主体，进行方案策划。

一楼：老上海创意园区

看——踏进上海大世界的大门，映入你眼帘的便是一座古色古香的上海老城，我们将利用最新 3D 墙面投影技术配合精致的室内装潢，在"大世界"的底楼呈现老上海弄堂、老上海外滩等极富上海特色的场景，让人们仿佛穿越一般回到 20 世纪六七十年代的上海，感受上海独特的魅力。

听——置身于这般环境中的人们，耳边会听到"瞎刀哞、磨剪刀……""栀子花来！白兰花！""爆……爆米花喽……"等老上海的叫卖声，上海郊区的方言将会此起彼伏，身临其境般的老上海特色之旅由此展开。

玩——在底楼，我们还将多种弄堂游戏融入其中，你会看到正在"跳橡皮筋"的女孩们，会看到正在玩"打弹子"的男孩们，当然只要你想随时都可以融入其中，可以"造房子"、可以"拍香烟牌子"……这样的设计让孩子们玩得开心，让大人们能重新回味一次童年。

吃——许多中华老字号传统上海小吃、点心的制作技艺已经申报成为区级或市级的非遗项目。我们将这类小吃、点心的制作间打造为全玻璃、360度可观赏的格局，让人们欣赏着非遗手艺，品尝着老上海的味道。

买——我们在"大世界"的出口处设计开辟一块非遗器物的纪念品区，让人们在享受完老上海的魅力后，能带回去一份正宗的纯手工打造的纪念品。此类纪念品均由非遗传承人及其徒弟、学生共同制作完成。

二楼：非遗传习基地

目的——利用一切资源和信息渠道，让全民参与欣赏、学习传承上海特色的非遗文化。

特色——中国人、外国人都可以报名参加上述活动，学生、白领等各界人士也都可以报名参加此类培训班。挖掘传承人、培养传承人，弘扬传统文化。

长期培训传习活动——联合总工会、团市委、旅游局、外国留学生中心，打造上海特色非遗文化培训课堂。利用晚间、双休日或者平时时段，创建"非遗课堂""非遗沙龙""非遗学术讲座"等，开设"上海话学习班""京昆

沪剧目学习课"等一系列课程。

短期传习活动——与各个学校社团联系，要求社团利用各种渠道充分宣传，利用双休日、寒暑假，开展"DIY非遗产品手工制作""与父母长辈的非遗项目互动活动"等。

三楼：上海市非物质文化遗产项目展示游园会

设计——按照上海历史文化发展的进程，以时间和地域性文化发展为主线，打造上海特色非遗展览。有"江南丝竹""徐行编草""崇明山歌""顾绣""沪剧""海派剪纸""海派面塑"等近百余种展览厅。有实物展、有图片视频资料展等等。

目的——围绕非物质文化遗产的范畴，让大家知道上海特色非遗项目传承和保护的重要性。

特色——充分运用高科技打造，以IPAD和多媒体互动，让观众有身临其境的感觉。观众不仅仅在领略非遗展品，更是穿越时空，在体验，在"玩"，集教育性、娱乐性为一体。

四楼：非遗工作室及展示中心

设计——建立上海非遗传习保护机构的集中办事处、上海非遗传承人物事迹展览、非遗大师工作室、多媒体培训教室和网络课程录播室、上海中学生非遗传承和保护工作展示厅（园南中学、洛川学校、廊下小学、建设中学等10所学校被评为"非遗进校园十佳传习基地"，可以定期进行活动内容的展示）、上海中学生非遗保护和传承社团展示中心。

目的——让非遗传承大师能够在此静心工作，安心育徒，网络授课。让非遗的作品、工具、实物等得到最好的保存。尽可能抢救一些遗落的、急需保护的非物质文化遗产，使之不流失。

特色——上海目前中小学开展非遗活动的项目课程不少，但是没有整合的机会和向社会集中宣传的空间。在"大世界"进行定期宣传和展示，就是最好的传承，是对非遗文化的敬畏。

4.创新

"大世界"整改方案的难点在于经营模式和盈利与否。如果"大世界"仅做公益展览,在今天的时代显然不堪重负,老建筑大量的修葺工作、展览工作人员的安排等矛盾日益突出。同样,非遗文化的保护传承不仅仅依靠财政支持,更需要得到来自民间的资本运作和呵护,以文化供养文化这是当今一大热点。我们的策划方案有三点创新之处。

第一,公益与盈利相结合。

采用"众筹"的方式来完成资金的积累,利用网络平台,依靠大众的力量募集资金。"名家大师的网络授课""非遗讲座、展示的网络授课视频""中华老字号小吃的制作教程""非遗器物的制作教程""'上海的特色非遗'系列纪录片"等一系列以网络视频方式开展的教学和课程都将参与众筹。若一节网络手工艺教学课程时长两个小时,而网络收费标准为5元1小时,则对于任何一位网民来说,只需花费10元便可观看该教程,学习手艺并在家亲手制作。而若有2000人下载该教程,那么此节课程的盈利将会有20000元的学费资金。当有了大量的视频资料、教程和数以万计网民的支持,所筹集的资金对大家都会有益处。

第二,传统活动和高科技打造相结合。

底楼的"创意园区"将免费对公众开放,让更多人感受老上海的味道,感受非遗。但是三楼"上海市非物质文化遗产项目展示游园会"将会实行购买游戏卡券等方式进行参观。毕竟这是个高科技的视觉享受场所,将会邀请专业团队进行设计,让参观者有耳目一新的新体验和新感觉。这也是吸引青少年群体,更好传播非遗文化的最佳方式。

第三,学生青年社团活动和非遗文化的有效结合。

我们将联合团市委,呼吁创建"非遗青年基金会",开创有意义的项目,传承接力各项非遗活动。挖掘本市的家族、师徒传承的项目,了解非遗传承的瓶颈困难,学习和完善我国对非遗保护理论的研究,同时也希望各界青年能够

为保护非遗做一些实事。我们希望通过努力，让"非遗青年基金会"去影响整个青年群体，让非遗传承社团去传播更多的非遗文化，这才是我们的终极目标。

我们通过学生视角，将我们眼中的"大世界"规划以策划书的形式呈现出来，并递交"大世界"方面。经过我小组和"大世界"办公室负责人的不断讨论、完善和修改，我们收到了来自"上海大世界投资管理有限公司"的感谢信，以及来自市文化局，上海宝场文化投资管理有限公司董事长、上海大世界传艺中心筹备组组长刘军先生的答复信（见附录）。

非遗的校内推广

"玉兰芬芳　沪语飘香——钱程老师沪语专题讲座"

6月11日是中国文化遗产日。而随着2016年5月1日《上海市非物质文化遗产保护条例》的正式施行，上海也迎来了非物质文化遗产依法保护的首个"文化遗产日"。在这个特别的日子，"格致中学非遗传承小组"在上海市语委会老师的鼎力支持下，邀请到了著名表演艺术家，上海市非物质文化遗产滑稽戏、独角戏代表性传承人钱程老师来开讲座。钱程老师从推广普通话与保护传承上海话之间的关系入手，为到场的师生们带来了一场生动有趣、精彩纷呈的讲座，凸显了保护和传承上海方言的重要性。

钱程老师介绍，根据联合国教科文组织的《语言活力与语言濒危》文件，通过衡量语言生命力九要素之首的"代际之间传承"，上海话的现状基本处于3级肯定濒危型（该语言不再是孩子在家庭里学习的母语）和2

钱程沪语讲座

级严重濒危型（祖父母辈使用的语言，父母辈即便会讲，也不对子女讲）之间。他认为，必须采取有效措施进一步推动上海方言的传承，留住海派文化的根，保护大家的"母语"——上海话。多年来，钱程老师一直为守护"上海闲话"奔走于演艺界和教育界，多次在政协会议上提出提案，并得到了市教委的响应。钱程老师强调：上海方言中包含着许许多多的上海特色地域文化，上海方言中很多口耳相传的话语若用普通话表现出来那就变味了。上海海纳百川的城市特点不能以牺牲自己的传统文化为代价！

看到台下的同学都兴趣盎然，钱程老师邀请大家用上海话朗读一组组词语，师生们纷纷酝酿，但读出来的感觉总是不对劲。有的同学发音十分标准，有的勉勉强强读得"洋泾浜"了。钱程老师一一纠正同学们错误的上海话发音，还教大家用"文读"和"白读"的方法对几组词语进行了试读。通过钱老师的讲解，同学们对上海话有了更深的认识，更对钱老师深厚的语言功底大为佩服！

一个半小时的讲座，高潮迭起，笑声四溢，钱程老师用幽默风趣的语言和生动形象的例子，让老师与同学们对上海话有了一个完整的概念理解。来自格致中学的高中生和格致初级中学、明珠中学的初中生们都一直沉浸在语言的魅力和语言的艺术中。相信师生们会将今天的内容口耳相传，起到示范效应，带动更多的新老上海人学习上海话，用文化自觉和文化自信来传承上海话，将上海话作为宝贵的历史遗产代代相传。

非遗的校际间合作推广

"我是小小面塑家——非遗手工课堂"

2016 年 5 月，我们小组联合上海市格致初级中学（简称"格初"）非遗传习社团开展了非遗进校园的活动。我们十分荣幸地邀请到了黄浦区青少年活动中心的老师，为格初的同学们带来了一节生动有趣的海派面塑技艺的非遗课程。

海派面塑是上海地区一项重要的传统工艺美术品种，也是上海地方传统文化的一个组成部分。细看这一个个姿态各异的面塑作品，不禁感叹小小方寸舞台，浓缩世界，记录人生。海派面塑具备四大特点：人物表情细腻传神；服饰飘逸，质感丰富；人物众多，场面宏大；形象逼真，具有雕塑效果。接着老师仔细为同学们讲解了海派面塑中最为核心的两个制作方法："手捏八法"（即传统的纯手工制作手法：揉、揪、搓、碾等）和"工具八法"（是采用特制的工具）。在确认同学们充分理解之后，动手实践就开始了。最后我们将同学们汇聚到一起，让所

格初非遗社团活动

有的同学分享各自的制作经验，在一片欢声笑语中活动落下了帷幕。

这一次的活动加深了同学们对于非物质文化遗产的了解，大大增强了同学们对于保护与传承非物质文化遗产的决心。在这次活动之后，格初的非遗传习社团收到了来自各个年级的雪花般的入社申请，这一次的活动也成为格初校园中的一个热点话题。同时也有许多参加和没有参加此次活动的学生来询问我们下次活动的开展时间，我们十分高兴看到这些正面的反馈，我们也在此做出承诺，这一次的活动只是一个开始，我们会在接下来的时间中，充分了解同学们的兴趣，为大家举办更多的非遗活动。

非遗的面向社会公众推广

"传承与再现——非遗主题推广"

随着久负盛名的上海大世界即将重新开放，上海非遗青年团队的成员们对非遗活动的宣传也在如火如荼地开展着。5月初，非遗团队的成员与8号线地铁运营部及"大世界"团委取得联系，获得了相关部门领导的大力支持，并就非遗的宣传活动达成了协定。经过一个多月的策划准备，我们在6月11

日联合格致中学非遗传习社团和格致初级中学非遗传习社团来到了"大世界"地铁站，共同进行了一场别开生面的非遗宣传活动。

下午一点半活动正式开始，我们在热心的地铁工作人员的帮助下，对过往乘客进行了非遗的宣传，邀请他们观看我们的展板，使他们能从我们的讲解中对上海非物质文化遗产有更深层次的了解。我们还邀请他们关注了我们的微信公众号，为我们非遗青年团队的后续工作建言献策，填写调查问卷。

随后，我们还向乘客介绍了上海的各类非物质文化遗产，并将我们小组成员亲手制作的剪纸作品以及海派面塑作品进行了展示。过往乘客纷纷驻足观看，并对制作精美的展品和有趣的十二生肖剪纸书签十分喜爱，也表现出了对非物质文化遗产及其保护的浓厚兴趣。在活动过程中，我们也向热心关注我们的乘客们赠送了剪纸等富有纪念意义的礼物。乘客们纷纷对我们所创立的公众号表示欢

地铁站非遗推广

迎，积极地关注了我们的微信公众号，以了解更多的非遗知识和资讯。

此次活动，我们共发放了百余份调查问卷和公众号宣传单，剪纸小礼品也是一抢而空。我们让更多的人了解到了非遗，知道了非遗是什么，以及保护和传承非遗的重要性。

这次选择在8号线"大世界"地铁站举行宣传活动，也是希望在这样一个历史悠久的保护建筑、文化遗产中再现非物质文化遗产，借此唤起人们对非遗的重视，也希望"大世界"这片非物质文化遗产的瑰宝之地再现它往日的风采！该想法与活动也吸引了《中学生报》的记者们，在对我们小组组员以及地铁工作人员进行采访后，他们对我们的活动也给出了很高的评价。

蓦然回首，那人却在灯火阑珊处

回顾近一年来的项目进程，从 2015 年 10 月由几则新闻确定议题到逐步搜索挖掘信息，发现当今对于非遗保护的问题所在，从而明确我小组的项目实施计划，并针对这些问题找到解决方法。在整个活动过程中，从准备到初见成果有太多的艰难和不易，但我们团队始终团结一致，不畏艰难，坚持"发现问题，了解问题，解决问题"的态度，用全局视野灵活应对难题。在克服了重重困难后，回首这一年，我们筚路蓝缕，硕果累累。

上海特色非遗信息平台

5 月初，我们上海非遗青年小组在"上海非遗青年"的微信公众号平台上成立了"上海特色非遗信息中心"。

1. 宗旨

我们希望能联合上海市 39 所优秀非遗学校，将"上海特色非遗信息中心"做大做好，让非遗真正走进每一个人的身边。

2. 内容

展示——展示上海非遗特色学校的活动内容。

推广——推广学校社团非遗传承和保护的活动。

传授——传授非遗知识技艺，让更多人了解并学会非遗技能。

交流——与上海师范大学非遗中心合作建立青年非遗传习的交流平台，使各学校非遗社团（工作室）能在此平台上为保护非遗文化、传承非遗技艺、挖掘非遗项目及传承人建言献策。

3. 加入的学校

在我们陆续的走访和不断的努力下，现在已加入"上海特色非遗信息中心"的学校有：

上海市格致中学、上海市格致初级中学、上海市明珠中学、上海市曹光彪小学、上海市应昌期围棋学校、上海市清华中学、上海市罗星中学、上海市车墩学校、上海市崇明县向化小学、上海市宝山区大华第二小学等上海市特色非遗学校。

4. 上海市清华中学采访

6月中旬，我们上海非遗青年小组来到了上海市清华中学，并对上海市清华中学进行了一次交流采访活动，接下来让我们走进这次活动。

上海灯彩非遗工作室已于2015年9月在清华中学正式揭牌成立，上海市教育局和文化局的相关领导都来到现场为工作室的成立献上贺词。清华中学的上海灯彩非遗工作室依托于市民学习基地，并邀请何氏灯彩的第三代传人何伟福为特聘教授，每周进行拓展课的授课。何伟福，其祖父在民间被称为江南灯王，尤其擅长制作动物类型的灯彩。因为何伟福的加入，使"何氏灯彩"成为清华中学的特色非遗项目。

上海市清华中学的灯彩

清华中学的灯彩工作室主要以授课的方式在市民间推广，以亲子活动为主要方式来制作彩灯，从基础的单片灯做起，逐渐学着体验制作立体灯。自去年工作室揭牌成立后，工作室就开始在"博雅网"上发布信息、接受报名，向全市的中小学生开放。而在清华中学的工作室所举办的活动更为丰富多彩，每周五的下午都会有一节拓展课，提供给六到八年级有兴趣的同学参与，这也完全契合了非遗进课堂的发展潮流。此外，他们的非遗项目还和韩国大邱竹田中学联谊合作，共同学习推广非遗。

在和清华中学老师的交流中我们得知，他们在非遗传承中最大的问题是

缺少专门的非遗信息平台，目前他们进行消息推广的途径只有"第一教育"和"博雅网"，他们的消息通知和采访视频无法大面积地通过公众号的形式进行推广。于是在我们与清华中学的负责老师交流洽谈后，清华中学正式加盟"上海特色非遗信息中心"。

媒体宣传

一年来，我们团队的系列活动也得到了上海诸多报刊媒体的报道和众多领导的鼎力支持。东方网、搜狐公众平台、上海黄浦、黄浦教育、《上海中学生报》《少年日报》、澎湃新闻、上海师范大学宣传部、上海市格致中学官网等多类线上线下媒体对此进行了跟踪报道。团队成员也向全国人大原代表、黄浦区人大常委会原副主任高润华女士，黄浦区教育局原党工委书记、局长张俊明先生等多位领导展示团队项目成果，并获得了他们的支持与鼓励。

"上海非遗青年"取得的成绩，是非遗传承工作在青少年中不断沉浸、

媒体宣传——黄浦教育

持续深入取得的成绩，也来自优秀青少年对于传统文化自觉和自信的深切影响。格致中学"上海非遗青年"仅是一个开端、一个起步，我们每一位非遗工作者，定将坚守、坚持、坚定，以己之薄力，助业之兴盛！

——上海市黄浦区文化馆

同学们将目光投向面临危机的传统文化，扎扎实实把非遗的传承和推广做下去。他们说，用刷题的时间为社会做一些改变，值！

——《新民晚报》

如火的七月，如火的激情！他们，是领导力的种子，更是格致中学的骄傲！

——上海市格致中学官网

特色非遗的传习保护，我们在路上

当然，在所有活动的进程中，我们还有许多方面需要改进。如何将非遗推广做得更加深入，如何建立起全市范围内的非遗社团联盟，如何将非遗保护真正做好并让每一个人都了解到非遗传承的重要性等，太多的问题需要我们反思。

项目主席张媛、队长李亦飞：从一开始的选题，到制订计划，再到各项计划的实施都由我们带领整个团队进行。在一开始的议题确定中，我们只是带领全组成员们明确了"对上海非物质文化遗产传承与保护"的大方向，没有确立较为明确的切入点及准确细致的研究调查方向，此举给之后的资料收集造成了一定的困扰，在项目进行的过程中我们也逐渐意识到了这个问题并及时加以纠正，找到了属于我们小组的特色，属于我们自己的切入点，而非人云亦云跟随保护非遗的主流盲目宣传。同时，在项目进行的过程中，我们也认识到了团队合作是重中之重，但除此之外，还必须学会合理运用身边的资源并挖掘发现每一位组员的优点及长处，只有这样才能让我们的小组扬长避短，发挥每一个人的优势，使我们的团体更加壮大。

项目秘书田晓玥：我主要负责的内容是实地调查、采访和文稿的书写与

制作。在完成课题的过程中，我和小组的成员对"大世界"的负责人、多位研究非遗专家学者和多所非遗特色学校进行了采访。在这个过程中，我深入体验了类似记者的工作方式，提高了我的写作能力。但在这一过程中，我的不足之处在于，无法深入地对采访对象进行采访，有词不达意的状况出现。随着采访次数的增加，这一状况也逐渐开始改变。

项目后勤闵迪：我主要负责所有课题资料的汇总工作和文案分析工作。在完成课题的过程中，我亲眼见证了我们手中的素材由一份行动大纲变成了一本成果手册，一篇篇文章在我的手中组合成了我们的课题报告，一份份调查问卷在我手中变成了一个个可以说明事实的数据。在这个过程中，我整合了无数的资料，使我的文案编辑能力得到了质的飞跃。

项目推广朱成元、云天辰：微信公众号是我们非物质文化遗产传承与保护项目宣传的一个主要窗口。作为负责微信公众号的成员，我们在这个公众号上付出了许多的心血。每一期的推文内容都经过我们精心的挑选与编写，再通过丰富的排版、有趣的图片，力求做到有吸引力。我们尽量做到每日一篇文章，推出了非遗知识、非遗咨询等众多模块，内容丰富，形式多样。但我们也有许多做得不足的地方。首先，前期由于我们制作推文的经验不多，内容较为单薄。在我们的努力与经验的不断积累下，我们会逐渐改善这一点，力求推文的精益求精。再者，虽然做了大量宣传，但关注的人也是相对较少，推文阅读总量不太多。对于我们所经营的微信公众号，不仅要在推文上逐步提高和完善，也要通过公众号起到实际的效果。这样我们的宣传才是有效的，我们致力于非遗传承与保护的初衷才有可能实现。

相信，正是这些问题促使我们进步，比赛的进行只是我们项目的阶段性展示，对于非遗传承来说，这只是漫漫长路上的一个休止符，比赛过后，我们仍将继续努力！为上海、为中国的非遗尽上高中生的一份绵薄之力！

尽管中学生领导力展示会已经结束，但非遗的传习保护才刚刚起步，任重而道远，我们在路上！

附录:

来自刘军先生的评价:

关于格致中学发来的"大世界"课题内容,已经认真拜读。高中同学能够从文化历史角度思考问题,站在全国政策高度回望文化遗产,又能结合"大世界"项目实际情况出发,关注当下,提出建议,非常惊喜。就这个课题内容角度,结合我们这几年对"大世界"、对非遗文化的认识,大致有以下几点粗见,请酌。

1.关于相关政策,"在继承中发展,在发展中继承"同学们讲得真好。习近平主席曾在演讲中说,"让收藏在博物馆里的文物、陈列在广阔大地上的遗产都活起来"。也只有这样才能让非遗真正"活在当下、活在身边、活在未来、融入生活"。

2.关于项目定位,同学们把"大世界"定位为"上海优秀非遗传习保护中心",又面向社会,面向世界,很有想法。"大世界"将来立足上海,服务全国,要注重文教互动,文旅结合。让"大世界"成为"文化现场、文化磁场、文化舞台、文化平台"。

3.关于内容类型,未来"大世界"所承载的内容非常多,但归纳起来与同学们所想类似,注重演出展示与教学的结合。

4.关于项目创新,同学们能够想到"大世界"的可持续运营,与产业开发、教育基金相结合,真了不得。一是传统文化加入现代设计;二是以传统文化为独特定位,错位发展;三是加入高科技的项目,要注意与文化元素的结合,这样才更有料、有源、有内容。

项 目 名 称：上海非遗青年
项目组成员：李亦飞　张　媛　田晓玥　闵　迪　云天辰　朱成元
指 导 教 师：潘燕雯　曹李敏
撰　稿　人：李亦飞　张　媛　田晓玥　潘燕雯　曹李敏

非遗保护，我们在行动

山东省昌乐二中

> 曾几何时，家家会做的虎头鞋淡出了城市人的视野，童叟皆宜的泥塑玩偶也找不到几个卖家。曾属于手艺人和老顾客的那一份记忆情怀，竟不知飘向何方……
>
> 那世代相传，曾给人们带来无限审美情趣和精神享受的民间手工艺术，难道就这样被现代化的大潮冲刷得消失殆尽吗？不！一个充满意蕴和希望的名词出现在我们的眼前——非遗。是的，保护和传承非物质文化遗产，国家在行动，政府在行动，有识之士在行动，我们在行动！
>
> 在浩浩荡荡的非遗保护队伍中，活跃着这样一群年轻人的身影。这就是我们——来自山东省昌乐二中的高中生。我们用热情与信念贡献着自己的力量，尽管微小但不可忽视。请看我们的故事——

非遗初探

首先，非遗保护项目组在领导力社团中成立。刘硕是组长，也是最早提出非物质文化遗产保护行动这个项目的人。

在最初的可行性分析时，我们发现，想要做成这个项目并不容易。大家对非遗的了解都不多，行动没有方向，但改善非遗生存现状这一愿望却指引着我们不想放弃。我们决计跟以往文化遗产保护项目有所区别，更多地从非遗整体着眼，并不局限于某一文化遗产。

第一次活动，我们分成了三个小组，分工搜集资料。

第一组，析概念，找到非遗的定义、起源，解决"非遗是什么"的问题。

第二组，查现状，搜索非遗生存现状，找到非遗保护工作存在的问题。

第三组，探出路，查找政府、企业、社会组织对非遗保护做的工作，寻找借鉴。

第一次活动，虽然大家还都彼此陌生，但是每个人都在认真地参与，一种高效有序的文化在慢慢酝酿。组长刘硕在一开始就发挥了掌握大局的能力，后来的组织中也能看出，刘硕一直牢牢地掌握着我们的大方向，有序地部署各项任务。

我们依照分工各自行动，一周后，我们又聚到一起，拿出了各自的成果。

网上搜集来的资料帮我们解决了不少基本的认识问题。非遗的概念、起源、保护非遗的意义、现存的问题，这些我们都得到了答案。但是，一个紧迫的问题来了：我们该做什么？非物质文化遗产保护，这个课题很宏大，从什么地方开始做？做什么？要得到什么成果？这些实际的问题很难得到准确的回答。众人在讨论时一下子陷入语塞，谁也找不到一个具体的切入点。我们还需要更多的第一手资料。

深入调研

项目组的成员来自山东省的各个地市，我们依据所在地分组，动用一切资源来搜集非遗保护的相关资料。借着清明节学校放假，

小组讨论

我们各自展开了行动。

Part1

滨州市的三位同学找到了百年传承文化有限公司的王海波董事长，他正在筹建一个网上非遗销售平台。据了解，非物质文化遗产走向市场面临着很多困难，那些不能被市场接受的产品大多是在制作、运输等过程受限。

与王海波董事长交流

Part2

后来我们联系到了孙波老师。这个老师可不简单，曾经走访山东各个地区，拜访传承人，收集藏品。他跟我们说了很多他与传承人打

与孙波老师交流

交道的故事，带我们去了他的工作室，跟我们如数家珍地说着一件件藏品。我们第一次感受到了非物质文化遗产的魅力。

听说我们在进行非遗保护活动后，他非常支持，跟我们交流了很多。据他说，现在很多非遗的传承人年龄都已经很大，又身在农村，手艺没人继承，作品没人买。还有些因为信息闭塞或者没有能力提交合格材料，没有申请非遗。他对非遗的保护工作提出了自己的看法：宣传和交通是影响非遗经济效益的两大因素，而得不到足够的经济效益，单靠政府是很难留存住文化遗产的。他觉得下一步的保护重点应该放在非遗校园传承和非遗产品的市场化包

装上。

Part3

在德州，齐河黑陶是一项非物质文化遗产，德州的几名同学找到了黑陶制作大师张辉，向他了解了黑陶发展的现状。张辉大师制作的黑陶可谓是顶级的精品，曾经作为国家礼物赠送给外国。他耐心地给我们介绍了黑陶目前的生存状况，指出目前这种手工艺品普遍面临的一个问题——精品难出。追求更精深的制作艺术必然面临着制作时间长、技术难度大、成本高等问题，这部分很有价值的工艺不适应市场，又得不到适当的保护，如果企业化生产的黑陶所在企业倒闭，那这种工艺就可能流失。有一种工艺，是张辉所在工作室研发出来的，这种工艺就非常容易流失，而且由于成本太高，难以流传。这些技艺如何传承发扬是一个问题。

制定方案

经过一个多月的调查，我们手中的资料越来越翔实，各个方面的接触也都收尾了。大家开始坐下来整理资料，试图找到一条可行的路。在一番激烈的讨论后，我们终于理清了思路，把目标定在完善非遗申报建档和非遗宣传普及两大方面上，行动时间也正好不冲突。

非物质文化遗产的申报存在问题，一是申报流程烦琐，自主申报必须自行去政府部门提交材料；二是对已申报的非物质文化遗产建档工作不细致、不规范，部分非遗的分支技艺得不到建档，张辉老师那里的黑陶技艺或许能够通过建档被保护。针对这个问题，我们打算以议案的形式向政府提建议。

宣传是提高社会影响力非常重要的一步，我们计划在学校艺术节期间开展"非物质文化遗产进校园"活动，于是提交议案之后我们就开始筹备。

方案执行

Part1 议案提交

写议案本就是件难事，对几个毫无经验的高中生更是如此。我们经过反复的讨论，定下基本思路。在原有资料基础上，我们还需对建档、非遗申报等政府行为进行更深入的了解。在高考放假期间我们搜集资料、完善调研、梳理思路，一点点、一步步引出

向文化馆馆长询求建议

结论。几个同学更是为此熬到深夜，总算完成了两份议案。拿着凝结了我们几个月心血的议案，一股成就感油然而生。

为了完善提案，几名同学找到滨州市的一名政协委员，让其帮助进行修改，他给我们提出了很多有用的建议。修改后我们分头提交，滨州市文化馆、昌乐县文化馆、德州市文化馆、潍坊市文化馆都有我们的组员在行动，组长刘硕更是带人乘车奔赴位于济南的山东省文化厅。

其中昌乐县文化馆和滨州市文化馆的政府人员，听了项目组的来意之后，对我们的活动表示出极大的支持和热情。即使手头工作已经排得满满当当，也抽出时间回复了议案，言语亲切，跟我们说了非遗保护现在的状况，也帮我们分析了

向省文化厅提交议案

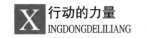

议案。项目组的成员本以为与政府部门打交道会比较困难，但他们的热情让我们大受感动。"中学生能够加入非物质文化遗产的调研中来，真的非常难得。"他们这样说。

其他几处小组成员遇到的情况就不那么理想了，除了山东省文化厅，其他几处的议案都没提交成功。不过这次拉网式议案提交还是让组员们一直飘着的心沉了沉，毕竟终于做出了一些实实在在的事情，付出了很多心血。

Part2 推广普及

我们学校的艺术节在周末举行，全部由学生会承办，有丰富多彩的项目供学生参加体验。这次艺术节我们就准备承办三个大型项目。活动的策划是由胡琪涛负责的，他有很多承办活动的经验，思维缜密细致，安排妥当。为了本次活动，他牺牲了几乎全部课余时间和很多自习时间，一直忙着联系各方，准备方案。

（1）非物质文化遗产 DIY 体验活动，让同学们亲手参与非物质文化遗产的制作。我们选择了竹蜻蜓、草编蚂蚱、烙画葫芦几个比较好操作的项目来承办。原材料都是从网上订货购买的，到时低价提供给同学，场地由我们自己选择布置，宣传板也是自己定制。那几天参与这个项目的小组成员都很忙碌，无数的细节，无数的预案，偶尔吃饭时想到一个问题，吃完就赶紧跑去联系，像是准备着一场战斗。

李宇航是非遗 DIY 活动的直接负责人，收费、分工、场地、时间安排、材料……一切事情都在前

同学们积极参与学校非遗活动

一天晚上准备停当。但是据他说，心里还是一点底儿都没有，不知道会面对怎样的事情。第二天一早，项目组成员就到场地布置材料，有一些"外援"还要学习几个项目里非遗的制作，这样才能教给别的同学。开幕式结束，大批同学涌到场地前。一开始很多同学只是观望，经过我们的宣传，参加的人开始变多，我们也开始按照之前的分工忙碌起来。当天太阳非常烈，又没有风，场地上也没有一点儿遮阴的地方，不一会儿同学们就满头大汗。连着一上午的暴晒，大家都在各个环节忙碌着，没有一刻的停歇。

很多意想不到的突发事件也给我们带来过麻烦，没有零钱、打火机使用过度而损坏、没有饮用水、草编蚂蚱莛草被晒干不能使用，所幸种种困难都被克服了，一上午的工作成果颇丰。

下午的工作因为原材料所剩不多、天气也凉爽了很多，相对轻松。回望这一天，许许多多的同学体验了非物质文化遗产的制作。虽然天气炎热，工作量大，但是组里没有一个人抱怨，没有一个人松懈，每个人都为组里的工作拼尽全力。

（2）非物质文化遗产展示活动。我们请来了两位之前采访的专业人士，带来了很多非遗藏品。一位是热情帮助过我们的孙波老师，他带来了很多藏品，从市级非遗到国家级非遗都有，这里面有很多是他从老手艺人那里收过来的，不仅有很高的艺术价值，对孙老师来说还是一段段故事。孙波老师中午到达，展示的位置就在非遗 DIY 体验活动旁边，他仔仔细细地摆好每一件藏品，有泥塑、布老虎、木版年画、泥玩具、土陶等，最令我们惊讶的是种种见所未见的泥玩具。摆完展品，一些同学就聚集了过来，孙老师热情地给同学们介绍藏品，跟同学们相谈甚欢。后来，他拿出了一整块泥巴，在一块空桌子上给同学们演示泥塑的制作，还让同学们亲手尝试，要知道，那些使用的模子都是非物质文化遗产。我们原本没有安排孙老师这样做，可是孙老师实在是太热爱这项事业，他主动给初次见面的同学授课，令我们非常感动。

另一位是齐河黑陶制作大师张辉，他带来了精美的齐河黑陶。黝黑的颜

校园活动展示非遗文化

色映着一种内敛的紫色，釉色光洁而不耀眼，尽显文化底蕴。那雕工更是精美，镂空的雕花、飞动的凤鸟无不令人惊叹。一种低调的优雅、一种古朴的精美，那是属于黑陶的气质。展品引来大批同学驻足观望，连连惊叹，甚至连校长都被吸引了过来，细细欣赏着黑陶，还对项目组组织的活动大加赞赏。

（3）非物质文化遗产专家讲座。孙老师和张老师此次来到二中，除了展出藏品，还有一项活动就是专家讲座。张辉大师讲述了自己的学艺经历，介绍了黑陶的制作、历史等，将黑陶从各个角度解读给大家。孙老师带来的则是他走访山东各地非物质文化遗产的故事，同时还给同学们介绍了许多有关陶瓷的知识，教会同学们怎么区分釉上彩、釉下彩、釉中彩。他给我们讲了这样一个故事。有一种非物质文化遗产叫作"泥叫虎"，是一种泥塑。孙波老师收藏了一对泥叫虎的泥模，它是从一个高密的老手艺人那里收过来的，那位老人年事已高不能再做泥塑，这是泥叫虎的最后一对泥模。孙老师收完泥模，临走的时候发现老人拿起毛巾擦了擦脸，却没有泪水流下，神色黯然，想来是舍不得这传承了一代又一代的手艺。就这样一门手艺从一个家族转移到了孙波老师手里。故事虽没有精彩的波澜起伏，但是却让我们再看泥塑的时候眼里多了一丝沉重，那是一种文化的沉重。

两位老师的讲座给同学们带来的是闻所未闻的东西，让同学们更多地了解了非物质文化遗产。

Part3 悲喜故事

以上就是我们这一次艺术节所有的成果，但是也有一些不愉快。

就在孙老师教给同学们做泥塑之后，他因有事先离开了，剩下几个被吸引来的学生还在继续做。可是等到傍晚收拾展品准备送回给孙老师时，令人意想不到的事情发生了。

我们发现一副泥模在学生制作泥塑时被打碎了。孙老师当即就变了脸色，红了眼眶。项目组成员聚过来面面相觑，伤心又惭愧。可是，这种预料之外的事情就像飞来横祸。项目组的责任肯定是逃脱不掉的，我们给了孙老师一定的经济赔偿，又向他道了歉，并集体动手帮助孙老师收拾展品，看得出来大家情绪都比较沉重。孙老师心情更是悲伤，但是一句都没有朝我们吼过，沉默着收拾展品，将泥塑一件一件用纸包好装箱。看得出来，孙老师没有怪罪我们，收拾完展品之后仍然笑着跟我们道别，还又跟我们讲了许多他与非遗的故事。孙老师一直热爱泥模制作，那一份浓烈而真诚的感情深深地打动了我们项目组的成员，我们也为其热心、真诚的为人感到敬佩。

那次艺术节，我们每个人从早忙到晚，经历了焦虑、欣喜、失落等悲喜后，大家身上的担子一下子放下了。我们坐在小树林的石桌前，买来驴肉火烧，吹着晚风，边吃边聊。先总结了一下这次活动，发现总体上还是相当成功的，达到了预期的影响力，每个人都有很多感受，也经历了一些考验。随后气氛就活跃起来，大家吃着笑着，亲似一家人。那一天，那一晚，相信我们每个人都不会轻易忘记，我们曾在这个校园里付出过自己的青春，也遇见了一批真诚、有爱的兄弟姐妹。

那个傍晚相对于我们几个月的项目活动来说是微不足道的，但意义是重大的。那一次之后，我们便更像一个集体，拥有自己的文化，成员之间也拉近了距离。我们开始成为一家人。

收获满满

艺术节不久之后，申报完善和推广普及两个目标便都有了成果。

首先是给各级政府的议案，我们收到了来自山东省文化厅、滨州市文化馆、昌乐县文化馆的回复。目前昌乐县文化馆已经建立了促进非遗保护与宣传的网站。由于议案的提出，山东省文化厅正在筹办开通非遗线上申报平台，同时完善了上万条非遗项目的整理、归档和数字化保存工作，预计会有更多的非遗项目得到保护。随后我们回访了昌乐县闫氏铜铸铜刻技艺的传承人闫小平，了解到传承人对线上平台的开通感到非常高兴。

其次在推广普及方面，我们在校内的活动赢得了广大师生以及校领导的好评。并且经过我们与美术组的沟通，我校已在初二开展美术非遗创新课堂试点。课堂上，同学们自己动手制作剪纸，思考如何保护非物质文化遗产，并提出非物质文化遗产的发展要与时代结合。为了扩大活动的影响，昌乐当地的电视台和报纸也对我们的活动进行了报道。

地方电视媒体报道播出

一段令人难忘的旅程结束了。

回想起来，我们曾经陷入激烈的争辩，曾经在前路不明时茫然失措，曾经受过冷眼拒绝，曾经在烈日下一起工作，曾经在一起吃饭、聊天、打球，曾经在有人生病时照顾病号，曾经一起穿西装扮帅，曾经一起给组员过生日……

几个月下来，我们真的成了一家人。

让我们聚在一起的是那一份对成长的渴望和社会责任感，让我们坚持做到最好的是彼此的陪伴。当身边的人都在与你一同前行，你的力量将会更多地得到释放。回过头来看看，我们的项目是饱含着项目组成员的心血的。我们的着眼点高，着眼的是非遗这一个整体。不得不说，如果可以找到一个点稳稳地做下去，我们的成果会更有说服力。可更高的立足点同样鼓舞了我们去成就更高的目标。

我们调研了更多的群体，联系一切资源，把活动尽可能做大做好。我们的行动得到了政府的支持，此为天时。借艺术节的机会加上我们的精心策划、严格执行，非物质文化遗产进校园活动也取得巨大成功，此为地利。我们与两位非遗专家的交流让我们得到了更多的感悟和资源，校方对我们的活动也给予了大力支持，此为人和。我们的行动实际上占了天时、地利、人和，加上我们积极地利用这些资源、合理地规划，我们都做到了自己满意的程度。

总结和思考

● Key1 活态性

非物质文化遗产，不同于物质文化遗产，更具有文化的活态性。我们可以将宋代的官窑放在博物馆里观赏，以保护这种文化，但是我们不可能将制瓷、刻章、题词、绘画，这些附加的非物质技艺放到博物馆里。保护非物质文化遗产，如果不将其置于一定的文化空间中令它生根发芽，这种活态文化就难以保存。而这种文化空间和受众的消失也是非物质文化遗产流失的根本原因。

● Key2 文化的根基

话又说回来，我们保护非物质文化遗产目的就是保护文化的根基，不让时代被娱乐化的文化带走。这些文化遗产能让人找到自己的归属感，得到生活的慰藉，与现代的一些快餐文化有根本的区别，其中的艺术元素能给人一种精神力量。

● Key3 人

所以，我们保护非物质文化遗产的关键还是在人上，一是传承人，二是群众。做好传承人保护，加大宣传力度，创新推广形式，让更多的人接触到这种能给人归属感的文化，这是非物质文化遗产保护工作的根本。

● Key4 时代

很多人说我们这个时代太过浮躁。不错，人们找不到自己的定位，找不到自己的方向，归属感的缺失让人在满足温饱后不知所措。非物质文化遗产是传统文化的一部分，是人类文明的结晶，能带给人们真正的充实快乐，保存文化的活态性和多样性。非物质文化遗产保护，是我们这个时代的产物，也是任务。

非物质文化遗产保护工作任重道远，需要社会各界的一同努力，让我们一起携手赋中华之魂，创未来之美！

附录一

《关于细化非物质文化遗产建档保护工作的提案》

山东省昌乐二中领导力非物质文化遗产保护项目组

2016 年 6 月

一、项目背景介绍

非物质文化遗产的录入与建档作为非遗保护工作的基础部分得到了政府的高度重视。2005 年，我国正式推进非遗大普查，到 2009 年底，查明非遗总量达 87 万项，构建了"国家＋省＋市＋县"4 级非遗名录体系。同时，对每个非物质文化遗产的建档工作也在逐步进行。对非物质文化遗产的档案保护成为保护"非遗"的重要手段。

对非物质文化遗产的档案保护是指对非物质文化遗产的申报、活动、传承和发展进行记录的保护措施。但是随着各类非物质文化遗产的创新与发展，更多的新技艺、新方法、新形式不断涌现，艺术成就在原有的基础上不断提高。非物质文化遗产的内容越来越丰富，形式越来越多样。如果建档工作只是停留在现如今的已完成的框架上而止步不前，这就会使非物质文化遗产中的具体文化得不到入档。

据调查走访，齐河黑陶是一项省级非物质文化遗产，某长年从事黑陶生产研究的工作室在原有传统的制作技术的基础上经长时间的技术积累而发展出软硬刻结合的黑陶技术。但是，由于黑陶作为一项非物质文化遗产已经申报建档，这种技术无法独立申报非遗，不能被承认为一项更为具体的、独立的项目，得不到政府的法律认可，更不能进行进一步建档。在这种情况下，一旦企业倒闭或核心技术传承发展出现断层，这种技术就会流失。因此，如何让非物质文化遗产得到更好的记录与保护成为一个问题。

二、项目目标

1. 完善政府有关非遗申报、录入与建档程序，细化有关录入条件，促进政府部门更好、更全面地保护非物质文化遗产。

2. 促进我国非物质文化遗产的全面建档保护，承认广大传承人为传承非遗文化所做出的贡献，使我国非物质文化遗产得到广泛的宣传和传承。

3. 引发全社会对保护和传承非物质文化遗产的关注，提高广大人民重视非遗、传承非遗的社会责任感。

三、问题分析

实际上，非物质文化遗产作为一种活文化本身是不断发展的。对非物质文化遗产进行及时完善的建档是保护工作的基础。《中国非物质文化遗产保护法》中第二章第十三条规定："文化主管部门应当全面了解非物质文化遗产有关情况，建立非物质文化遗产档案及相关数据库。"

通过社会调查了解，非物质文化遗产建档工作在一定程度上存在不规范、不及时、不全面的问题，对非物质文化遗产的记录与保护带来阻碍。

对于政府一方，现有的建档工作需更为详细具体，并及时对已建档的非物质文化遗产进行复查，增强建档系统性，其目前在一个独立成项的非物质文化遗产名录之下没有更加细致的清查与划分。而对于传承人一方，一个技术经年代积累而发展作为一个非物质文化遗产的一部分，由于得不到承认、不能算作一个名录之下独立的非物质文化遗产，因而无法自下而上地申报保护。

倘若这些非物质文化遗产在当代发展的价值得不到政府认可，那么非物质文化遗产的作用就仅限于提供一种文化景观，而不能作为社会文化生态的一部分发挥其积极影响。如果非物质文化遗产无法成为社会文化生态的一部分并且随时代不断发展，那么联合国教科文组织"公约"中所提出的使世代相传的非物质文化遗产得到创新就成为空言，所要促进的文化多样性就只好被解释为博物馆文化的多样性。非物质文化保护工作也就失去了原有的意义。换句话说，我们实际上不可能单纯以"原汁原味"的原生态保护的标准解决非物质文化遗产的传承和发展问题。对非物质文化遗产当代发展给予承认与保护才是使非遗传承发展并体现价值的途径。

四、解决提议

完善非物质文化遗产建档有关法律。

第一，在原有的法律建档的框架下细化非物质文化遗产的录入条件，使其在法律层面承认更为具体的、地方的非物质文化遗产，不把一个统一命名来囊括相关非物质文化遗产内容，更为具体详尽的建档工作才会使保护更具有显示意义。

第二，细化对非物质文化遗产技艺分支的记录与划分，以技艺流派为分类依据，整理非遗档案；在法律上承认一个广泛意义名录下的具体非物质文化遗产的基础下，政府相应部门具体工作适当调整建档标准，重新规范建档工作；增设技艺革新申请渠道，允许近代非遗发展的技艺以递交申请书的方式申请录入档案。

附录二

《关于建立非物质文化遗产线上申请平台的提案》

山东省昌乐二中领导力非物质文化遗产保护项目组

2016 年 6 月

一、项目背景

我国非物质文化遗产蕴含着中华民族特有的精神价值、思维方式、想象力，体现着中华民族的生命力和创造力，是各民族智慧的结晶，也是全人类文明的瑰宝。自 20 世纪八九十年代以来，我国对非物质文化遗产的保护工作日益完善，非物质文化遗产得到进一步保护，不仅创造出了巨大的经济效益，同时将蕴含在其中的各种传统精神发扬光大。近年来，随着人们物质生活水平的不断提高，人们在从原有生活方式向现代生活方式转变的同时，其审美观念、消费观念也逐渐向现代转型，原有的文化格局被打破。在转型中被忽略的文化往往并不会引起人们的重视，并且会因没有产生经济效益而逐渐被社会淘汰，这就直接导致了部分非物质文化遗产的流失。又据调查分析，近八成的调查者并不清楚或不了解非物质文化遗产的申报途径，在现代文明不断加速的情况下，如何更好地保护非物质文化遗产成为一个问题。

同时，我国专利工作自开拓线上申请渠道以来，取得了显著的成效：一、专利申请、授权量大幅度增长，质量明显提高。二、知识产权保护与应用为科研机构重大成果产出提供有力保障。三、专利转化力度加大，合作模式多样。四、专利管理体系和人才队伍逐步健全。据此，如果非物质文化遗产的申请也开拓线上申请渠道，将会对非物质文化遗产保护工作提供一大助力，非物质文化遗产的保护也将取得更大的成效。

二、问题分析

据社会调查显示，百分之六十五以上调查者对非物质文化遗产了解不多，并且在平日的生活中接触不多或者是没有特别留意。其中主要原因在于社会潮流引导，在高质量工业产品的冲击下，大多数人对于传统的技艺并没有了解、研究的兴趣。但是，仍有百分之十七以上的调查者表示，他们较为了解非物质文化遗产，并且保持有相对的兴趣。由此可见，这一传统文化在个人意识上的存在主要表现为兴趣引导，我国的非物质文化遗产的具体文化宣传工作已趋于饱和。同时，调查显示，近八成的人表示并不知道非物质文化的申请途径与补偿制度，只有近一成的调查者对申请途径表示了解。并有百分之四十多的调查者认为保护非物质文化遗产工作重点应放在保护制度宣传方面；同时，九成以上的调查者认为开通线上申请渠道有助于非物质文化遗产保护工作的开展，更好地实现非物质文化遗产的收录和保护。由此可见，政府部门的保护制度宣传工作并不到位，制度宣传方面还留有空隙，线上申请渠道的开通势在必行。

随着网络的普及以及新兴网络产业的出现，公民网络意识普遍提高，使用线上活动日益普遍化。政府部门通过在线上开展文化宣传活动收效显著，取得一定成效。但是相关政府网页并没有集中宣传相关的补偿政策，也没有直接开通非物质文化遗产的申请平台。

三、项目目标

1. 建立线上的非物质文化遗产申请渠道。给未被录入的非物质文化遗产提供一个更加快捷便利的平台，让所有符合申请条件的非物质文化遗产可以通过更为简便的方式进行申报，加快非物质文化遗产的录入统计。

2. 加大政府在制度方面的宣传，让更多的人了解非物质文化遗产的保护制度，特别是补偿政策，从而促使非物质文化遗产的录入与保护。

四、建议解决措施

1. 建立线上非物质文化遗产申请渠道

在山东省文化厅在线办事、山东省文化馆非物质文化遗产中心建立非物质文化遗产的线上申报子网页，线上申请为非物质文化遗产的申报开辟更加便捷的渠道，所有符合条件的都可以以最便捷的线上方式进行申报。

2. 完善相关网页的非物质文化遗产保护补偿制度的宣传

在提供申请平台的同时，加大力度宣传国家对非物质文化遗产的保护补贴政策，让众多家境困难的继承人不再因生活资料困乏而放弃传统艺术，同时利用国家补助资金来发展和传承非物质文化遗产。

3. 扩大线上申请的覆盖范围

线上申请可联系搜索引擎网站，在搜索引擎内输入关键字，如"非物质文化遗产""非物质文化遗产申报"能有在线申请页面的链接，使该渠道不成为一个可有可无的摆设，扩大线上申报在网络的覆盖范围，进而促进申报，丰富我国的文化宝库。

项 目 名 称：非物质文化遗产保护行动
项目组成员：刘　硕　秦子然　高亦平　胡琪涛　李明彤　闫清源
　　　　　　李宇航　曹　聪　杜立航　徐晗玉　许宇恒　李　毅
指 导 教 师：刘兴银　李　康
撰　稿　人：李宇航

曲尽其妙　余韵在心

——探寻安顺地戏文化之旅

贵州省贵阳市民族中学

一方裸露的土地，就是戏台；
几张精美的面具，说唱故事；
一袭神秘的青巾，舞动历史；
一个村寨一堂戏，祭奠众神。

追寻安顺地戏的影踪

揭开神秘面纱

结识安顺地戏，不需要太多的理由，仅一点就足够了！历史老师问我们，有没有听说过安顺地戏？我们面面相觑，茫然四顾。还好，不只是我一个人不知道。可是，全班竟然没有一个人知道！于是，这个"没听说过"点燃了我们的好奇心。老师又说，上一届的学长们开了安顺地戏这个题，却没能做完。老师简单的一句话，让我们在好奇之余，又平添了几分迎接挑战的冲动。

安顺地戏，离我们这么近，又那么远。说近，她就在我们身边；说远，却是我们从来不曾听说过她的存在，更遑论知晓。烟笼寒水月笼沙，我们在迷茫中，慢慢地靠近安顺地戏，轻轻地揭开她那神秘的面纱。首先，我们借

助互联网强大的搜索引擎，来认识我们全然不知的安顺地戏。

　　网上的资料告诉我们，地戏，俗称"跳神"，是傩戏的一种，因演出不用戏台和苗台，就在村野旷地进行，故名"地戏"。安顺地戏形成于明代初叶，是贵州省安顺市屯堡人独有的一种头戴木刻假面的汉族民间戏剧。相传，明朝开国皇帝朱元璋的三十万大军"调北征南"，后屯军留在了安顺，成为"屯堡人"，也留下了独属于屯堡人的屯军文化；而屯军文化的活化石，便是安顺地戏——他们跳神时，首蒙青巾，腰围战裙，以地为台，以木作面，手执戈矛刀戟，随口而唱，应声而舞，绘声绘色地演绎老祖先们战斗中的英勇神姿。安顺地戏有着独特的演唱方式："其唱是七言和十言韵文说唱，在一锣一鼓伴奏下，一人领唱，众人伴和……"这一切文字描述，为我们勾勒出了安顺地戏的初始印象。历史曾经风起云涌，惊心动魄，光阴荏苒，时代更迭，六百年的风云涤荡，屯军文化并没有灰飞烟灭，而是为我们留下了文化寻根的母体。"转轴拨弦三两声，未成曲调先有情。"初识安顺地戏，我们不禁心驰神往。就这样，我们懵懵懂懂、无知无畏却又满腔热忱地开启了探寻安顺地戏的文化之旅。

　　然而，神秘的安顺地戏，"千呼万唤始出来，犹抱琵琶半遮面"。汇总网络资料后，我们发现，有关安顺地戏的资料非常有限，而且大多语焉不详。我们更多看到的是安顺地戏的传承之困局，以及守望之艰难。一时间，我们不知所措，甚至怀疑自己是否还有能力进行下一步的工作。老师及时启发我们，要发挥集体的智慧，群策群力。于是，我们利用课余时间开启了一系列头脑风暴，"传统戏剧安顺地戏会面临什么样的问题？""假如我们要宣传该从什么地方入手？""我们需要不需要自己学一小段呢？"……仅一个多钟头的时间，我们罗列出来的问题和建议就写满了整张白纸，大家看着这张写满问题的 A4 纸，都不约而同地傻笑了起来。

　　我们将这些问题和建议梳理了一下，首先接受吴羚榕的提议，立足本地资源寻访安顺地戏的踪影。经过再三讨论，贵州省民族博物馆、贵州省图书馆、贵州省博物馆成了我们的重点考察对象。

我们在贵州省民族博物馆，发现关于地戏的文化发展历史也是寥寥无几，只有一些由地戏面具组成的墙饰和少许相关壁画。其他几处情况也基本类似，所见种种使我们意识到，地戏的传承，的确被普罗大众忽略了。

走在博物馆的深院高墙下，我们不断地追问自己：地戏的妙音曼舞，到底在哪里萦绕？突然，一个念头闪电一般划过脑海：到屯堡去，到安顺地戏的发祥地去！

对，屯堡！去屯堡！

走进天龙屯堡

带着朝圣者般的虔诚，我们满怀敬畏地叩开了天龙屯堡的大门。我们心中积攒了两个月的好奇，以及手中准备了一个月的问卷，都期待着能在这次屯堡之行中有所解答。2016年1月12日，我们一行六人

天龙屯堡

终于来到屯堡。一进屯堡，我们好像进入了一个石头的世界。那绿油油的田野上漂浮着的一座座白色的"小岛"，正是一个个石头砌成的屯堡村落。我们用脚慢慢丈量着小小的古镇，青石的街道，静谧的古舍，似乎真的很适合寻源探幽。小镇上有不少别具特色的店铺，虽然我们注意到好多小店里悬挂着面具，却没有想着考证它是干什么用的。我们只是急于寻找热闹的戏院、精彩的地戏、围观的人群，希望手中的一张张问卷能很快变成一个个精彩的答案。可是，我们一直走到了一条三岔路口，也没有遇到几个人。

看着手中几百张崭新的调查问卷，我们有些失落、着急。罗玉连却自信满满，不断地给大家鼓励打气。重振信心的我们立即调整思路，决定分组行动，

入户调查。

当我们走进民居小院，很多居民却说他们不会写字；更有人说："地戏？好久以前咯，到现在好像都没得咯！"说完便扬长而去。一路上，不知道遭遇过多少类似的尴尬，我们总是互相安抚，互相鼓励，不放弃，不抛弃。就在我们开始有一种路上行人都已经眼熟的疲倦错觉时，手中厚厚的问卷也终于填满了。

我们兴奋地直奔地戏的表演区——演武堂。演武堂是个小小的四合院。走进演武堂的大门，迎面而来的就是一副挂有表演曲目的屏风，屏风上还用

地戏面具

一块闪闪发光的牌子写着"中国非物质文化遗产"。绕过屏风，又看到琳琅满目、色彩斑斓的面具，我们这才反应过来，之前在大街上看到的就是地戏道具。晨光透过树叶缝隙打在地上，伴着几声清脆婉转的鸟鸣，两个年轻的男子在戏台上比画着什么。吴羚榕跑过去打断了二人的练习，交谈中了解到这两位是地戏传承人的后代，他们每年会回来练练本儿，也算是提醒自己莫要丢了老祖宗留下来的珍宝。

言谈间，曲目牌上的表演时间就要到了，可是观众席上就我们几个人，师傅们打算让我们等下一场，但禁不住我们一再央求，终于还是答应按时演出。就这样，我们怀着期许的心情，认真地看完整场地戏。表演场面并不似网上资料中所描述的恐怖的祭祀活动，反而像一场真正的战争呈现眼前，锣鼓喧天，琴瑟齐鸣，铿锵有力的腔调和千变万化的步伐，引领我们走进了千年古战场。直到表演结束，平绍雯手中的相机，依然举在原处。我们沉醉于

古老的洪钟大吕忘归路，真正领略到了什么叫艺术的震撼。

表演结束后，张晋锴和梁浩炎厚着脸皮跟着师傅们进了更衣室，当我们目睹师傅们把面具摘下来的时候，可真是大跌眼镜！刚刚在舞台上挥拳踢脚、腾挪蹦

地戏表演

跳、身手敏捷的"将军"们，竟个个都是年过半百的老爷爷。

说明来意后，我们围拢坐下，开始与演员爷爷们一起聊起地戏的历史渊源。访谈依旧归结到一个最焦虑的问题，那便是"地戏艺人青黄不接"——随着大量的年轻人外出打工，天龙屯堡如今剩下的都是老人、妇女和孩子，职业的表演者少之又少，唯有一些老人尚能上台演出，年轻的表演者凤毛麟角。听到这些，我们感触至深，同时脑中也冒出一个大胆的想法——不如我们也尝试着学习一下安顺地戏！没想到师傅们竟然爽快地答应了。于是，张晋锴与梁皓炎大大方方地跟着师傅学习起传统地戏的基本步子"二步半"。初学时，我们身体很不协调，笨拙僵硬，刀戟在手上不知如何挥舞。梁皓炎沮丧地说："这看起来简单，真给我几年，我也不一定就能走好这二步半。"郑师傅安慰我们："已经很不错了，我们当年还不如你们呢。"

可以想象，当初就是在这四合院的方寸地里，几个孩童，身躯单薄，却手握着比他们高出不知多少的刀戟木棍，重复了不知多少次二步半，磨破了不知多少双布鞋，才造就了地戏舞台上的威风关公、霸气楚王！

想到这里，我们不禁心头一颤，被高速高效的互联网时代裹挟的我们，还有几人能为地戏耗尽半生时光？现代社会能给传统文化留存多少空间？我

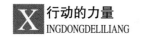

们要怎么做，才能让它们陪伴我们走过更长的岁月？

面对现实问题

网络调查和实地考察，让我们看到了一些沉重的现实问题：大众对安顺地戏认知度很低，知道的人很少；安顺地戏的传播面太窄，基本限于安顺本地；安顺地戏的传承人太少，年轻一代基本不从事地戏表演；政府对于安顺地戏规划定位偏向旅游开发，却又没有完整合理的规划，也使得地戏艺人的生存存在问题。

地戏的余音还在耳边萦绕，问卷折射出来的现实却让我们无法轻松起来，严峻的现实叩问我们：应该为地戏的传承做些什么？

敲响安顺地戏的鼓乐

地戏的鼓点，打破了我们内心的平静。我们决心把这个项目做好，为地戏做点儿我们力所能及的事情。于是，我们紧锣密鼓地筹备了一个寒假，当3月的春色慢慢降临校园，同学们纷纷返校以后，我们便展开了一系列宣传"安顺地戏"的活动。

推广安顺地戏手机 APP

作为一个手机控，张晋锴很自然地把目光锁定到人们随身使用频率最高的物品——手机。他想自己研发一款推广安顺地戏的手机 APP。可是，当我们启动手机 APP 研发时，发现研发所需周期很长，功能多，也意味着数据代码以及编程口令的繁多。最后，我们放弃独立开发的计划，决定利用叮当自主运营平台，借助这一现成的平台上提供的模板模块将我们的素材结合在一起。在这个基础上，很快，张晋锴就编译成了初始的 APP。但在试运行阶段却得到使用者的普遍反馈说 APP 功能太少，手机端流畅度不高等。于是，他又花了两个星期完善这一部分的缺失。

2016 年 1 月 26 日，"地戏掌中宝"终于以二维码扫描下载的方式对外开放运行了。3 月返校后，我们利用学校寄宿制的优势从身边宣传出发，向同学们详细介绍了这款 APP，并提供了下载地址，进而又将宣传推广至家长和亲戚朋友，利用蝴蝶效应让这股微风变成龙卷风，让安顺地戏借此被更多人了解，得到更多人关注。

地戏掌中宝

发起重振地戏文化项目众筹

安顺地戏 APP 的成功推广激励了我们，大家思路更加开阔，各种奇思妙想蓬勃迸发，最受认可的要数班荣洁提出来的拍摄地戏宣传片这个点子。但是拍摄需要经费，几个普通的高中生要从哪儿弄到这笔不菲的经费呢？在我们犯难的时候，王义兰老师建议我们上众筹网看看，说那里也许可以给我们一点儿灵感。

众筹，一个陌生又熟悉的字眼，近年来"大数据"盛行，"众筹"二字自然少不了在日常新闻中出镜，但我们几人谁也未想到有朝一日会同它有联系。我们在众筹网上翻看一个又一个众筹项目，有好些项目跟我们的类似，都是属于文化传承类。可是我们依然缺乏信心，单是那些精美完整的项目方案，就让我们望而生畏。由于信心不足和对众筹网的陌生，再加上同时忙于地戏剧社和大型宣传等事宜，众筹网立项的事情一拖再拖，迟迟没有动手。后来，王老师鼓励我们，不要害怕筹不到钱，不要害怕做不好，重要的是去经历这样一个过程，启动自己的互联网思维，以后步入社会能更好地融入这个信息时代。王老师的一席话让我们放下包袱，张美琳耗费了两周的业余时间，终于在 5 月 27 日发布了我们的众筹项目——"重振神秘地戏文化"。张美琳在项目介绍中说明了安顺地戏所面临的窘境和我们拍摄宣传片的初衷，

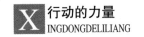
提供了大量我们自己拍摄的安顺地戏图片。尽管众筹没有成功，但我们至少借众筹网这个平台宣传了安顺地戏，也真正检验了做一个完整的项目策划的能力。

在完成网络宣传这两项"大工程"的同时，我们还相继创建了以宣传地戏为目的的新浪微博账号，在腾讯空间和微信朋友圈发布安顺地戏相关资料进行宣传。立体化的网络宣传，起到了很好的效果，很多亲友都跟我们说，要到天龙屯堡看戏去。

争取贵阳市政府的支持

2016 年 3 月 15 日，我们走访了贵阳市的市政府秘书长张雪丽。我们以自己采集到的数据为例，分析了安顺地戏现在面临的状况，对安顺地戏的保护传承提出了一些建议，希望政府能在安顺地戏的保护方面有一些政策性的倾斜。张秘书长对我们的行动给予了高度肯定，并表示如果我们的项目活动有什么需要，政府一定鼎力支持。

两个月后，我们真的给市政府"添麻烦"了。5 月 14 日的安顺地戏展示活动，如果没有市政府的支持，我们就拿不到展位，活动就会泡汤。

成立地戏剧社

课题启动伊始，我们就想成立一个地戏剧社。但是第一次走访天龙屯堡时学不好"二步半"，使我们深受打击，我们也清楚地知道，没有打小开始的童子功，是唱不好地戏的，地戏剧社的事就这样拖延下来。这个时候，我们开始有点儿明白，为什么上一届的学长们做这个项目会半途而废了。

可是，王老师似乎对地戏剧社的事很执着，她几次召集我们开会，分析我们无法推进的原因，讨论各种破解方案。

演不了大戏？可以演一小段呀！

没有基本功？可以先学会招式呀！

没有老师教？可以去天龙屯堡或者把老师请到学校来啊！

老师不可能有那么多时间来教我们？可以录制视频自己跟着练嘛！

还有服装，道具……诸多问题一一化解。

于是，我们顺理成章地成立了地戏剧社，决定由张晋锴、梁皓炎、付中钰、袁泽旭、肖赵俊滔、刘星去学习地戏。你别奇怪为什么全是男生去！因为安顺地戏带有祭祀性质，只有男性才可以跳。自然，罗玉莲、张美琳、平绍雯、金美美、文芷若、班荣洁等女生，就负责外围事务了。

地戏剧社成立后，我们需要录制地戏演出视频，洽谈演出服装和道具，聘请地戏老师，我们计划中的安顺地戏知识展示活动，也需要补充一些资料。于是，我们决定再次前往天龙屯堡。

再访天龙屯堡

5月1日，我们又走在了天龙屯堡的青石板上，如愿以偿地又听了一回安顺地戏，录制了"三国英雄"关公那一段戏；找到了专门做地戏服装的师傅，他们答应，不论我们买或者租，都会及时为我们提供服装；我们聘请了郑小坤师傅做我们的地戏老师，郑老师还表示，如果需要，他可以陪同我们一起演出，这让我们喜出望外。

这一次的实地访学中，还邂逅了一位让我们记忆深刻的老人。

当时我们正从他家门口经过，只见略显陈旧的红木门前晾着几个新制的面具，雕刻的手法似乎和我们之前在天龙屯堡里看到的商品面具大相径庭。于是怀着好奇，我们敲响了那扇红木门。

一位和善的老人打开了木门，当我们表明来意时，他热情地邀请我们进屋。他家的电视墙上挂了各种各样的面具，有些我们甚至在屯堡里未曾见到过。

据老人所说，他年轻时也是位跳地戏的好手，他的父亲曾是他们村里最有名的地戏演员，因此他自小便耳濡目染。他的第一桶金也是靠制作地戏面

具赚来的，并且他在表演地戏时结识了他的妻子。可是现在，他的妻子过世了，他的观众少了，他的孩子不愿意学习地戏，他也老了……他所钟爱的地戏也将渐渐地淡出人们的视线，湮没于被流行文化所覆盖的现实里。他现在能做的，便是去买上几块好的木料，一边潜心雕刻，一边怀念逝去的光阴。渐渐地，他的雕刻技术越来越好，他做的面具越来越多，他的遗憾也越来越多，因为他已经跳不动了，那些面具只能跟着他和他的地戏梦沉睡。我们真的担心，有一天，这些面具，这些地戏，会消失在历史的风中。

地戏歌舞萦绕筑城

我们的心愿，是让安顺地戏走出天龙屯堡，让地戏的歌舞，能够进驻到更多人的心里。所以，从一开始就有一个不曾动摇过的计划：在贵阳市找一个或几个人流量集中、施展空间大的地方进行宣传。我们预选了花溪公园、孔学堂、小车河湿地公园、筑城广场四个地方，分头接洽这几个地方的管理人员，最后在贵阳市政府的帮助下，我们确定了筑城广场。

场地的事一经敲定，我们马上开始两方面准备工作，一是抓紧安顺地戏的排练，希望可以在广场上演出地戏片段；二是筹备地戏摄影展，倡导一次保护传统文化的签名活动，唤起贵阳市市民对非物质文化遗产的关注和重视。

为了活动能顺利举行，我们进行了精细的分工。罗玉连负责联系展板的问题；徐皓瑜、班荣洁负责展览照片的挑选以及相关的文字工作；周迪恒负责将最终选定的文字介绍排版，并把展览图片及人形立牌图片送去店面进行最后加工；张晋锴负责与展览场地工作人员的沟通；平绍雯负责本次活动的全程记录；张美琳负责联系地戏老师郑小坤，以及本次活动所需的戏服道具；梁皓炎负责本次活动的展板运输问题。5月13日，一切准备工作就绪，郑老师也带着服装来到学校，和我们住在一起，他明天要陪我们一起在筑城广场即兴演出。

似乎万事俱备了，可是百密一疏，生活跟我们开了个小小的玩笑。

2016年5月14日，张晋锴凌晨四点就来到筑城广场，他想赶在同学们到来之前，处理好具体展位的问题，把所有准备工作都做好。当天空中所有星辰悄然退去，其他同学也在晨光的熹微中来到筑城广场，我们将展板摆放好，以为可以开始宣传展示的时候，问题出现了。

原来，当天正值"贵州省第六届科技活动周"，"科技周"的组委会将场地全部规划给了各参展单位，而我们接洽的是筑城广场管理处，管理处的工作人员当时认为加我们一个展位应该不成问题，他们也没想到展位如此紧张，我们的计划落空了。这下我们全懵了，想到我们还邀请了《贵阳都市报》的记者来报道，打道回府的尴尬我们承受不起，何况我们不甘心就这么认输退却。这时，我们听到了张晋锴强装淡定的声音："不要慌啊，广场管理处的负责人之前答应给我们一个展位，就肯定会帮忙的，我请他和我一起去找"科技周"的组委会，哪怕是不好的展位，我也要争取一个。你们等我回来。"

我们将信将疑地目送他去找人，忐忑不安地开始为下面的展览做准备，我们将自己拍摄的地戏面具展板、安顺地戏的海报，以及签名板一一准备好。

张晋锴果然说到做到，经过与"科技周"组委会的协商，我们终于得到新的场地，位置正好在会场的入口，大家高兴地着手布展，不一会儿工夫，就可以正式开展了。可是，就在我们都松一口气儿时，问题再次出现了，因为风太大，立好的展板频频被风刮倒。班荣洁的妈妈告诉我们，试一试把展板的三只脚再展开一点，再用透明胶进行固定，闻听此言，大家立刻操作起来，还别说，这方法很管用，这些个"磨人"的展板终于消停了。这时我们的展位前陆陆续续地有人前来参观了，我们便各司其职，站在事先指定的负责板块前耐心地向参观者介绍起来。地戏剧社的几个同学，则在一旁跟着郑老师学跳地戏。

令我们料想不到的是，在满布广场的近百个展位中，安顺地戏成了最有吸引力的展位，我们成了"明星"，我们的地戏展板成了合影背景。许多市民向我们了解安顺地戏的情况，热心地给了许多建议，还在我们的签名墙上

留下了自己的名字。密密麻麻的签名板，见证了筑城市民们对于地戏文化传承的关注和支持。

强行挤进"科技周"布展，极大地增强了我们的自信心，当我们得知筑城广场当天还有一场 "贵阳市民才艺大赛，群众综合舞蹈比赛"时，我们雀跃的心已经停不下来了，小组成员经过讨论，一致决定参赛！张晋锴向主办方贵阳市委宣传部提出申请，竟然获准临场报名，我们终于有机会通过更大的舞台来展示安顺地戏的风采。

经过简短的排练后，刘星、付中钰、袁泽旭几位同学在郑老师的带领下登上了舞台，面对黑压压的观众席，说不紧张肯定是骗人的，连我们这些在场下观摩的同学都捏了把汗，几分钟的演出下来，得到的反响出人意料地好，当郑老师带着同学们一个游龙摆尾鱼贯下场时，耳边涌来了潮水般的掌声。我们心中的大石块终于放下，虽然最后的评分结果我们并不是第一，但我们惊喜地得到了茶博会的邀请。虽然最后因为茶博会正值期中考试而放弃，我们也并不怎么遗憾。摄影展和地戏表演的成功，《贵阳都市报》和《贵阳晚报》对我们的报道，让我们的内心久久地满盈着喜悦。我们终于让地戏的声音，回荡在了筑城的天空。

联校宣传

6月7日，我们决定各自回到自己初中时的母校，进行联校宣传。但是很遗憾，只有罗玉莲成功地争取到母校的支持，向贵阳市第40中学的学弟、学妹们宣传了我们的项目，播放了地戏视频，成功地推广了安顺地戏。

感念安顺地戏的魅力

结识地戏，何其有幸

唯有深入到这个课题，我们才知道，能够聆听地戏的鼓乐，与戏剧的活化石零距离亲近，是怎样的幸运。

期末考试刚刚结束的那个星期，我们迎来了人生第一次的实地考察。旧事重忆，我才发现那时的我们是多么稚嫩，带着相机、笔、纸、几百份问卷，凭着一腔热情，就赶赴了距贵阳近百公里的安顺天龙屯堡。

初涉课题的我们并不知道该怎样考察，拿着相机也不知道该拍些什么好，问卷调查的环节更令人头疼，最开始的时候我们甚至不知道怎么和陌生人搭话，更不用提请他们协助填写调查问卷了，无助的我们只瞧见路上稀疏的行人急红眼。

行至道路深处，破旧的演武堂里仅有表演的演员，工作人员也只有年迈的扫地老大爷。等了近半个上午，我们也没能等到更多的观众，就只有我们一行八人。而看完这场表演的我们心里五味杂陈，我们为安顺地戏的恢宏气势所震撼，我们又为观众的寥寥无几感到疑惑可惜。

地戏社团的最初建立，便遭遇了瓶颈，缺少指导老师、训练场地、表演用具、使用经费等等一系列琐碎的问题，导致课题一度暂停。

种种复杂的感受交杂在一起，终在老师的引导、家长的支持、队友们的配合下，铸成拯救安顺地戏的不变决心。我们就是这般满心承载着心中信仰，看自己成熟，看自己长大，看自己逐渐学会承担。这样的成长，何其有幸！

结识你们，更为有幸

非常幸运，我们拥有一个很好的团队。张晋锴的随机应变，张美琳的清晰思路，罗玉莲的执行力，吴羚榕的交际能力，班荣洁专业的摄影技术，平绍雯的文笔，让我们的前期工作开展得比较顺利。可是在准备领导力大赛的过程中，我们接二连三地遇到了严峻的挑战。

首先是全力打造了众筹项目的张美琳，因严重的神经衰弱而不得不退出项目组；班荣洁因个人原因不想参加后期的工作；我们几经纠结，刚确定了最终代表大家参加领导力大赛的五个成员，不到一个小时，罗玉莲家里打来

电话，说长辈故去她必须请长假回家，我们反复询问争取，她还是无奈含泪放弃；随后由平绍雯补上，结果当晚她发烧请假回家，第二天告知我们，因为发烧引起并发症，眼睛出了问题，如果治疗效果不好，有可能做手术。这一系列的变故，几乎让我们失去了思考的能力，心神不定之下，鬼使神差地，不知道哪个瞬间删错了文件，丢失了U盘上全部的课题资料！团队几乎处于分崩离析的状态，再加上期末考试的压力，我们的工作一度停滞，以至于后来准备参赛的时间非常仓促。

即便如此，我们也还是有着惊人的默契：老师征求我们的意见补充哪些人进团队时，张晋锴、张美琳都不约而同地推荐了文芷若和金美美，她俩不负众望，在上海的赛场上表现出色。这样的默契和无私，是我们最后能够重新站起来的动力。肖赵俊滔牺牲所有业余时间做PPT，陈昊迪精心剪辑视频，郭瑞自费租借戏服和面具；上届参加"牙舟陶"项目的学姐张平珍，一直陪着我们练习。当然，还有无数个夜晚，我们在QQ群里讨论选材，编辑图片，写作项目报告。在老师的严厉督促和同学们的鼎力帮助下，我们终于如期完成了相应的准备工作。我们第一次领略到了团队的力量，体会到了生命中拥有彼此的美好。

地戏剧社的同学们学跳地戏

从三月的春闱试水，到上海的七月流火，安顺地戏也随着我们蹒跚的脚步，从天龙屯堡的深巷里，穿越到了贵阳的天空和上海的舞台。回望天龙屯堡，我们依稀听到了熟悉的鼓乐；走近安顺地戏，我们似乎触摸到历史的余温。感恩先民留下的宝贵文化遗产，感念安顺地戏的魅力无限。了解地戏，走过历史，展示领导力，一切的一切在我们心中写下了一曲隽永的旋律，鼓乐不绝，曲尽其妙，朱弦三叹，余韵在心。

项 目 名 称：重振神秘地戏文化					
项目组成员：张晋锴	梁皓炎	张美琳	罗玉莲	文芷若	平绍雯
班荣洁	金美美	肖赵俊滔	刘　星	付中钰	
袁泽旭	郭　瑞	周迪恒	陈昊迪		
指 导 教 师：王义兰	赵相黔				
撰　　 稿　 人：于江淼	张晋锴	文芷若	平绍雯	罗玉莲	张美琳

本色 · 本真 · 本质

——ZZ 学子讲堂

浙江省镇海中学

"ZZ 学子讲堂"的"ZZ"含义多多。首先，它是我们"镇中"(镇海中学)的缩写，又是"真""质"二字的字母连缀。而"本真、本质"正是我们项目组的核心追求——学生本色出演，反映学生世界本真，虽轻松幽默，却能抓住问题本质。"ZZ"还代表着英文单词"Zeal"（热情）、"Zest"（兴趣），意味着"ZZ 学子讲堂"旨在激发学生表达自我的热情，希望为每一个人提供一个表达思想的平台！

话说"ZZ 学子讲堂"在第七届中学生领导力大赛捧杯凯旋，引得众人一片掌声，无不知晓他归来时那英姿勃勃的样子，却鲜有人知他的成功之路走得是那样跌跌撞撞、波折不断……

有识之士来四方，志同道合开讲堂

项目起源

你是否有过这样的感受？每当你文思泉涌，却苦于没有平台；每当想抒发胸臆，但只能压抑自我。我们00后的心声常被忽略，这时你是否会产生一种强烈的想法：我想讲，我要讲！

"渴望建立一个表达思想的平台，改变单向输入知识的学习模式，使学生成为课堂的讲师。"——团队成员因为这一共同目标而自发聚集到一起，"ZZ学子讲堂"项目在我们的头脑中开始孵化。

项目可行性论证

1.学生层面

进入高中以后，同学们对身边的各种事物有了全新的理解，有了个人的观点与看法。曾有一种调查说，有70%的高中生爱做意见领袖，我们也不例外。很多同学或许脑子里有想法，笔头下有文章，但就是张不开嘴。而在现代社会，勇敢大声地表达自己的意见是很重要的。学生需要一个讲出自己的心声、培养演讲的勇气和技巧的平台，一个展现个人志趣、寻觅志同道合的朋友、产生共同归属感的平台。同时，可以借此平台改变纯粹"教师输出，学生输入"的旧教学模式。

2.教师层面

在目前的教育背景下，课堂教学仍然是"教师主导，学生被动"的情形，这就造成了师生之间的鸿沟。而教师可以通过观看"ZZ学子讲堂"，了解到学生感兴趣的东西，改进自己的教学方法。这样教学相长，一方面可以使上课氛围更加轻松，另一方面也可以使学生上课更加专心，提高上课效率。

3.学校层面

在新课改万象俱新的背景下，学校也努力营造百家争鸣式的学术氛围和环境。只要是积极向上的观点，只要是对学生发展有积极影响的措施，学校皆鼓励支持、尝试创新。鲜明的学术观点在碰撞中产生火花，浓厚的学习氛围在交流中悄然形成。

4.社会层面

当下，人们希望了解丰富多彩的校园生活和校园文化，听到学生内心的声音。然而，这通常是被动地从各个事件中反映出来的，并非学生们主动的

呈现。我们团队力求为学生发声，符合社会上的主流思想。我们的项目是新颖的，是充满朝气的，必然能获得社会的关注。

项目实施过程

Step1. 确定活动使命、名称及口号

我们团队筹划此次活动的初衷，是为身边的同学们提供一个表达自己思想、展现个人风采的平台，力求改变以往学生单向输入知识、鲜有输出的学习模式，使学生成为课堂的讲师，选择自己擅长的领域开课。秉承这一理念，团队成员将本次活动命名为"ZZ学子讲堂"，这不仅贴合主题，而且言简意赅，利于广泛传播。在这一基础上，"让每一个学生有一个表达自己思想的平台"成为活动初期阶段的口号。而我们团队接下来的活动方案，便在主题与口号的指导下，层层推进。

Step2. 知识性课堂初步体验——ZZ讲堂

自2015年8月明确活动使命以来，我们团队对"ZZ学子讲堂"的初步设想，是在全校范围内公开寻求在某方面具有突出特长，并且渴望表达并传播自己思想的同学们，邀请他们在学生学习空余时段开设课堂。

适逢9月初，高一新生入学，我们抓住契机与校领导沟通，组织了校十佳学子报告会，以"ZZ学子讲座"的形式全方位、多角度介绍高中全新学习生活，帮助新生及早了解、更好适应新环境，传承了镇中优秀学风。

9月末，趁"ZZ学子讲座"余热未息，我们团队立刻开始讨论下一阶段的计划。经过一周的准备，"ZZ学子讲堂"之"跌宕文史"系列隆重推出。在9月到11月间，我们的讲堂与各学科兴趣小组及社团展开紧密协作，相继推出了《七步之才曹子建》《人与神的对决》《日出之处的飞鸟》等既生动有趣又不失严谨的"ZZ讲堂"，大受全校师生欢迎，场场爆满。

Step3. 学习课堂的延伸发展——ZZ课程

随着"ZZ学子讲堂"发展的不断深入，诸多问题也随之暴露出来。比如，在我们设置的意见箱中，许多留言反映不定期的讲座开课次数过少、容纳人数有限，无法满足广大师生的需求，希望有进一步的改进。收到意见的我们对此高度重视，又开始行动了起来。经过讨论，我们决定充分利用学校这一平台，大胆创新。2015年10月，我们向校团委、校务办提出书面申请，将"ZZ学子讲堂"开设成为一门专门的选修课，而这一想法也得到了学校的大力支持。随后推出"跌宕数理化"系列，每周五开课一次，分享数理化趣事，提升了同学们对数理化的兴趣和理解，有利于形成互相促进、积极向上的学习氛围。

但即使如此，"跌宕数理化"系列选修课仍然存在受众略窄、每次宣传难以到位的问题。这在一定程度上减少了前来报名选课的人数。同时作为一门选修课，"跌宕数理化"总是或多或少受到场地和开课时间的限制。因此，我们团队计划进行第三阶段的改革，来扩大受众层面和影响力。

Step4.营造更好的文化氛围——ZZ分享

我们注重学科知识，同时也看重德育成长。3月起，在与校领导沟通后，我们借每周国旗下讲话的机会建立"ZZ分享"平台，邀请校"十佳学子"等代表分享成长历程，传播正能量，践行学校"止于至善"的教育理念和"励志、进取、勤奋、健美"八字校训。全体学生在国旗下仔细聆听，牢记内容，日常生活的行为习惯都有所规范，学习之风更加浓厚，这些使得"ZZ学子讲堂"已有较大名气，老师和同学们也更加期待我们的下一步行动。

Step5.在实践中学习且成长——ZZ感恩行

我们立足校内，同时积极输出。秉承感恩母校的目的，我们团队号召对母校有深厚感情的同学们进行报名，加入我们走出校门进行实践交流，并先后于去年12月、今年4月开展"ZZ感恩行"活动，200多名同学响应号召，回到母校心贴心交流，为学弟、学妹们答疑解惑，展现风采。随着我们的"走出去"，越来越多的人了解了我们，多所学校表达了感谢并表示期待着我们的再次相约。

Step6. 来自大家的心得——ZZ 微言

我们欣赏学生代表，同时也发掘每个人的心声。今年寒假，我们向全校学生公开征集"ZZ 微言"，以一句长句或是几个短句的方式表露心得，再从其中挑出具有代表性的佳句，然后借助团委学生会和校务办的力量，以校内小黑板和电子屏等形式进行宣传，让每个同学都有了发声的机会。学校里每天都能看到"ZZ 微言"的更新，走过的同学也都驻足品读。为了将"ZZ 微言"更好地传承，我们加深了与学习部的合作。学习部同意在团刊上为我们开辟一个版块，专门刊登"ZZ 微言"。我们相信，"ZZ 微言"能够越走越远。

简短的"ZZ 微言"是独具代表性的，学生们想与众不同，想出彩出色的心声得到了最大程度的认可，投向我们"ZZ 学子讲堂"的目光越来越多。

Step7. 放飞梦想，我们与你同行——ZZ 游学营

今年 4 月，我们又主动与区旅游局合作，开创了独具特色的"ZZ 游学营"活动。4—7 月我们开展"走进镇中·放飞梦想"宣讲会，多次演讲分享学习经验。邀请学员游且学，在极具人文特色和历史气息的学校中游览，在开设的学子讲座倾听来自学霸们的学习小技巧，讲述我们学习的故事。面对来自学霸们的经验，学员们认真做笔记，家长细细记录，一种浓厚的学习氛围油然而生，可见我们的"ZZ 游学营"效果极佳。由此，校领导也给予了更多的肯定，并希望体现学校风采，又不失趣味性的"ZZ 游学营"可以不断发展下去。

走出校园入佳境，线上平台攀高峰

我们团队的活动不断丰富、完善，让我们成就感十足，也锻炼了我们的创新、沟通、实干能力。一如那句格言所说，"多一份努力，就多一份责任"。我们深感肩上压力之大，于是在正常运行已有活动的前提下，我们团队回顾之前行动，积极思考它们能否进一步发展，以及各个活动的借鉴意义。

站在一个更高的平台上，我们团队注意到，之前我们所做的，大多是简单的校内活动。学校再大，也不过区区两千人，而面向社会，有成千上万的学生。

眼界既已开阔，我们的受众面便不再局限于校内学生，放眼大千世界，我们聚焦到了正在苦海中或是刚刚脱离苦海的"千禧一代"苦逼学生党们。我们团队从某种意义上来说是一个00后构成的团队，似乎大家都对我们所谓的00后带有一些偏见，喜欢给00后贴上"标新立异"的标签，一直以来，我们团队就在证明我们00后就是与众不同，我们就是敢于创新，我们就是能做到更好。忽然发现，这就是我们更大的使命，"为00后代言，替00后发声"。

通过更加全面的讨论，我们最终敲定了团队的口号，为突显00后个性的"本色·本真·本质"。带着新的使命与口号，我们团队继续前行。

Step8. 新的篇章，心声与实践的结合——ZZ学子说

经过大篇幅、不定时的"跌宕文史"系列，到中篇幅、定时的"跌宕数理化"系列选修课，我们在不断地摸索着。为在互联网＋时代扩大我们的受众面与知名度，今年4月底，我们又设想拍摄反映中学生校园生活及成长感悟的微视频——"ZZ学子说"。

我们收集同学们最想说的主题，写下脚本，在学校布景之后进行拍摄和后期制作。希望通过幽默又略带哲理的言语，尽可能真实地体现我们这一代人的认识，改变社会对我们的看法，获得大众的认可。

第一期视频的制作是艰辛的。我们起初将拍摄主题定位为情景剧的制作，但我们把重点错误的放在了情景设置上面而不是内容的选取，导致一开始拍摄时间长，拍摄质量差，项目陷入困境。很快，我们看到了希望，联系上了镇海团区委的计书记，计书记在视频制作上颇有经验和想法，我们向计书记讲述了目前的想法和困境，计书记很欣赏，毫无保留地分享了很多经验和点子。我们的激情和智慧感动了他，双方达成协议，宁波市镇海区青年社会组织联盟愿意与这群有梦想有魄力的学生合作，在他们的公众号开设"ZZ学子说"专栏。在计书记的指导下，我们发现了解决途径，并且积极地调整拍摄

"ZZ 学子说"二维码与标徽

思路，选定了学校的心理辅导室，将拍摄地点、背景选定后就进行了拍摄。每一个视频的角度选取其实都是贴近 00 后一代的，因为我们的理念本来就是"为 00 后代言，替 00 后发声"，所以我们经常会从平常生活中发现问题，找到一些我们感兴趣的话题，在选取之后交给编剧。在拍摄中，演员不能很快进入状态，毕竟我们都是中学生，不是专业演员，而作为镇中学子的我们总是有着不断挑战、克服困难的心，所以当我们遇到问题的时候，总是会一起研究如何讲出感情，如何表达得体。

而之后更辛苦的就是后期工作，后期我们在添加字幕、视频合成上面一直在摸索高质量高效率的途径。幸运的是，我们的活动吸引到了宁波青年之声全媒体中心。我们向该中心的技术指导取经，成功完成了第一期的视频制作。"ZZ 学子说"正式成立。

我们从零基础开始，自己写脚本，自己拍摄，自己制作。每期"ZZ 学子说"只有短短 2 分钟，而麻雀虽小，五脏俱全，它反映了中学生的校园生活以及成长感悟。我们紧跟潮流，不忘本源，集诙谐与内容升华于一体。

万事开头难，有了第一期的成功经验，"ZZ 学子说"的制作开始步入正轨。每周五都会有新一期微视频在"青媒"、宁波甬派、优酷、搜狐、爱奇艺等平台上推出，一步步做大做好。我们团队受到了空前的关注，影响力迅速扩大，让更多的人了解了我们的思想，理解了我们为 00 后发声的理念，与我们产生了共鸣，翻开了"ZZ 学子讲堂"的新篇章。

成果斐然展头角，广受好评得人心

"ZZ 学子说"

虽然"ZZ 学子讲堂"项目成立仅仅一年，却获得如潮般的好评。在校内，我们的人气越来越高，参与人数越来越多，受到校领导的高度关注。在校外，社会各界都对我们的项目给予了好评。目前为止，共 12 期"ZZ 学子说"在腾讯、优酷、搜狐、爱奇艺等网站的播放量已突破 30 万次，平均点赞千余人次，《中国青年报》、浙江之声、《钱江晚报》等 50 多家媒体争相报道。中国教育学会中学德育专业委员会理事张国宏和《中国教师报》《课改研究周刊》主编郭瑞老师也对我们的项目给予了好评，山西省重点中学新绛中学宁致义校长写了《平台的力量》对我们的项目表示肯定。

"ZZ 学子讲堂"之"跌宕"系列

增强学生归属感，拓宽学生视野。每次海报一经贴出，便有一大群人围观，每次讲演更是座无虚席。我们的特色有二：一是话题贴切，从感性阅读到理性阅读、利用太空新的机遇与挑战、经济增长与制度创新、西方经济的碰撞与沟通等，让同学们的视野和思维从黑板上拓展到更加广阔的校外世界；二是由于我们是同学对同学，没有那么多的束缚，所以现场气氛热烈，同学们争先恐后地提问，有的同学出来后还说："哎！真可惜，今天还有两个问题没问完。这不仅融洽了同学之间的感情，也增强了他们的归属感，更成了校园内的一道风景。

锻炼主讲能力，为学生将来打下个性化、多元化、特色化发展的基础。对一个学生来说，学习有三种境界，一是会学习，二是灵活学习，三是把自己学会的讲清楚。武朔南在开课中还有自己的创新。有些高一年级的选课学生在课上听不懂，课后会找到武朔南讨论。武朔南就在两门学生开设的综合性课程之外，推出单一课程，克服课程内容不连贯、较为零碎等问题，让各

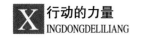

讲座多一些衔接，构成相对完整的体系。诸如此类的例子不胜枚举，为学生的终生发展打开了一扇窗。

游学营宣讲会

创造性地把教育与旅游结合起来，开创"书香伴我行"游学模式。我们把"走出校园、寓教于乐"作为特色，为本地区的风景增添了厚度。

让游学团成员感受了浓浓的书香情怀，某种意义上推动了教育理念的传播，促进了各地的文化交流，让某些创新性的想法散播到全国各地并开花结果。

"ZZ 感恩行"

在引进来的基础上实行走出去战略，扩大了项目的知名度，培养了学生的感恩意识，扩大受众面，以即将走进高中的青少年作为宣讲对象，教育从娃娃抓起。

项目组与其他兄弟学校相互交流，丰富了眼界，完善了组织结构，立足自身，选择性地吸收他校长处，提高了项目的层次。

"ZZ 微言"

抒发了众多学子的心声，将流淌在每一个学子心底的想法讲述出来，或机智或幽默的话语埋藏的却是朴实无华的道理。让平凡的同学也能发出自己的心声，讲出自己的感悟。让每一个学子感受到自己就是校园的主人。

以大屏幕的形式滚动播放，凭借其接地气的内容，贴近同学生活的话语，很快就在同学们口中流传。深刻的道理，励志的精神，也深深地印入同学们的脑海。

国旗下的心声

在国旗下讲出自己的心声，不但锻炼了同学们的胆量、自信与能力，同时改变了以往国旗下讲话枯燥乏味，同学们昏昏欲睡的局面，使严肃的国旗下讲话多了一点儿亮色。

同龄人现身说法，使经验更具说服力。同时，同龄人更能互相理解，讲话的内容无不与同学们的生活息息相关，促进了同学们的进步与发展。

项目反馈意见

中国教育学会中学德育专业委员会理事张国宏：

让学生开选修课可以在进行教学改革的同时，放大以教材为中心的知识半径和以课堂为中心的空间半径，让师生的视野和思维从黑板上拓展到更加广阔的校外世界，提高人文科技活动的质量，创设校园人文科技氛围。

游学团成员，台州一高中生：

真是见识了学霸的风采，他们真是太厉害了，我从课上收获了许多。也没想到我们的同龄人也能开课，还讲得那么好，让我大开眼界。

四川省广元市天立国际学校校长：

宁波市镇海中学的这一做法，把学生从传统的课程消费者转变为课程的生产者，从被动的课程接受者转变为主动的课程建构者。这一变革从课程本身切入，无疑是破解当前课改瓶颈的重要抓手。

《中国教师报》《课改研究周刊》主编郭瑞老师：

选修课作为高中新课程改革一大特色，一直是大家关注的焦点。从2004年开始，进入高中新课改的学校已基本设置了选修课程，实现了选课制。但是，课程的开发者和主讲人大多是教师或社会相关领域的权威人士，而浙江省宁波市镇海中学把课程开发的权利交给学生，让学生做起"老师"。

微视频留言：

有点儿意思，不错不错，继续加油。在这么多搞怪视频中偶然看见了这一期，觉得蛮不错的，有点儿小清新的味道。

山西省新绛中学宁致义校长《平台的力量》：

自主、合作、探究是一种学习方式，甚至可以说是人才培养方式的标准。一个人可以没有什么能耐，只要有合作的精神就可以生存，有自主的精神就可以进步，有探究的精神就可以创新，而培养这三种精神的方法就是让学生充分地自主、合作、探究。

宁波市镇海中学的"学子讲堂"为学生自主、合作、探究提供了空间平台。而这"平台"的力量就是使自主、合作、探究的学习方式落地生根，也使得学生的这三种精神得到提升。

平台的力量是巨大的。试想中央电视台"星光大道"栏目，不过是为老百姓提供了一个展示才华的机会和舞台，而十几年来从该栏目走出了众多的艺术人才，这一点大家有目共睹。镇海中学正是有了"学子讲堂"，"跌宕文史"和"跌宕数理化"选修课程才应运而生。

从播放中央电台和凤凰卫视中文台精品栏目的人文科技录像到名家现场讲座，从教师的讲授到学生的讲授，从课题组到社团，无限地放大了以教材为中心的知识半径和以课堂为中心的空间半径，镇海中学一路走来，走出了一条学生选修课与社团良好发展的新路，可喜可贺，堪称中国教育的幸事。

厚积薄发登赛场，载誉而归美名扬

项目组成员于 7 月 22 日至 27 日在上海参加了第七届全国中学生领导力展示会。八名师生在大赛上凭借优秀的团队合作意识和项目创新力，通过三轮展示，成绩斐然，充分展现了镇中学子的社会责任感、担当意识和创新意识，以及年轻一代所具有的领导力。

镇海中学的"ZZ 学子讲堂"项目及参赛学生在 140 余支参赛队伍和1500 余名参会学生中脱颖而出，进入集中展示环节，充分展示了近一年来的成果，并收到评委老师与众多同学的一致好评。特别是以"ZZ 学子说"子项目为最，夺人眼球，吸引了全场绝大多数人，最终荣获全国特等奖、名校社会责任担当奖。

进入第二轮，六位成员在各自小组展现风采，与小组成员一同努力开发微项目，最终戎哲宇、黄思懿、严铭三位同学与全队开展的项目分别荣获"最佳改进公共政策项目奖""最佳社区与校园服务项目奖""最佳环境保护项目奖"。

第三轮中，张煜明和徐铭萱两位同学还入选了年度中学生领袖，严铭入选领袖提名。

曾昊溟与赵多加两位辛苦付出的带队老师荣获"优秀指导教师"的称号。

在为期七天的比赛日程中，项目组得以与来自全国的中学生同台竞技，虽然比赛是紧张激烈的，但最重要的是，我们可以与志同道合的青年领袖相互学习交流，获益良多。

王姝媛说："在第一轮的学校项目中，我们的理念简约而不简单——为每一个高中生提供一个表达思想的平台。我们如是说，也如是做。将'ZZ学子讲堂'的一纸策划案落实到实践中去，并且成果斐然。作为高中生，我们还没有能力改变社会制度，我们的项目立足校园，为00后的青春搭建舞台，这也是平民情怀的一种体现。"

张煜明说："'ZZ学子讲堂'从去年8月举办，一直到今年7月，我们中间经历过曲折，也享受过欣喜。在受到挫折时，我们不气馁，集中在一起讨论，寻找解决方法。当我们取得阶段性成果时，我们不骄不躁，总结成功的经验，为下一阶段的活动做准备。经过我们一年的实践，学子讲堂可以锻炼讲师的授课能力，成为他们高中生活一段宝贵的经历，有利于他们成长。作为团队的成员之一，我很高兴能和'ZZ学子讲堂'项目走过一年的时光，他就像一个新生命一样，在这一年的时间里，我们悉心呵护他，在看到这个项目不断成型的过程中，我们自己也在不断成长。我相信，当未来的某天，我们回顾起一起在团队辅导室的时光时，我们会感谢他。当然，'ZZ学子讲

堂'还将会继续办下去，我们会将这根接力棒交给充满活力的学弟、学妹们。"

徐铭萱说："在这个活动中，我收获最大的就是'证明你自己'。在整个活动中，我们有很多地方需要先证明我们的可行性，再去找相关的老师以获得他们的批准。每一步都是崭新的，每一步都是艰难的。但是这常常受到质疑，因为很多人还是不相信我们真的能做到、能做好、能坚持做下去。我们团队就是先'吞一口气'，不管别人的不理解、不支持，不惧流言蜚语，咬紧牙关，努力攻克各种问题，力求做到最好。终于，在所有队员的倾心努力下，我们达到了目标，我们的成果终于让人信服，我们总算'吐一口气'。'吞吐'之间有多艰难我不便在此赘述，但我们队员之间的配合和信任一直是我坚持、前进的动力，是我们大家一起把一个个美好的愿景变为可行的现实，把一段段艰难的过程酿成甜蜜的回忆。"

黄思懿说："'ZZ 学子讲堂'是一个非常好、非常值得观看的项目。我认为，在领导组织该项目的同时，我的自身能力得到了很大的提升。万事开头难，在'ZZ 学子说'刚开始的时候，我们都是一头雾水，缺少方向，缺少技术。但在不断的尝试和探索中，我们一次次的把项目完善，一次次的改进，有时候我们要将一模一样的事情重复数十次，从重复中，我们的项目逐渐走向了成熟，走向了成功。'ZZ 学子说'对我们来说已不是一个单纯的项目，它更多的是我们奋发的青春，我们喷洒的汗水。我们中的每一个人都在这个项目上付出了数不清的心血，我们贡献了自己的课余时间，而这不仅是为了发展项目，为了传播我们的思想'本色·本质·本真'，更是为了展现我们00 后的风采，为了向世人说出 00 后的心声！"

严铭说："在我们的项目只停留在我们的想法层面时，我只是满心希望可以通过我们自己的努力，加之学校等的帮助，影响并改变些什么。随着我们一步步地完善我们的想法，逐渐形成一个相对完整的体系时，才发现我们真的可以做得很好，似乎只要我们敢想敢做，就没什么是不可能的。在我们不断努力的过程中，我们整个团队的凝聚力也在不断上升，我们有队长，但每个人都是平等地在为项目付出，并尽自己最大的努力付出，每个人互相配合，取长补短，使整个团队的力量越来越强大。同时，真正有效的讨论磋商是很重要的。基本上我们后来的大部分想法对于最初的我们来说是想都不敢想的，但我们基于之前所打下的基础，三天两头聚在一起，才使得'ZZ 学子说'等出现在大众的面前。当我们的项目逐渐成熟，开始推广理念，打造平台时，发现最开始的方向是无比正确的。对于现阶段的高中生、初中生，都说与上一代的代沟在变深，无论是对于家长，还是对于老师，而力图使学生表达心声，改变填鸭式单向输入知识的现状的我们，因而得到众多人的支持。这也使得我意识到，我们不可能只局限在现在，还要面向未来。通过整个项目实施的历练，我更加懂得了大胆创新、团结合作的重要性，还有从来都不要先否定自己再去做事情的教训，同时，我们要做的还有很多。"

戎哲宇说："其实开始的时候，我是抱着好玩的心态来参加的。然而，进来后才发现算是'上了贼船'。从大课堂开始，包括场地的租借，课程的宣传，主讲人的安排，向学校的申请等都由我们亲力亲为。这不仅辛苦，而且是一项精细的活。比如我们就曾经出现过由于报告厅电脑和主讲人演示软件不兼容导致尴尬的裸讲。一次次的失败，一次次的教训，让我们的能力得到了全面的提升。经过'跌宕数理化''ZZ 微言'等环节，最后进入到微视频环节时，我们又遇到了新的困难。相比于组织，微视频要求我们亲自上阵表演，这对我们的表演能力又提出了新的要求。很多时候都发现放不开，或是镜头偏了，总之林林总总的麻烦，让我真是快疯了。幸好最后我们坚持了下来，我想，这样一个活动，可以说是我人生路上前所未有的挑战。勇敢地迎接挑战，让我在勇气和自信等方面收获良多。"

总而言之，项目的成长过程见证了每一个项目成员的成长与成熟，我们的付出也让我们得到了许多，这种成长经历是不可复制的，也是不可替代的。

百尺竿头进一步，志存高远新追求

在将近一年的时间里，"ZZ 学子讲堂"从策划方案变成实际活动，从想法变成项目，经过团队成员的努力，"ZZ 学子讲堂"项目已经取得了一定的成就，也在社会各界有了一定的影响力。但是，我们能够做的还有许多，所以，我们还会继续展望未来。

我们会在镇海中学内建立社团，并邀请团区委副书记担任指导老师。以社团的名义对校内招新，一方面让我们的影响力越来越大，另一方面，可以为我们整个团队添加新人，注入新血液，让我们团队有新的活力、新的激情。其次，建立社团之后，我们以后就可以以社团的名义对内对外宣传，持续为00 后代言，扩大影响力。

"跌宕"系列课程，虽然一路磕磕绊绊，但在大家的不懈努力下，已经初步成型。在下一个学期，我们还会继续开设这一选修课，也会邀请新的同学来进行讲课，当然，我们也会扩大宣传，增加影响力，使报名人数越来越多。同时，向学校争取更多的选修课名额，从而让更多同学能够通过"跌宕"的平台学有所获。

而"ZZ 感恩行"作为一个联系高中生与初中母校的桥梁，在三次的实践后，得到了一致好评，在将来，我们还会将"ZZ 感恩行"的内容继续丰富下去，不仅仅局限于原来的几方面。我们也会想出新的形式，用不同的方式去感恩初中母校。

"ZZ 微言"作为涉及人数最多的一个活动，在校内的影响力极大，在电子屏和小黑板上的精选微言也成为对外来教育人事宣传的门面。在将来，我们还会继续与学习部和政宣部进行合作：学习部会在《梓荫花》团刊上增加一栏，用作展示同学们这一年的精彩言论，政宣部则会继续帮我们誊写"ZZ 微言"。

作为中学生原创脱口秀的"ZZ 学子说"，在几期以后得到了社会的一致好评，在未来，我们还是希望能够每周在"青媒平台"定期推送（周五晚九点），也希望能够有更多的新同学加入我们这个团队来讲自己的思想。

我们始终相信，过去的种种，都已是昨日，我们会继续总结经验，继续前行，在新的一年里把"ZZ学子说"项目做得更大，做得更好。

项 目 名 称：本色·本真·本质

项目组成员：张煜明　徐铭萱　王姝媛　戎哲宇　严　铭　黄思懿
　　　　　　史浩辰　陈俊冰　武朔南

指 导 教 师：赵多加　曾昊溟

撰 　 稿 　 人：赵多加　曾昊溟　张煜明　徐铭萱　王姝媛　戎哲宇
　　　　　　严　铭　黄思懿　史浩辰　陈俊冰　武朔南

在寻访老兵中成长

内蒙古通辽第五中学

> 铭记历史，加倍珍惜和平；追思先烈，更要致敬老兵。作为一名青少年、国防预备军，我们有义务，也有责任怀着对历史、对先烈的敬畏，去探寻并关注那些正在逐渐被世人遗忘的少数群体。风华正茂的我们，希望通过寻访，可以从身经百战的老兵身上，打开那尘封的记忆，了解那段动人的峥嵘岁月，用我们的视角去记录老一辈革命英雄浴血奋战、英勇无畏，为党为国家无私奉献的光辉事迹；通过寻访老兵的活动，能够唤起每一个善良的人对和平的向往和坚守，唤起每一个人对老兵前辈的关爱和体恤，共同捍卫战争胜利果实，学习老兵们高尚的品格，努力学习，开创人类更加美好的未来！定下了活动目标，我们不去想是否能够成功，既然选择了远方，便只顾风雨兼程。

缘起·目标

2015 年，北京天安门广场隆重举行了中国抗日战争暨世界反法西斯战争胜利 70 周年大阅兵，阅兵式上出现了一个前所未有的队伍——抗战老兵方阵。在电视机前观看阅兵的我们，由此得知，每一位抗战老兵孱弱年迈的身躯中都深藏着一个悲壮豪迈的故事，每一位老兵都是一部活历史，他们的艰苦奋战、吃苦耐劳的精神仍然需要发扬与传承。2016年是建党95周年，红军长征胜利80周年，媒体的大力宣传激发了我们寻找抗战老兵，传承革命精神的活动兴趣。在偶然的机缘下，团队成员与"领导力"结识，认识到全国中学生领导力展示会是一个非常好的把项目传播出去的媒介，能让更多的人关注并参与到我们的公益活动中，让更多的人自愿参与到探寻、关心老战士的公益组织中来。于是，我们有了"寻找和帮助老战士，继承并弘扬老兵精神"的活动目标。经过组内多次讨论，制定了活动相关策划案。

问卷·宣传

我们制作了关爱老兵的项目问卷，目的是调查一下现如今大众百姓对参加过一系列抗战的老兵们的关注程度。问卷涉及"你知道身边有多少现存的老兵吗？""你平时关注这些参加过抗战以及一系列卫国战争的老兵吗？""你了解这些老战士们的历史吗？""如果有关于关爱老战士们的公益活动，你是否愿意了解并积极地加入呢？"等问题。

我们将这些问题打印出来，并复印了200余份，分成了四个组，分别去万达国际广场、沃尔玛中启广场、大润发supermarket以及辽河公园发放这些问卷。

问卷调查的过程中，我们遇到了形形色色的人群，有带着孩子的老年人，有穿着西服的白领们，有活泼可爱的中小学生，还有奔走在上下班途中的公职人员们。他们很愿意接受我们的调查，并细心地填写了问卷。经过一天的奔走忙碌，我们傍晚七点在咖啡厅集合并整理这些资料。

通过多方渠道打听到老战士的下落，了解到老战士协会的存在。我们就开始了我们第一次的活动，我们计划每班指定一位老战士，由团委组织各班团支书，生活委员选出各班已经报名的优秀志愿者，定期带领他们到对应的老战士家里帮老兵做家务。如整理床褥，洗刷碗筷，打扫卫生等一些力所能

及的小家务。我们知道，老战士们平时家里不是缺衣少食，而是他们的子女大多忙于工作，没有时间陪伴他们，所以我们的志愿者代表做得更多的是与他们交流，听他们讲述当年的故事。我们还制定了评比制度，每月做得最好的班级会得到一个雷锋班级荣誉。

老战士集体合照

寻找·收获

团队成员都是中学生，每星期只有周日一天的假期，为了不耽误自己的学习任务，大家主动放弃了这唯一的休息时间，把学习任务通过加班加点提前完成，利用周末课余时间，去报社和各个社区询问，打听老兵的消息，并留下电话，恳请他们一有消息就立即通知我们。部分成员顶着重重的黑眼圈与劳累，一丝时间都不敢浪费，苦心人天不负，在充分的社会调查和网络查询结果中，我们找到了一位经历战争洗礼的功勋老战士——任明德爷爷。我们还从任明德爷爷那得知了通辽市老战士协会，团队联系了协会会长赵奶奶，赵奶奶沉重地对我们说："从协会建立到现在，老战士协会的成员已经从 130

余位减少到 73 位，老战士这个群体正在逐渐消失。"说到这里，赵奶奶眼含泪水，让我们感到，我们有义务、有责任去关爱这个群体。

在网络平台上，我们意外找到了参加过抗美援朝的刘殿章老人，老人平日里热心助人，用生活工作中的平凡小事，点点滴滴诠释了老兵精神的真谛。这么多年他一直在找寻与自己同风雨共患难的战友们，我们通过与老战士协会的沟通，帮助刘殿章老人加入了协会，刘殿章老人和老战士协会对于团队帮助刘殿章老人找到组织表示最诚挚的感谢，也对我们的想法及活动表示大力赞扬！团队也一步一步地找到了前进的方向！俗话说万事开头难，大家的努力让不可能变成了可能，也让团队成员懂得了共患难同欢喜的团队精神，这种精神鼓舞着每一个人，更加坚定了大家把项目做到底的决心！这，就是行动的力量！

活动·行动

团队首先邀请抗战老战士以及武警志愿军参加升国旗活动。为了铭记党，铭记先烈，项目小组邀请了赵瑞兰、登巴图等 24 名抗战老战士和 10 余位来自通辽武警支队的武警志愿军，参加了此次升国旗仪式。老战士们身着戎装，佩戴军功章，精神抖擞，意气风发，使我们更能深深地感受到那份来自历史尘埃的抗战岁月。升国旗之后，赵瑞兰、登巴图向五中的师生和项目小组的人员、武警官兵做了专题报告，并向我们讲述了抗日战争、解放战争、抗美援朝保家卫国战争和革命光荣传统，这份浓浓的特殊情感深深地感染了我们。二老的演讲受到了全校师生的热烈欢迎和一致好评。

其次，邀请抗战老战士进校园开展党史国史教育。项目小组特意邀请了通辽市科尔沁区中国人民志愿军老战士协会的成员，以"老战士故事会"的形式开展了党史国史主题教育。学校学生积极参加编写老战士故事活动，提高师生对老战士这个群体的关注度。

邀请老兵进学校

为纪念抗战胜利 70 周年，进一步加强对团员青年的爱国主义教育，项目小组组织 100 多名优秀团员代表在团委李梦楠、张云天老师的带领下开展了参观学习活动，项目小组组织开展了纪念抗战胜利 70 周年"开学第一课"主题团会素质拓展活动。邀请了团委李梦楠老师。她谈道："今年我们在为抗战胜利 70 周年纪念而轰轰烈烈展开的历史回忆与庆祝，翻看 70 年前中国人民抗日战争的历史，日本军国主义妄图以残暴武力迅速征服东亚国家时，在危亡关头，我们能看到中华儿女被激发的激情与凝聚的民心有多么激烈与顽强。我们要继承和发扬这种精神。要想不落后，一定要发展自己。少年强，则中国强。"

项目小组组织了纪念建党 95 周年暨抗战胜利 70 周年，为抗战老战士进行的合唱比赛。参赛选手每天挤出课余时间努力进行排练，对参赛选手有着严格评选标准，要求字正腔圆，音色浑厚唯美，有强烈的爱国情怀，能将自身爱国情感融入歌曲中，并且要求对曾经参与抗战的老战士们有着深刻的了解和认识。活动取得学校领导及老师的一致好评，并有幸参加了通辽市合唱节比赛，让更多的学生和老师对老战士这个群体有了更深一步的了解、关注。

在"七一"即将来临的前几天，我们的组员就早早地计划好了，为老战士们过一次特别的生日。我们提前预订了无糖蛋糕，定制了国旗与党旗，和鲜花店联系好了花篮。

7 月 1 日一大早，几个组员提前到达布置会场，悬挂党旗和国旗，摆放桌椅和鲜花，为活动的顺利进行做好准备工作。老战士们一一就座，有的手

合唱比赛

里还拿着演讲稿，为这次生日会做了充分的准备。

8时30分，活动正式开始。首先由组员代表关雨晴同学致开场词，在党的95岁生日来临之际，感谢战士们用青春和鲜血换来的这份和平。接着我们邀请了老战士代表致辞，老战士告诫我们珍爱和平，不忘党恩，听党指挥跟党走，做党的后备军，并且语重心长地嘱托我们，我们是挑起中国未来重担的一代，肩负着富强祖国的使命，所以我们必须时刻严格要求自己，努力学习，顽强拼搏，成就自己未来的同时，也铸就中国的辉煌。由于战争的洗礼，

给老战士过生日

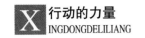

中国真正步入发展强国之路的时间并不长，所以老战士们希望有他们的拼搏做后盾，我们会书写属于我们这一代人的成功。

随后，老战士协会会长赵瑞兰奶奶深情回忆了自己的大半生，如果不是听她讲当兵的故事，任谁也想象不到眼前这位调皮的"老顽童"是一位已经89岁高龄的老人。她在战场上凭借机智勇敢和敌人斗智斗勇，历经大小几十次战斗，屡立战功。在生活中她是一位干练、活泼、俏皮的老太太。她思维敏捷、头脑清晰。她说："抗战期间，日本侵略者在中国大地烧杀淫掠无恶不作，欠下累累血债，犯下滔天罪行；当时我虽然年少，但也耳闻目睹一桩桩惨剧，我们活着的人要给历史做证！我14岁参加抗日，给八路军当交通员，穿上军装参加解放战争、抗美援朝战争，我亲眼看到无数战友牺牲在枪林弹雨之中，更深切地知道当今幸福生活的来之不易，我是一名共产党员，只要有口气就奋斗不止。"

老人的故事给我们莫大的激励，老一辈革命家投身革命的激情深深地感染了我们。是啊，在那样艰苦卓绝的环境下，他们仍取得了如此的胜利，相比之下的我们，有着优越的条件，和平的国家，还有什么不努力的理由！激励的同时，带给我们的还有感动。老人毫无老态龙钟之感，我们在生活中也应少一些慵懒之态。

在场的老战士身上都有战伤，其中腾开新爷爷讲述，他当年曾被子弹击中左眼眶，从左耳后穿出，子弹穿过的路径和美国林肯总统遇刺时受的伤很相似，但是老人在那个医疗条件十分贫乏的艰苦环境下竟然奇迹般地坚持下来，其毅力之强，感动了我们良久。当时，就在那个生日会上，每一位老战士身上的这些印记都在时刻提醒着我们：今天的和平来之不易，往后更要加倍珍惜！

生日会听完老战士们当年的故事，我们给战士们高唱生日歌，送上诚挚的祝福，蛋糕上插着9根蜡烛，象征他们90余载的精彩人生，同时也祝愿我们95岁的党生日快乐！大家一起吹蜡烛，切蛋糕，我们心中怀着对战士们和党的感激, 怀着敬畏, 和老战士们边吃边攀谈。

吃过蛋糕后, 赵瑞兰奶奶又一次语重心长地告诉我们要尊重和重视党的决策, 并且带领我们在国旗和党旗下感受了宣誓入党的那份庄严, 使

感受入党仪式的庄严

我们更加深刻地认识到了我们所要接过的担子所具有的庄严意义。我们也跟着老战士们学敬军礼, 感受军人保家卫国的责任感, 以这份责任感激励自己在以后的路上勇往直前, 谢谢他们, 造就了我们的今天。

这次生日会意义很重大, 对于我们也是一次历练。我们离开时, 老战士们热情相送, 并且还邀我们有时间再来做客, 我们载着满满的收获而归。回来之后把老兵口中所讲述的难以忘怀的记忆以文字、音像的方式记录下来, 让老兵的足迹和历史的记忆在我们的手中得以传播, 让老兵的精神在新时代可以得到弘扬。

临走前, 老战士们还赠送了我们十几本记录抗战事迹的书籍, 并告诉我们: 铭记历史, 努力读书, 让我们的国家更加强大!

经历·勋章

赵瑞兰奶奶: 老人14岁投身抗日战争, 任八路军交通员。抗日战争胜利后, 赵瑞兰所在部队被编入中国人民解放军第四野战军9纵队26师（后为46军137师）, 由此参加了解放战争。期间赵瑞兰分别荣立二等功和三等功。与

电视剧《亮剑》中的情节有些相似，在一次救护伤员时，赵瑞兰与负伤的坦克兵肖国英相识，也许真是缘分天注定，1954年赵瑞兰支援边疆来到通辽市，同她一批分配至哲里木盟（现通辽市）的还有肖国英。当时，憨厚的肖国英对她说："咱们的问题也该解决了吧？"赵瑞兰则调皮地反问："你说怎么解决？"不久，单位领导为二人举行了简朴而隆重的婚礼。从哲里木盟医院（现通辽市医院）离休后，赵瑞兰加入通辽市科尔沁区志愿军老战士协会，后任协会会长。在这期间她荣获"市区先进模范党员""教育青少年先进工作者""支援灾区先进分子"等称号，多年来，她上百次义务去学校做报告，还是"五老"网吧义务监督员。

任明德爷爷：内蒙古开鲁县人，1925年10月出生，1947年入伍。曾任排长、副连长、连长、副营长、营长、师后勤部生产科长、团后勤处处长、副团长、师后勤部副部长等职。参加过辽沈战役、平津战役、西南剿匪、抗美援朝、西藏平叛等战役战斗，五次荣立战功，被授予"爱兵模范""战斗标兵"等荣誉称号。1977年10月离休后回到家乡通辽市科尔沁区东郊街道做社区志愿者。每天准时倒垃圾，清扫院子，数十年如一日。后来记者慕名拜访了任明德爷爷，从别人的口中听到了关于任爷爷的事迹。

在去往任爷爷住处的出租车上，我们说起了任明德。司机师傅马上就面带笑容说："老爷子嘛，战斗英雄，在社区天天倒垃圾的老功臣！我们都知道他！"

在任爷爷的住处，我们有幸采访了他的邻居宋铁梅。宋铁梅说："我和他都是老邻居了，天天都能看见他拿着大扫帚打扫公共卫生，没有报酬，人特别好，后来啊，大家才知道他是离休的老干部。"

采访过任爷爷的邻居后，我们一行人来到了任爷爷的家中，见到了任爷爷的女儿任国英，从她的口中我们又得知了关于任爷爷的其他事迹。任爷爷在战争中被子弹打穿了眼睛，导致现在一只眼睛已经失明，虽然身患残疾，但是爷爷依然保持乐观的生活态度，为大家做过不少事。当时是冬天，任爷爷去上厕所时不幸滑倒，被家人及时送到了医院，经医生诊断被查出患有骨癌，醒来后第一件事就是拄着拐杖拿起镐去厕所除冰，怕其他人再次摔倒。老人的服务还在继续，从未间断。听到这我们不禁被老人坚持不懈的精神和坚强的意志所震撼和打动。

战斗英雄、不计名利、生命强者、爱心老人，身边群众讲述的四个关键词，清晰地描绘出老英雄任明德爷爷革命理想高于天的人生轨迹。

柳暗·花明

为了更加广泛地宣传老兵精神，让更多的人参与到"关爱老战士，弘扬并继承老兵精神"的公益活动中来，我们团队决计参加全国中学生领导力展示会。带着自信和自己的项目，我们踏上了通往上海的列车。天公不作美，凌晨一点，我们被火车上的广播从梦境中拉了出来。朦胧中，我们乘坐的火车遭遇暴雨停运了，停在了一个我们不熟悉的小县城。望前程大雨滂沱，看回路心有不甘。当带队老师告知，跟我们同行的另外一个学校的师生决定放弃前往上海的计划，打道回府的时候，我们团队毫不犹豫地选择了继续前行。大家拖着行李，下了火车，冲进了暴雨中，随便找了个宾馆，准备住下。可是宾馆没有那么多的空房间，经过再三请求，店家终于同意我们五个人挤一个房间。尽管解决了住宿，但大家并没有放松下来，几个队员赶紧处理因大雨淋湿的电脑文件和衣物，其余的人通过各种途径联系前往上海的其他方式。一通忙活，却得知我们所处的小县城的火车站已经全部停运，别说去上海的车票，连返程票也没有了，唯一的办法就是第二天早起搭小客车前往山海关市。到了山海关，为了保险起见，我们选择了两趟不同的高铁，以防万一。可是老天偏与我们作难，凌晨三点，我们又被通知，山海关一线高铁全部停运。我们围成一圈，绝望着，失望着，有的队员不死心，一直在刷着已经一片黑屏的铁路官网、航空官网。功夫不负有心人，终于在早晨六点，我们刷出了

一趟只有站票的车次。刹那间，已经连续十几个小时为车票刷屏、疲惫不堪的队员们看到了绝望中的一丝丝亮光。我们立刻拎着行李跑到火车站，目不转睛地盯着大屏幕，生怕有半点儿闪失。果然，火车又晚点了。我们最多能承受的等待时间只有五个小时。如果超过了五个小时，我们即使到了上海，也拿不到展示会的入场券了。10 分钟，15 分钟，30 分钟，60 分钟……最后，火车晚点了 4 小时 55 分，我们才得到了检票的通知。火车上，大家谁都没敢睡觉，紧张的心随着一站一站地前进激动着。终于，23 日中午 12 点半，我们抵达上海，此时，距大赛开场只剩一个小时，所幸的是，虽然本该用 36 个小时，却用了 74 个小时才完成的旅程比较曲折，但我们还是参加上了大赛。

我爱中国

成功·继续

完成了上海的大赛，捧杯回到学校，我们并没有停下前进的脚步，而是一鼓作气，创建了"通辽第五中学领导力公益社团"，社团一开始招新就受到学校及学生们的大力支持，初步收纳了 137 个成员，社团成员都是热爱公益的高中生。于是我们联系了团委老师，决定找一个合适的时间带领高一的新生加入到关爱老战士的活动中，开展关于老战士的一系列活动。在高中的强度学习压力下，继承发扬老兵们坚持不懈、努力奋斗、默默奉献、同风雨共患难的抗战精神，有助于大家轻松度过高中学习生活。

团队联系学校组织高二学生到通辽市示范性少年军校，参加"重走长征路"的具有历史意义的大型活动，让学生们充分感受到了当年战争岁月的艰苦卓绝和现在美好生活的来之不易，通过团队活动体验团队建设的重要性，增加班级同学之间的团队精神。

我们仍然在继续着最初的活动，各个班级仍在坚持着看望自己班级对应的老战士，做着我们大家力所能及的事情，尽自己的力量给老战士最大的关爱，雷锋班级的荣誉仍在延续！

感念·展望

铭记历史，倍感珍惜和平；追思先烈，更要致敬老兵。70 年前那场波澜壮阔的卫国战争已经成为历史，留给我们的除了深切的缅怀，更多的是一种钩沉久远的回忆。今天，在我们充分享受和平与幸福的同时，不能忘记那些为了国家独立、民族存亡、人民幸福而抛头颅洒热血的前辈先烈们；不能漠视和忘记那段沉重负载的历史。

我们知道，项目不能结束，我们的项目是一个具有持续性的项目，经历了这么多，团队成员已经慢慢地有了举办相关活动的经验，项目小组会持续把项目做得更好！请听我们项目组每一个成员的心声——

项目主席孙尧：作为项目主席，大家都会认为可能比其他成员肩负的责任更大，想得更多，其实并不是这样的。团队从组队到一起经历苦难，再到经历暴风雨站在上海全国中学生领导力的展示舞台上，经历了很多很多我们

没想到的，但我们没有人掉队，遇到困难大家一起讨论，会认真倾听，会讨论得面红耳赤，每一个人都是这个团队的领导者，这就是我主张的：把团队建设放在首要位置！走过了中学生领导力的领奖台，知道了无论遇到什么困难，带上你的战友一起去行动吧！感受那行动背后的强大力量！

项目监督郑浩：一群有理想的有志青年，因领导力机缘巧合走到一起，带给我们的不只是个人价值的提高，我们心中更多的是那几个月朝夕相处的回忆，我们收获了彼此最牢固的、最真诚的友情。尽管比赛中路途坎坷，但大雨的洗礼却让我们更加茁壮地成长了。从第一天匆忙直接到达会场，准备下午的第一轮展示，第一次感受到现场紧张而又美好的氛围时，我就知道，用豁然开朗的姿态出现，我们终会成功。

项目监督吴昊：这次活动比我想象中结束得快，因为天气原因，我们到会场的时候已经是比赛的第二天中午了，有很多活动我们没有参与上，对组员也不是太了解。出乎我们意料的是，我们的项目居然得到了特等奖，这对于参赛路途中遭遇风风雨雨的我们来说是莫大的欣慰了。上海，这个我们人生地不熟的城市，我们又是第一次参加这个比赛，赛制什么的还不是太了解，于是分组之后，我总是想着我们通辽五中的家人们，总是想见到他们。每次一看到他们，就特别开心。这次活动不仅仅是锻炼了我们的领导能力和团队协作能力，通过这次比赛，我才真正了解了"患难与共""风雨兼程"这两个词语中所包含的深切含义。从第一轮的集中展示我们心情紧张，到第二轮分组展示时我们与组员的隔阂和排斥，再到第三轮我们大家一起为组内进了个人展示的成员呐喊助威，直到最后晚会颁奖典礼上我们的 bangbangbang 校操和锦鲤抄舞蹈。回忆太多，太多！很高兴能加入领导力社团，参加了这次领导力大赛，很高兴收获了彼此的信任和托付。希望我们还能继续加油，为社会的公益事业贡献出自己的一份力量！

项目总监关雨晴：时隔多天，现在回味起当时的历程依旧意味深长。我们一个团队伴着笑和挫折进入了比赛会场，在得知得了特等奖的时候，满心欢喜，想笑也想哭。不辜负我们的辛苦付出，也不辜负我们项目做出的影响。参加这次大会不仅锻炼了自己的能力，学会了更快地适应环境，也交到了来自全国各地的朋友，了解了他们学校文化的独特之处。感触很深，收获颇多，总之一句话：不虚此行！

我爱中国

项目技术徐硕：对于老兵的项目，收获自然颇多，最想说的却是旅途中的那部分。我们既是同甘共苦的好兄弟好姐妹，又是工作上的好伙伴。从来不曾说过一句抱怨，从来没有与谁红过脸，就像亲人一样。老兵们给我们带来同样的震撼，同样的感动，又带给我们不同世界的别样风采。老兵，我们与你同在；老兵组的成员们，我们永远是一家人！

项目技术姚婉婷：在这次活动中，我经历了痛苦也感受到了欢乐。在痛苦的压迫下我有过想要放弃的欲望，但身边的小伙伴们以他们那股无与伦比的热情让我重拾起了信心，让我直面困难，不畏打击，使我成长很快，也让我在那颠簸的旅途中有了心灵的依靠。到了上海，我也认识了许多新的小伙伴，在与他们的交往中，我略微内向的性格也改变了很多，我也了解到了一些以前未曾了解的信息，这让我受益匪浅。当然，最开心的就是我们的项目

获得了成功，同时我们也在晚会上大放光彩，成功地把晚会的气氛点燃，也成功地让其他地方的同学记住了我们的节目——bangbangbang。这是我到上海最开心的事情了。在这一段时间中，我收获了很多，也很感谢那些陪伴我一起走过困难的小伙伴们。

附录一：调查问卷

1. 您对老兵的故事了解吗？

2. 您平时通过什么途径注意到老兵这个群体？

3. 您身边有老兵吗？

4. 如果有关爱老兵的公益活动您会参加吗？

5. 平时喜欢阅读关于战争岁月的书籍吗？

通辽五中老兵公益小组

附录二：活动表

展示前：

1. 组织市民、武警和志愿军及老战士们参与升国旗仪式。

2. 了解社会人员对历史抗战老兵的关注度以及了解度。

3. 邀请抗战老兵进校园开展党史国史教育和编写老兵故事活动。

4. 开展优秀团员参观党史纪念馆活动，为纪念抗战胜利 70 周年以及铭记老兵不朽的历史进行更深入的学习。

5. 组织开展纪念抗战胜利 70 周年"开学第一课"主题素质拓展活动。

6. 为纪念建党 95 周年暨抗战胜利 70 周年的为党、为抗战老兵进行的合唱比赛。

7. "七一"给老兵过生日主题活动，了解老兵故事，和老兵交流彼此的思想，吸取彼此的知识。

展示后：

1. 创建社团。

2. 组织高一学生加入到关爱老战士，弘扬并继承老兵精神的活动中。

3. 高二学生重走长征路活动。

项 目 名 称：铮铮傲骨　鹰隼长空
项目组成员：孙 尧　关雨晴　徐 硕　张赫宁　吴 昊　郑 浩　姚婉婷
指 导 教 师：袁鸿春　张云天
撰 稿 人：孙 尧　关雨晴　徐 硕　张赫宁　吴 昊　郑 浩　姚婉婷

世界这么大，抬起头看看

——拒做"低头族"

郑州外国语学校

欢呼，鼓掌，拥抱，眉眼间充满兴奋与感动地相视而笑。在第七届全国中学生领导力展示会的舞台上，我们代表郑州外国语学校的展示项目"抬头，遇见美丽"获得了特等奖。尘埃落定，故事结束了，一年的时光凝聚成一个沉甸甸的奖杯。仅仅如此吗？不是的，领导力在我们每个人心中植根下一颗小小的种子，蕴含着之前的欢笑与泪水。

也许我们会忘记领导力带给我们的一段段细碎的回忆，但那颗种子，将会生根发芽，潜移默化地影响着我们，让一个个少年成长为有责任、有担当的大写的"人"。光阴荏苒，暑去秋来，那颗种子，始终在我心中的一个角落，轻轻地呼唤着我们："把种子播撒到更多人的心中吧。"于是，我们拿起纸和笔，去收集那些自己始终割舍不下的暖心回忆。

"在领导力的这一年之中，哪一件事让你印象最为深刻呢？"追忆的问题只有这一个，我们问别人，也不断地问自己。

一

领导力课程班，听名字就觉得十分高大上。在社团招新说明会时，我是抱着凑个热闹的态度来的，然而就是那一次，让我义无反顾地被"坑"上了领导力的"贼船"。无论是活跃气氛的小苹果开场舞，还是严肃正经的社团简介，都看得出学姐、学长的用心，但真正打动我的是长期项目展示和上一届社员讲述个人经历。"为一座城，爱那些橙"，为关注环卫工的生命安全，学长、学姐们用微薄的力量，赢得了企业赞助，吸引了媒体报道，为郑州市环卫工人捐赠了上百件崭新的荧光安全服。自己常在电视中看到各种亟待改进的社会现象，却没有想到我们中学生能对此做出改变，并且做得那么好。"去年招新说明会我是被强拉过来的，但是走的时候感动得一塌糊涂。"一位学长说。想想自己，好像也是这样，本是无意之为，却被招新说明会点燃了一腔热血，大概这就是领导力的魅力所在。

二

我印象最深的事应该是项目主题的确立吧。三组刚刚成立的时候，大家头脑风暴想出了十来个主题，但没有一个觉得特别满意。周末从学校回到家，爸妈建议我从生活中自己遇到的问题着手。这不是废话嘛，我当时这么觉得。仰着脑袋空想了一会儿，没有思路，便低头玩起手机。时间不知不觉溜走，假期过去了，才发现作业还没怎么动。回想之前的假期也大概都如此：回家前装了满满一包作业决定好好学习，到家就放松了下来，拿起手机便再也放不下，最后带着荒废时光的悔恨与没完成作业的愧疚返校，十分心累——这应该算生活中遇到的问题吧，能不能就"鼓励大家合理使用智能手机，享受现实生活中的美好"做一个项目呢？我把这个想法和队友们交流了一下，大家闹哄哄地表示十分有同感，就算不写作业，把刷手机的时间拿来看看课外书也更有意义啊，

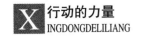
可就是管不住自己。

通过网上查阅资料，我们发现，沉迷于智能手机的人们被称为"低头族"。2015年，全球手机沉迷用户（每天使用APP超过60次）已达2.8亿，足以挤进"世界人口第四大国"，并且低头现象带来的社会问题可远不止让学生党写不完作业那么简单。安徽一母亲看手机时忘了看管孩子，导致其两岁的儿子被汽车碾压致死；开车刷屏使老司机变成马路杀手的新闻不时可见；低头玩手机导致颈椎、眼部疾病的案例也屡见不鲜。看得我们呀，毛骨悚然。

可是，选题在审核的时候没有通过。社长对我们说，生活中可以被改进的地方有很多，但不是每一个都能做成项目。拒做低头族是要改变人们的生活方式，这非常困难，做好了十分出彩，做不好就会仅仅止步于宣传，而没有实在的成果。是呀，关于这个主题我们能做什么呢？大家都有些动摇了，决定周末再想一想。

心中想着项目，对身边的低头族的出现就不由自主地敏感了一些。留心观察，我惊异地发现，低头族现象竟如此严重。公交车上，餐馆里，售票处排起的长队中……大家没有交流，即使餐桌对面坐的是自己最亲的人，似乎也没有手中的五寸屏幕更珍贵。低头玩手机的标准动作，几乎已经成了这个时代的缩影、痼疾。我始终记得那个一两岁的孩子，他躺在儿童车里，捧着一个几乎和他两只手一样大的手机在玩捕鱼达人，小小的手指笨拙地在屏幕上划拉，五彩的荧光映在他由于兴奋而瞪得大大的眼睛里。那孩子的父母可能只是想着塞给他一个手机能让他安静一会儿，然而手机连大人都会上瘾，对大人也有健康危害，何况是孩子？面对屏幕长大的下一代会是怎样的？

我想到鲁迅先生口中"绝无窗户，而又万难破毁"的铁屋。面前的低头族大军就是那些对真实生活中的美好视而不见，沉沉睡着的人们。我曾经也是他们中的一员，只不过偶尔醒来，只有自己醒着，便感到孤独与悲哀了。我知道，大多数人一定会觉得我对低头族的担忧言过其实，并且如果我自己也打开手机，就会将之前所想抛诸脑后。"然而几个人既然起来，就不能说没有损坏这间铁屋的希望。"

　　就是这一番戏剧般的心理变化，坚定了我的决心。我列出了之后的活动计划，之后十分卖力地向大家推荐这个主题的优点——低头族的现象太普遍了，以至于我们有潜力唤起几乎所有人的共鸣；如果我们做出些成果，受益的人将会非常多。当然有组员觉得不靠谱，但大家统一了思想，觉得主题不合适光说没用，得先拿出一套比这个更好的计划。没人再提出新点子，于是主题就这样确定了。然而，之后项目推进中每每遇到困难，我们都会想到那次有些草率，甚至有些不愉快的主题确定，隐隐怀疑当时的选择是个错误。但无数次动摇又坚持之后，我们获得了问心无愧的结果。我感谢自己当时甚至有些一意孤行的倔强。这说明怀着善的动机去选题，无论是看起来怎样无足轻重的小事，还是似乎无力改变的重大问题，只要认准了，一直做下去，总会有收获。

三

　　非常喜欢那次大家一起外出采访，虽然组长严肃万分地把我们分成三小队并分别安排任务，但大家兴奋得稀里哗啦乱跑，就像去郊游一样。

　　我们的任务是在商场采访顾客和店主。万事开头难，刚开始真的不知道该怎么开口，有点儿害羞啊。我们蹭进一家手工冰激凌店，店主热情地问我们想吃什么，措手不及间只能买了两个冰激凌。她将冰激凌递给我们，然后有些奇怪我们为啥还不走，这就尴尬了。"阿姨您好，我们是郑州外国语学校中学生领导力社团的成员，在做一个有关拒做低头族的活动，请问可以问您几个问题吗？"我情急之下蹦出了这一长串话，把我的搭档和卖冰激凌的阿姨都吓了一跳。"就是，智能手机能带给我们的生活以便捷，但我们要注意使用的场合与频率，不能一直低着头啊。"放松下来之后，我们聊得不亦乐乎，其他来买冰激凌的顾客竟也自发地加入了讨论，采访完这一家，就已经收集了五六个人的看法了。一上午下来，我胆子大多了，原来采访这么好玩，简直上瘾啊！哈哈……

再次集合，大家交流成果。
第二小队去了人民公园，可是找到
一个开阔的地方刚打开宣传用的
签名条幅，保安就发现并赶走了他
们。于是他们只好与保安大叔打起
了游击战，找个人采访完，签上名
字之后赶紧换地方，赢得了公园大
爷大妈们的赞许目光。听起来虽然
刺激，但由于公园里大多是老年人，
有相当一部分不玩手机，更有甚者
眼花耳背，无法交流，所以获得的
有价值信息不算多，看来下次活动
前一定要考虑周全啊。

第一次采访

第三小队去了新华书店。逛书店的民众普遍文化素质较高，便于交流，并
且到不同的图书区可以采访到各年龄段的人，更有代表性。Books everywhere
的创意就是一个正在读书的大哥哥带给我们的，各种新点子，收获颇丰。

四

寒假回老家，年夜饭桌上发生了一件特别不愉快的事情。亲人们都一年没
见，互相亲亲热热地唠着家常话，我弟却一直在低头摆弄手机，家里的老人问
他在学校学习怎样、吃住怎样，问一句，他答一句，然后继续刷屏。姨姨很生
气，大过年的又不好发脾气，其他亲戚劝哪边都不是，气氛很尴尬。吃完饭以
后大家都坐在电视机前等春节联欢晚会，这时一个个都掏出手机开始抢红包，
也没人去指责那个不听话的小孩了。

看着亲人们没有任何表情的脸，我心里很不是滋味。之前在查阅资料时看

到有些高校设置手机收纳袋，那么我们可不可以组织大家在吃年夜饭时把手机都放在桌子一角，约定好谁也不刷屏，开开心心吃一顿味与情相交融的饭呢？我溜到小院子，将自己的想法打出来发到 QQ 空间里。夜空浓黑沁凉，远远地能听到噼噼啪啪的鞭炮声，看到隐隐约约的亮光。打着字的我心中平静，又有一团喜悦，觉得自己真的是在为"抬头"事业而做出努力。并幻想着，获得点赞与转发，收到大家年饭桌上"收缴"手机的照片都是水到渠成的事情了。

宣传帖子发出后不久，就如预想一般收到了不少的点击量（毕竟我 @ 了一整个列表），但是没有一个人发来作为参加活动证明的照片。我有点儿着急了，再等，等得年都要过去了啊，不就是收个手机照个相吗，举手之劳也没人帮忙。心事重重地吃着中午饭时，老妈突然发话："欣欣，我看你在空间发起了一个年夜饭无手机的活动，你给大家介绍介绍呗。"我瞬间懵了，这时亲戚们也将好奇的眼光转向我，我只得站起来，支支吾吾地开始说："啊……那个……咱家人都好久没见了，一直玩手机多……不好。这样，大家都……都把手机交出来摆一起，吃饭时谁都不碰，让我照个相留念……"于是，换成大家一脸迷茫了，我能感觉到自己脸已经红了。"哦！可以，小孩子有想法，支持！"不知谁大声说了这么一句，大家都恍然大悟般打着哈哈掏出手机交给我。我如蒙大

年饭无手机

赦，赶紧照相道谢。老妈还不肯放过我："那你们这个项目是怎么发起的呢？之前还做过什么活动？"我没办法，硬着头皮讲起来。从确定选题到户外采访，从主干道宣传到微项目展示，竟然越说越流畅，简直停不下来，无暇夹菜。以至于老妈不得不笑着提醒我："别着急，吃完再说。"家里的其

他小孩也不甘示弱，叽叽喳喳地讲起了他们在学校的课外活动，几个童心未泯的大人也加入其中。我由衷地笑了，团圆年饭，不就应该这样吃吗？

年一天天过去，同学圈里给我发照片的人竟没有一个，大概也是和最初的我一样不好意思开口的缘故。老妈朋友圈倒是战果累累，中年妇女们果然热心。我参加了几桌宴席，每次都不忘宣传，也收获了好多张宝贵的照片。我还不知道，那几天对于项目陈述的练习在之后的宣传工作中帮了我大忙。

五

在紫荆山广场的拯救低头族大作战中，因为组长要去参加生物竞赛，我承担起了代理组长的责任。经历了一个星期才明白组织一次活动是多么费心，又是多么幸福。

小组成员一连开了好几次会。做这个活动的目的是什么？怎样进行？需要准备哪些道具？怎样邀请参与者？诸如此类的问题不断涌现，简直招架不住。不会忘记那个中午，自己一个人在教室里订购小礼品；不会忘记晚上蒙在被子里，对着电脑设计宣传板，一边擦汗，一边还要小心宿管老师的检查；不会忘记自己逃掉自习课去向学长、学姐汲取经验……就是想拼了命的去做好，所以那段时间，课业一直在被耽误，约定好的活动开展时间又因为大雨而被推迟，心里一团乱麻。

还好，第二天是艳阳天。我们提前联系了郑州市志愿者联合会申请场地，这样就不会出现上次在公园被保安追的情况。本以为会是一次圆满的活动，可是真的到那里的时候才发现，大人们都在做自己的事，孩子们又很小，早已被卖气球、泡泡的吸引了去。好不容易利用穿着小黄人的道具服吸引到几个人，也不过是签个名，问几句话就走开了。广场上玩手机的依然很多，我们站在那里显得无比多余。同行的一个志愿者问我们为什么做这个项目，一瞬间，我脑袋一片空白："我不知道！"

拒做低头族大挑战

　　总不能一直傻站着啊，我鼓起精神，组织大家将游戏用的道具摆在地上，花花绿绿的图片果然吸引了不少家长和孩子，游戏人数很快就集齐了。我们把参与者分成三组，告诉他们三十张图片每张都有一定的含义，他们要把图片一张张按正确顺序拿过来交给我们，如果这一张顺序对了我们就会收下。三个组轮流进行比赛，每组三轮，每轮三十秒，第一个排序完成的组获胜。比赛开始了，起初大家都摸不到门道，一张张试起来，进程很慢。第一张是碗，第二张是兔子，第三张是伞……第二轮时，各组都有孩子发现了规律，顺序就是数字一到三十！而有一组改进了方式，由手脚灵活的孩子负责交图片，家长在旁边指挥，速度也明显加快了。家长们压低了声音怕被其他组听到，孩子们却兴奋得叽叽喳喳。然而，在比赛还剩下第三组的最后一轮，即将结束的时候，还是没有一个组完成。我们做出小提示：如果每个组都单打独斗，想完成三十张图片的排序几乎是不可能的。孩子们一脸茫然，有几个家长却如梦初醒，一番商量，大家决定三个组共同完成最后的比赛。一声令下，所有孩子都冲了出去。大家毫不吝惜地贡献出自己想出的答案："新闻联播是七点，那张是七！""石榴是十六！""乔丹那张是二十三！"很快，三十张图片就沉甸甸地躺在了我的手中。

冠军是大家的了。无论是参与者还是组织者，每个人都大汗淋漓，但心里都十分快乐。为什么做这个项目？我们通过一个小小的游戏，让大家重新找回现实生活中玩儿的乐趣，更将合作共赢的领导力精神植根于孩子们幼小的心灵中。

"太好玩了，比玩手机还好玩。"一个小朋友直言。家长们也表示喜欢我们的活动，之后一定会少玩手机，多陪伴孩子。

六

"既然要拒做低头族，那么就得让人们抬起头之后有事可做。就像在餐厅等饭的时间，如果不玩手机，总不能一直喝水吃瓜子吧。"书店采访时，一个大哥哥的话给了我们很大的启发。我们开启了 Books everywhere 活动。计划在餐厅、医院、地铁站等公共场所设置小书架，引导人们在等候的时间放下手机，拾取一抹书香。缩小范围，大家决定先从餐厅做起。

打印好活动介绍，我们穿梭在城市的大街小巷，一家店、一家店地游说，却无一例外地失败。"我们老板不在，我过两天问问他再联系你。"刚开始我们天真地以为那样就算成功，结果等了好几天还是音讯全无。这种礼貌拒绝让我们第一次感受到了社会冷漠的一面。

总结出师不利的原因，我们发现了自身的不足：说现实些，餐厅是为挣钱而开设的，不是志愿者，也不是基金会。我们的活动只是一个简单的设想，没有实体运行的例子，甚至没有十分周密的计划，而只是凭着一腔热血在说。购置书架与图书需要成本，而我们却没有充分的理由让店家相信设置小书架能带来经济效益。

吸取经验教训，我们对自己的方案进行了修改。我们首先决定将对象缩小范围，找那些比较高端的有文化气息的饭店，书香与古色的结合会产生更多的品牌效益。我们从网上搜索到了北京、上海等大城市都有书店与饭店结合的例子，打印下来发放给店家。图书问题，我们在校内举行募捐活动，与各班协商，

Books everywhere 小书架

将每个班同学义务捐赠的一部分图书放到饭店，这样既节省了饭店开支，又实现了图书的循环利用。

确定了新一步的活动方案后，我们重新出发，终于取得了两家餐厅的合作与支持。回访时，我们看到书架旁不时有顾客驻足，这样的成果令我们兴奋不已。而从刚开始被一句冰冷的"没时间"就噎住了话语，到后来即使遭拒绝也微笑着表达感谢，我们变得更懂事，也更坚强了——这是领导力带给我们每个人的意想不到的财富。

七

每个人的分工不同，也就会有与众不同的提升——虽然我们第三组是一个集体，每一个成员却是独一无二的。

经问卷调查发现，85%的受访者想改变自己无时无刻不玩手机的"低头"习惯，但一拿起手机就控制不住自己。基于这种现状，我们决定制作"抬头的诺言"系列手机贴纸，附有图片与诸如"好友在你身边，而不在五寸屏幕里"的暖心小提醒，贴在手机背面，既起到装饰作用又无形中形成自我监督。

作为组里的美工担当，我脑子一热接下了设计图片部分的重任。回家之后拿出纸笔要打草稿时却一丝灵感都没有，于是大胆决定去动物园取材，拍了不少照片，最终才想出了几个形象。

因为上午还有课外班，并且害怕用大块时间画画会影响作业进度，我把设计贴纸的时间安排在了每天午饭后、午睡前。虽然平时看过不少动漫，手绘功

底也不错，但自己对于电子绘画还是
知之甚浅，加上没有扫描仪而是只有
一块买了之后没怎么用过的手绘板，
我只能采取最笨的方法：在纸上画出
草稿，拍照上传到电脑上然后导入绘
画软件新建一个图层勾边。在这之上
还要继续叠加因为不习惯而手抖产生
的线条变形、虽然绘画软件功能繁多

抬头的诺言贴纸

但是用不出效果等一系列原因，最初的一张贴纸丑得让队友们吐槽了三天……

　　设计四幅插图用了五天，令我惊讶的是，自己使用手绘板的熟练度和绘画
的速度都在一天天地提升。后来去上海参加展示会时甚至可以一上午画出五个
小插图和一幅上色的吉祥物大图，让微项目组里来自全国各地的小伙伴都惊呆
了。虽然一直到最后画出来的东西都还很粗糙，但对于我个人而言，这已经是
一次大的飞跃了。

　　在活动当天我去现场帮忙分发，一套四张贴纸经过我们可爱的技术员加工
添字看起来已经焕然一新，可惜广告店的制作出了色差，再加上本身图案的粗糙，
令我感到不是很满意。但听到有人夸奖我们的原创设计，并且发现真的有行人
被这些贴纸吸引过来时，我是又惊又喜，那种感觉应该是让我印象最深的了吧。

　　我之前也尝试过写文案、做采访、想新鲜的点子，然而最后发现画画才是
真爱。领导力也许是一个载体，让每个人学会在团队中找到自己真正想要并且
能做好的事。很喜欢在最终展示的时候台词里的一句话："只因身旁有你，所
以不曾畏葸不前。"如果有机会，我希望能够和我们的小组继续并肩前行。

八

　　第一次采访中，一位阿姨表明自己的态度："玩手机的确有很多不好的地方，

你们为别人着想的品质值得鼓励，但低头不低头是人家的自由，毕竟不违法。"

由于高二要分新寝室，我和室友们去吃散伙饭。坐在桌前，我发现一位室友在看手机。我对她说："毕竟咱们好不容易聚在一起，就别玩儿手机了，说会儿话吧。"不知是心情不好还是没有听到，我几次旁敲侧击，她说："你别管我。"我有些不快，因为自己在寝室里多次向她们讲过项目的事情，而且作为寝室长自己平时也比较有威望。还想再说什么，却觉得十分无力，便缄口不言。不一会儿，旁边的几个室友也陆续掏出手机玩起来，所有人都在低着头，我看着桌子发呆。

这件事没有对别人说过，但它一直是我心中的一个痛点。做了那么长时间拒做低头族的项目，连身边那么熟的一个好友都劝不动，别说陌生人了。被我们费尽心思感化过的人，该低头还是低头，项目拿到再好的成绩也不堪一击吧。出发参加比赛前的那天晚上，在父母面前，我的心理防线终于崩塌。

"我就后悔当时没把她手机摔掉！"我哭着说了气话。

"孩子，你没有那个权利！"父亲缓慢，却又坚定地说。

父亲接着说："我知道，你还因为之前设想的结果没能达到而难受。你们那个计划我都会背了。你们希望将项目发展成一个纪念日——'世界抬头日'。在这一天，人们约好除了必要的打电话与发短信之外不玩手机，将平时浪费在刷屏上的时间用于看书、运动、与他人面对面交流这些更有意义的事情。低头族是个大问题，整个世界都正被它困扰。你们几个中学生，没掌握多少社会资源，时间也那么短，想一下让大家都不低头，我告诉你，不可能。但你想想戒烟，从林则徐虎门销烟开始，多少代中国人不断为之努力，那烟从鸦片过渡到卷烟，到现在都没有被控制得了。北京实行了公共场所禁烟条例，但在广大二三线城市，二手烟仍然熏染着许多无辜的人。拒做低头族也是一样，你们敏锐地注意到这个问题，并且切切实实去行动了，这就够了。你们只是点燃一颗小小的星火，星星之火，可以燎原啊。说不定你们这一生都看不到最后想要的结果，林则徐也没能看到。但我保证，一定会有人看到你们的努力，将这项事业做下去

的。那时候你们是什么，时代的先锋啊！"

父亲是个粗线条的警察，很少那样激动、那样近乎偏激地鼓励我。我之前笑他什么都不懂，没想到他想过这么多。是的，做出改变非常难，我失望过那么多次，所幸每次都有人让我又看到希望。

九

说到我印象最深刻的一件事，肯定是上海的大赛了。

那是一个有着明媚阳光的酷热夏日，当时我坐在多媒体教室听着社长讲参加展示会的注意事项，盯着窗外暖阳包裹下的一抹绿色发呆。当社长要在新组里面选择负责人的时候，不知道到底是想帮组长和潇潇分担的想法多一点，还是暑假比较清闲所以想找点事儿做的心理多一点，毛遂自荐就成为第三组的参会负责人。原本以为只用订车票就好了，然而后来的经历告诉我，是我太天真了。

当老师将材料放到我手里的时候，好像就知道了自己的责任比那沓厚厚的纸还要重十分。看着名单上好多陌生的名字，心中不由得无奈在开会时由于不熟而不方便通知交流，却兴奋于可以认识好多可爱有趣的同学。趁着每一个课间将最近需要解决的事在纸上写出提纲，或是穿梭奔跑在楼上楼下通知大家开会时间，虽然忙但也因充实而开心。

暑假开始后就开始了紧张的报名与项目库填充工作。回想起那近二十天，真是忙得左支右绌。由于一部分人不经常用手机，联系上他们就很困难，一次次未接的忙音让自己好几次都冒出不想再管这茬儿事的想法，但还是撑了下来。所幸大家都早早在截止日期前报上了名。而说到项目库，唉，真的好复杂、好复杂。什么"项目实施过程"，什么"项目选题方案"，什么"可行性分析"，让我这个本就不熟悉文案的笨孩子一头雾水。不懂怎么填，就去问同学和老师；不懂怎么写，就去网上找教程。真的是磕磕绊绊地一点一点把文件打出来了，但也不得不说，看着打好的文件，内心充满了成就感。因为当时每天都上课的缘故，打项目库的时间都是一点点挤出来的。记得项目库截止前的那个晚上，一直打到了凌晨三点半，就索性再没睡觉了，坐在家里地板上看完了欧洲杯决赛直播。揉着自己因为传照片时点鼠标点的隐隐发痛的手指，看着精彩激烈的比赛，啃着一个鲜嫩多汁的桃子，别提内心多满足开心了。多亏了同学们的帮助，成功在截止前半天交了上去，看着后来逼近截止时间时许多项目组还没上交或者因为服务器繁忙而无法上交时，坦诚地讲，内心是有一点儿骄傲的。

因为参加一个科技营的缘故无法和大家一起出发，就在启程那天打了数十个电话提醒大家拿好东西，记得当时手机因为长时间工作烫得不成样子，都不敢贴着耳朵用。当时觉得自己跟个保姆一样，巴不得飞回郑州帮他们收拾行李。而到上海后最难忘的一顿饭当属一个人从商场拎回来的十桶味千拉面，当时也就头脑一热说是打算替大家订外卖，然后就有了后来自己盯着一堆饭菜发呆的情景，如若不是爸妈的帮忙，真是不知道怎么把面运到举办展示会的奉贤学校。但看着大家吃得很开心的样子，疲惫也就消失得无影无踪了。

比赛合影

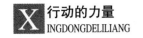

　　而真的到了比赛的时候,内心倒平静了下来,大概来源于对自己项目的自信吧。然而,拿着特等奖奖状的时候内心不知道从何升起了一种不真实,大概是在害怕项目就此而终结吧,大概是害怕大家的缘分就此而结束吧。但我知道,一定不会这样,拒做低头族的,我们永远在路上。

　　回想起准备参加展示会的近两个月时光,酸甜苦辣喜怒哀乐我们都一一尝遍。无论是开会时大家由争执到互相理解,还是填充项目库时窗边深邃的星空,抑或是赶火车时大家的紧张和奔跑,都成了我内心珍藏的回忆,藏在那最最柔软的角落。恰似这夏日,明媚,温暖。

　　无悔遇见领导力,遇见大赛,遇见你们!

　　项 目 名 称:抬头遇见美丽
　　项目组成员:张安祥　马宁远　陈圣坤　李龙一　朱丹丹　赵雨欣
　　　　　　　　袁韶蔓　王梦潇　黄则涵　曹子涵　任长胜　刘　洁
　　　　　　　　孔德浩　章韶轩　吕睿琦　苏梅颖　姜怡杨　李　悦
　　　　　　　　王烁宇　曲中直　平洪溟　张舒其　王　淇　汝　溪
　　指 导 教 师:袁艳磊　吕鹏飞　李一凡　李海因
　　撰　　稿　人:赵雨欣　刘　洁　王梦潇　姜怡杨　袁韶蔓　孔德浩

我们没有什么不同

山东省昌乐二中

> 我们，和那些智力障碍孩子们一样，总是相信石头会开花，星星会说话；我们始终相信付出会有收获，努力会有成果；我们始终相信这世界的阳光大于阴霾，正义能战胜邪恶；我们总是相信自己的小小善意也可以让这个世界变得更好；我们总是相信，用爱可以赢得这个世界……漫漫成长路，愿我们能与你相伴。

2015 年的一个夜晚，昌乐二中的 4 号机房里响起了王国庆同学满怀愧疚的声音——

"我的小学是特师附小，它与光明学校只有一道篱笆墙的距离。小的时候我们总是隔着那道篱笆墙欺负光明学校里的智力障碍孩子们，朝着他们扔石头、吐口水。而他们并不反击，只是愣愣地看着我们，然后继续费力地挥舞着扫把认真清扫地上的每一片树叶。现在想起来，很想对他们说声对不起，更想为他们做点儿什么。"

这是昌乐二中中学生领导力社团纳新后的第一次会议，在大家的头脑风暴中，王国庆提出的想法立刻被其他各种各样的项目淹没了，但同样的念头开始在我脑中转起来。会后，我找到王国庆再一次讨论，并约定周末到光明学校去实地考察，采访一下光明学校的老师，看一看智力障碍孩子们。

中学生领导力社团纳新后的第一次会议

那个周末是我第一次进入光明学校。隔着栅栏，看到光明学校内有些年头的教学楼伫立在暗色的水泥地上，远处是一排矮矮的小平房，大约是孩子们的食堂，楼边有一排健身器材，全无娱乐性可言，像是为老年人准备的。我们推开锈迹斑斑的铁门，光明学校的老师便笑着迎了上来。随着老师们进入教室，恍惚觉得门内和门外是两个世界。

教室向北，并不很敞亮，黑板上胡乱写着几个汉字，还有不知是哪年哪月画的板报。桌椅整齐地摆在教室中央，二三十个孩子却坐得歪七扭八，身上衣服也都是皱皱巴巴的，大多是暗色，看不太出污渍，但却散发着菜汤与泥土混合的味道。我们走近一个个孩子时，虽然早有准备，但看到面目畸形的孩子们时心中仍有些说不出的难受与害怕。一个孩子两只眼睛并不平行，其中一只总是蓄满泪水；一个孩子面貌清秀，但肢体却总有些不自然的扭动；有些孩子甚至长相有些骇人……在我愣神时，王国庆却早已蹲下身子，热情地向一个小男孩伸出手，笑着介绍自己。那一瞬间，我突然不再害怕，阳光透过窗子打进来，毫无区别地洒在我们身上。我们没有什么不同。我像王国庆一样，蹲下来看着一个胖乎乎的小姑娘，微笑着介绍自己，看着她眼神中的戒备越来越少，看着她越来越多地朝我笑，看着她在白纸上歪歪扭扭地写出自己的名字，我的心越来越柔软，眼神也越来越坚定。我们想让更多的人看到这些孩子澄澈的眼神，想让更多的人跟这些孩子一起在校园里笑，想让更多的人发现，我们没有什么不同。

离开教室，与老师交谈时我们得知，在昌乐县，除了助残日、儿童节等大型节日之外，很少有人会来到光明学校给予智力障碍儿童关怀。而在这些节日当天，也多是政府等部门组织人员前来参观送温暖。而这种送温暖也大多停留在物质帮扶上，极少有人会拉起孩子们的手，陪着他们聊天玩耍。这些孩子，就像是与世隔绝了一样，只被封闭在铁篱笆内守着自己的一方净土，懵懵懂懂地成长。

走出学校，我们带着一摞调查问卷走上了街头。虽然也会受到来自市民们的冷眼与戒备，但每当我们想起孩子们含着泪水的眼睛和灿烂的微笑，我们的勇气与信念就增加了一分。但无论如何，调查结果并不乐观。数据显示很少有市民会主动关心智力障碍儿童，甚至了解智力障碍儿童的人都很少，更不用提走进光明学校与智力障碍儿童交流玩耍了。回校后，我们开始了大量的背景调研工作。上网查阅数据、采访同学、制作二期调研问卷……

整理数据后我们发现，我国的民主法治机构不断健全，有越来越多的法律用于保障弱势群体的物质生活，并号召人们改善弱势群体的精神生活。但在调研中发现，昌乐县的聋哑学校、敬老院及光明学校（智力障碍儿童教育机构）等弱势群体聚集的场所面临着一个普遍的现象：仅助残日或六一儿童节才会有众多的人涌入这些福利机构，且进行大量反复性的、无意义的献爱心活动，如洗脚、洗头等。而在昌乐县中，由于智力障碍儿童相貌特殊、形体畸形等因素，光明学校的受关注程度最低，更缺乏长期持续性的有效帮扶。但根据联合国 2012 年数据显示，中国现有智障儿童 672 万，占残疾儿童总数的 65.96%，而我国新增残疾儿童 20 万，其中 68% 为智力障碍儿童。智障儿童在残障儿童中所占比例最大，受关怀度却最低。

将这份数据拿在手里，再想到栅栏里孩子们渴望而又澄澈的眼神，我们心酸极了。也正是这份心酸，让我们最终站在项目选举的报告厅里，举起翻页笔告诉所有的社团成员们：我们没有什么不同！我们想要做点儿什么，我们想要改变点儿什么！

站在台上，我们诚恳地对社员们说："这个项目如果去参加中学生领导力大赛，也许不会取得好的名次。帮扶弱势群体类一向不占优势，也很难做深做好，但我们就是想去做，不是为了奖项和荣誉，只是想为那些孩子真正改变点儿东西，只是因为我们没有什么不同。"也许是心底最真诚的感情流露了出来，我们的项目过五关斩六将，最终入了围。而我与国庆也迎来了我们最坚实的伙伴们。我们的项目终于真正立项，我们的团队也最终成型。那个晚上团队成员都很开心，因为我们清楚彼此都是想要为孩子们做些改变，因为我们清楚彼此都善良、踏实，因为我们知道彼此不看重荣誉和利益，我们真正在乎的是孩子们脸上的微笑和成长路上的陪伴。

团队成员

立项之初，我们一起商讨计划，讨论可实施性和预算，最后决定从物质和精神两个层面来帮助智力障碍孩子们。除去进行大型募捐为智障儿童筹集文具衣物之外，项目的重点放在精神层面。经过一次次商讨和咨询，我们确定了"成长伙伴"模式：从学校和市民中招募成长伙伴，以"二对一"或"一对一"为原则结对子，与智障儿童建立长期稳定的伙伴关系，定期到光明学校或智障儿童家中与智障儿童交流，陪伴他们成长。同时，我们希望项目思想能够通过宣传影响到更多的人，更希望每一个项目参与者都能持之以恒地作为成长伙伴的一员，与光明学校内的智障孩子长期沟通交流。愿我们的项目能拒绝伪善，让爱心落地，让每个人将"我们没有什么不同"这几个字印在心里。

带着立项时的激情与稚气，我们咨询了青岛大学刘春文教授和青岛市精神卫生中心的王圣海主任，在得到肯定后，项目组成员都对实施项目充满信心，颇有点一展宏图的意思，可我们的一腔热血还没沸腾多久就被浇灭了。在项目实施中，我们缺乏与社会组织沟通的经验，又没有找对切入点，从项目开始就想着与社会各方合作。那时我们并没有任何成果，立意也缺乏说服力，每个电话都是石沉大海。无论是物质帮扶方面还是精神帮扶方面，都受到了来自各方面的压力和打击。本来计划的进行大规模超市募捐、街头演讲都因实施难度大、花费时间多、资金预算超额而夭折了，我们甚至没有意识到进行社会范围内的资金募捐需要募捐资格。项目的进程一再拖后，而配档表也被逼一再修改。越来越多的计划被删除、延后，而我们的热情好像也随着 delete 键被消磨了。眼看着团队激情减退，我擅自修改了团队原定的工作计划，将配档表再次延后，带上所有项目成员又一次来到了光明学校。

　　再一次推开那扇斑驳的铁门，我们满怀着心事走进了光明学校，但当我们看到孩子们时，项目中那些所有的不如意似乎都消失了。我们忘记了募捐，忘记了别人的拒绝，忘记了推后的配档表，一时间只记得与孩子们互换姓名，与孩子们一起折纸、扔纸飞机，将"我们没有什么不同"这几个字认真描摹在黑板上，再带着孩子们一遍遍地读，一遍遍地呐喊出来。这些声音一直回响在我们耳边，那天，我们的眼眶都湿润了，孩子们又一次坚定了我们的信念，似乎无论我们做错多少，完不成什么，都没有关系。只要我们还在努力，只要我们不放弃去为他们做些改变，孩子们就一定会在这里等着我们。不会有责怪和埋怨，只会有最纯净而温暖的微笑，最依恋关怀的小手掌。

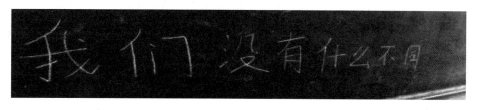

与光明学校的孩子们在黑板上描摹"我们没有什么不同"

那是 2016 年 3 月，在我们寻回初心之后，团队进入了高效运转的模式。我们开始在每个课间思考关于招募成长伙伴与发动募捐的倡议书、书写广播稿、联系广告公司、与学校主任沟通、联系志愿者协会……终于，我们的项目宣传开始有了起色。5 月，我们制作的展板放在了学校金钥匙广场前；国庆的声音也通过广播室将项目组的思想传达给每一位同学；我们制作的倡议书与视频也在各班下发和播放……在这背后凝聚的是逸凡每日熬夜筛选每张图片、制作每个特效；是龙雨花一整个下午跑遍四幢教学楼，走遍每一个办公室分发倡议书；是晴匀和雨萌不厌其烦地修改每一个措辞、与广告公司展开"拉锯战"只为做出一份文稿，印出一张彩页；是金柱与华强一次次违背班主任意愿，顶着挨骂的风险与我们在一个个晚自习上讨论下一步的规划；是国庆宁愿牺牲成绩也要完成项目任务的决心；是潘宁与我一遍遍地打通各个组织的电话想方设法地深入项目、推广项目……而这一切的一切，换来了每个班张张爆满的成长伙伴报名表。我们全部的担忧都转化为满满的欣喜，我们围成一个圈坐在地上，把一张张报名表摞在一起，然后"傻笑"……那天中午我们开始扬扬得意地讨论该怎么从四千人中选出最优秀合适的四十人成为成长伙伴。最后我们决定采取"征文 + 面试"的方式选拔，再向各班班长询问意见，多个维度综合，每个班选出一名同学成为成长伙伴一分子，我们的项目即将开启新的一章！

那天下午，成员们都澎湃极了，热血沸腾地开始了工作量极大的选拔工作。国庆和金柱开始兴致勃勃地奔波在各个教学楼，勾出了一个又一个人员名单。就这样，成长伙伴们开始出现在我们的视野里。他们中的每一个人都善良、机灵又稳妥，都会与孩子沟通玩耍。在项目组举办的第一次培训会议上，除去我对项目的详细介绍外，成长伙伴们做了自我介绍，并两人一组开始磨合，为周末的结对子活动做好准备。

与此同时，山东省米德青年教育有限公司在初步了解我们的项目后，分管米德公益的公司负责人积极与我们取得联系，将我们的项目在其公众号上发布。自此，成长伙伴模式将成为米德公益长期孵化的项目之一，待模式完善后，再由米德公益长期组织牵头进行推广！

2016 年 5 月，项目组在宣传效应广泛的前提下举行了为期两天的大型募捐活动，募集图书近三百册、衣物百余件；项目组与光明学校老师进行了多次沟通并确认成长伙伴结对子活动流程；成员们联系校长为我们派送车辆并对成长伙伴们进行了二次培训，将一切大小事宜都叮嘱给成长伙伴。在成长伙伴与光明学校老师的一片爱意与善意中，结对子活动正式开启了！

2015 年 5 月 15 日清晨，当我们载着图书和衣物到达光明学校时，老师正带领着孩子们列队走来。不一会儿，昌乐县电视台的记者竟也毫无预兆地携着摄像机赶来。我们将一册册图书、一件件衣物分发到孩子手中。有的孩子会因衣物不合心意而发脾气，老师急忙上前管教，我们却毫无不满或无奈，正是由于孩子们这些最纯真的天性，他们才更应由我们来陪伴守护，才让我们发现这是上天留给我们心底的一方洁净，留在这个世界上的一抹真实。

光明学校召开的小型经验总结与交流会

上午，结对子活动"轰轰烈烈"地拉开了序幕，小小的教室里吵吵闹闹，全是成长伙伴与孩子们欢快的声音。有的成长伙伴甚至在短短的一个小时内就与孩子成

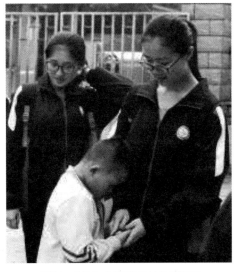

项目组成员与光明学校的孩子互动

昌乐县电视台的记者采访项目组成员

了好朋友。中途的休息交流会上，项目组将成长伙伴们分为两个大组，在光明学校内的空地上召开了小型的经验总结与交流会。虽然成长伙伴们有些腼腆，但与团队分享自己与孩子的小故事的同学仍不在少数。与孩子们一同玩耍的时间过得飞快，离别时，已有些许孩子紧紧地拽着成长伙伴的衣角，并不怎么流利地说着告别的话。那些曾令我们忧心忡忡的问题一件也没有发生。不是每个智障孩子都长得像正常人，但我们每一位成长伙伴都用平等尊重的目光去看待每一个智力障碍孩子，用自己的爱与微笑去陪伴他们的智力障碍伙伴。没有厌恶，没有惧怕，没有恶语相向，这一次的结对子活动给了项目组莫大的鼓舞，因为我们看到了每一位同学心底的善良，感受到了何谓人性本善。

结对子活动开展起来后，电视台主动对项目组成员进行了采访，光明学校的老师也对项目组褒奖有加。看来，我们几个月的努力开始显露出成果，我们的项目开始让孩子们真正受益。

回校后，项目组组织成长伙伴们进行了总结。报告厅里，成长伙伴们一个接一个地走上台发言。听着成长伙伴们与孩子们之间的小故事，我看到了他们眼中流露出的柔软，却也感受到了他们心中的坚定。近六十名成长伙伴们写出了近六十份感悟，每一份都散发着令人潸然泪下的温暖。没有华丽的辞藻，只有成长伙伴们来自心底深处的触动。正如一位成长伙伴所说的："你心柔软，却有力量。"我想，这一次活动已让成长伙伴们感受到了，我们没有什么不同。

当然，欣喜过后，便是我们剖析自身，寻找问题的时候了。例如时间分配不够合理，交流形式过于单一，分离时没能注重孩子们的心理情绪等等。

这些看似是细节的小问题却影响着这个项目在发挥增强智障孩子们的沟通能力、提高心理健康程度方面的作用。明确下一步工作方向后，项目组成员已经学会理智地对待一切成功的欣喜和挫败时的无奈。团队开始了紧张有序的分工，联系学校心理老师咨询、制作成长伙伴帮扶教程等完善成长伙伴模式，为下一次成长伙伴帮扶活动铺好路。与此同时，项目组开始尝试联络昌乐县志愿者协会与慈善总会，虽然在项目拓展过程中仍存在沟通问题与实施难度，但将成长伙伴模式真正从昌乐二中推广至昌乐县、潍坊市已提上日程。而在宣传方面，我们的效益也在一点点扩大，昌乐二中校网、昌乐传媒网、昌乐电视台、中国文明网、搜狐网站等都对项目组进行了报道，米德公益更是实时跟进项目进程，发布多个专题推广宣传成长伙伴模式……

2016 年 5 月 29 日，项目组发动了成长伙伴二期活动。

2016 年 6 月 8 日，项目组发动了成长伙伴三期活动。

2016 年 7 月，项目组在昌乐县进行横幅签字活动，并招募社会成长伙伴，组织进行了小规模以家庭为单位的成长伙伴试点活动……

成长伙伴活动一次次地展开，模式一次次地被完善。在这几个月中，我们的团队甚至没有太多时间去考虑如何扩大宣传，我们把解决孩子们的心理问题放在第一位。其实在这几个月中，同为中学生领导力展示会的参赛项目负责人在与我们沟通时，我们看到了许多项目丰硕的成果。我们也为那一份份政府批复、奖状证书而艳羡无比，我们也对那一张张合作协议充满了渴望，但每当我们回到自己的项目中时，我们总会想起 2016 年 3 月，我们在那个黯淡无光的周末，怀着满腹的无奈与挫败推开光明学校铁门的那一刹那。那时我们没有荣誉和认可，但我们仍有孩子们在进门的那一瞬间扑过来的拥抱，我们仍有孩子们磕磕绊绊的话语告诉我们他们的想念。我们也终于发现，这个世界上总有比荣誉和认可更重要的东西；我们也终于发现，这个世界上总有那么一方净土是自己想要用所有的精力和无数个日日夜夜去守护的东西；我们也终于发现，这个世界上总有一句话是自己即使面对无数的冷眼与拒绝

也想要守护下去的：我们没有什么不同。

这个世界上，再也没有什么比当你在为一个心愿努力奋斗时，突然发现整个社会都在帮助你完成心愿而更令人感动和欣喜的了。

那是 2016 年 7 月初，项目组正在进行反馈调研工作。那个下午，组员们正在学校报告厅里整理着最新一期的反馈问卷。我突然接到了县志愿者协会打来的一个电话。现在回忆起来，志愿者协会秘书长的话语已记不清字词，但记忆中清晰的是偌大报告厅中整个项目团队的欢呼声，脑海中印刻的是金柱和国庆拥抱在一起开心的大笑。随后，来自慈善总会的政府工作人员也批复回应了我们的项目，米德公司负责人告诉我们项目将在 9 月与 271 集团进行协商推广，而项目本身也作为校志愿者协会将长期传承的项目之一长久地运作下去。

那时，我们最想做的就是拥抱彼此，拥抱光明学校内的孩子们，摸摸他们的脸颊，告诉他们会有许许多多的成长伙伴们与项目成员一样陪伴他们成长，再一次带着孩子们念出："我们没有什么不同！"

……

我们的项目写到这里也算是尾声了，在这近一年的时光里，我们九个人学会了拥抱彼此，无论成功还是失败；我们学会了包容彼此，无论项目进程因谁而滞缓；我们学会了躺在操场上敞开心扉聊一聊，无论那时距离比赛还有几天几分几秒。回过头来，我们收获到了短暂却深刻的奋斗岁月，我们有幸陪伴彼此共同守护内心的一方净土，我们感谢能有这样一个机会让我们相互扶持着，为智障孩子们改变了些什么，让我们与智障孩子们牵起手抬起头来看同一片天空。而我们也一定不会就此止步，未来，将有越来越多的成长伙伴们加入我们项目，将有更多的人陪着孩子们念出："我们没有什么不同！"

山东省昌乐二中帮扶智力障碍儿童项目组

2016 年 8 月

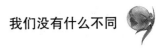

附录一：昌乐县公益志愿者协会文件

山东省昌乐二中帮扶智力障碍儿童项目小组：

2016 年 3—7 月之间进行大量社会调研期间，项目组成员组织问卷调查获得第一手资料，并同昌乐县光明学校师生共同研讨后提出"成长伙伴"结对子模式。目前，项目组成员已完成校内成长伙伴招募，并多次组织志愿者到我县光明学校与孩子们零距离共同交流实践活动。

"成长伙伴"模式活动组织学生或家庭与智力障碍儿童结对子长期帮扶，增强社会对智力障碍人群的关注度，对帮助智力障碍儿童融入社会、提高其自理能力起到良好作用。下一步，我协会将深入考察该模式，将搭建成长伙伴平台作为协会日常工作之一；首先上报有关单位、部门，并在社会、学校、社区范围内搭建成长伙伴平台并进行宣传。为使项目进一步推广，成立有关小组长期持续延伸本项目，并监督此项目的长期执行。

昌乐县公益志愿者协会

2016 年 7 月 14 日

附录二：昌乐县慈善总会文件

山东省昌乐二中帮扶智力障碍儿童项目对提高智力障碍儿童的沟通与协调能力，增强智力障碍儿童自主生活能力等方面，具有可操作性和积极借鉴作用。项目实施可有效推动全社会帮扶、关爱智障等残疾儿童活动的开展。经研究，同意按项目书内容组织实施。

附件：山东省昌乐二中帮扶智力障碍儿童项目书

昌乐县慈善总会

2016 年 7 月 18 日

行动的力量
INGDONGDELILIANG

附录三：山东省昌乐二中"成长伙伴"模式推广活动方案

一、活动计划

活动名称：帮扶智力障碍儿童之成长伙伴模式推广

责任人：周晖林

团队成员：潘　宁　孙金柱　王国庆　孟逸凡　郭龙雨　赵雨萌
　　　　　庞晴匀　张华强

活动背景：

一方面，经调研发现，智力障碍儿童的基本生活与教育国家给予一定保障，但社会上存在普遍现象：人民群众对残疾群体的了解较少，社会关注度较低；社会关怀仅表现为在助残日等特殊节日中大量重复性的工作，无法长期持续，对提高智力障碍儿童融入社会、就业等各项能力并无显著作用。

另一方面，智力障碍儿童占残障儿童比例过半，据 2012 年联合国人口基金会发布数据显示，中国共有智力障碍儿童 672 万，且有攀升趋势。

活动简介：

本活动通过建立成长伙伴平台，以二对一的原则使学生（或以家庭为单位）与光明学校智力障碍儿童配对，进行长期专一的情感沟通、训练课程，提高智力障碍儿童生活能力，增加社会关怀程度，并联络志愿者协会、慈善总会、学校社团、米德公益等组织最大限度地延伸项目实行时间，努力做到直击重点，续力传承。

本活动包括前期准备、执行与宣传、反馈整理等阶段；将由三个工作组执行，分别为策划组、执行组、宣传组，分别负责活动中策划、执行与宣传工作。由活动组长统一调度三个工作组，由山东省昌乐二中志愿者协会及各县市志愿者协会进行监督，保证项目顺利实行。

174

二、活动内容

（一）建立校内成长伙伴模式

1.活动简介：在校内建立帮扶智力障碍儿童小组（或利用现有志愿者协会组织），在全校范围内进行成长伙伴招募。由帮扶智力障碍儿童小组统一组织活动，带领成长伙伴到达各地智力障碍儿童教育机构进行活动，活动期间由县志愿者协会或市志愿者协会进行监督。

2.实施流程

（1）成立帮扶智力障碍儿童小组，并进行小组培训；

（2）联系当地智力障碍儿童教育机构；

（3）利用倡议书、展板等方式宣传，进行学校成长伙伴的招募；

（4）组织学校成长伙伴进入智力障碍儿童教育机构进行结对子活动；

（5）每学期组织 2—3 次成长伙伴与智力障碍儿童的交流活动，并完善后期反馈，记录成长伙伴感悟。

3.目标学校：271 教育集团各个分校（昌乐二中、潍坊实验中学、云南昌乐实验中学、昆明行知中学等）、昌乐一中、及第中学等

（二）推广社会成长伙伴模式

1.活动简介：项目组沟通县志愿者协会后成立小组，以志愿者协会为组织者在社会范围内推广成长伙伴模式，号召市民与智力障碍儿童以家庭为单位结对子，对智障儿童进行物质上与情感上的长期帮扶，活动期间由各地慈善总会进行监督。

2.实施流程：

（1）山东省昌乐二中帮扶智力障碍儿童项目组与各地志愿者协会进行沟通，在县志愿者协会或市志愿者协会内部成立帮扶智力障碍儿童小组，进行策划组织工作。

（2）各地志愿者协会在社会上进行宣传活动，与企业、社区沟通，利

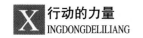
用网上报名等方式鼓励市民积极参与，招募成长伙伴，并建立微信群组进行实时通讯。

（3）志愿者协会联络当地智力障碍儿童教育机构。

（4）志愿者协会组织社会成长伙伴进行一期培训，并组织社会成长伙伴以家庭为单位进入智障儿童教育机构，进行结对子活动，留下双方联系方式。

（5）志愿者协会组织社会成长伙伴进行二期培训，确保活动的深入延续，并定期进行调研。

（6）每年进行智障孩子家庭走访或电话联络，跟进结对子实施情况，并组织成长伙伴、慈善总会与志愿者协会举办座谈会。

三、问题预案

1. 若部分地区没有智障儿童教育机构？

措施：走访政府部门进行探访调研，询问相关福利机构，找到智障儿童集中活动场所进行帮扶。

2. 若校方不支持组织活动？

措施：活动中保证定时、定地、定人原则，保证活动秩序良好；且不占用正常学习时间，利用课余时间进行活动。

3. 若部分成长伙伴中途退出？

措施：首先应做好培训工作，减少此类情况发生；若发生，则对该成长伙伴对应的智障儿童进行及时的心理疏导，并立即寻找新的成长伙伴以弥补空缺。

附录四：成长伙伴优秀征文

柔 软 心

成长伙伴：张婕

"这个世界一切的表面都不是独立存在的，一定有它深刻的内在含义。"这是林清玄的一句话，却能去形容那些孩子。

我以为会是一个很宽敞的地方，一群干净的内向的孩子。可教室不宽敞也不亮堂，孩子不太爱干净也不内向。见到我们像是有一种积累的感情爆发出来，那种感情应该是孤单吧。他们在走出教学楼时，看到了我们，立马拍着手尖叫，用一种三四岁孩童的语气说："这么多孩子啊！"他们的眼睛里有毫不掩饰的欣喜和好奇，当我们笑着看他们时，他们脸上是一种羞涩，却又跃跃欲试，真的是一种不同的天真，不同的单纯。

英俊是一个四岁的小女生，我们在询问她时，她很大方地回答了我们："我叫英俊，今年四岁了，我姐姐就要来接我了。"我们欣喜地以为是个很好的开头，虽然我们费了好大劲才听懂她说的话。当我们再去询问她时，她只在重复那句话"我姐姐要来接我了"，一种心疼瞬间迸发，她是有多想姐姐啊？我小心地剥了块糖喂给她，她含着糖鼓着腮帮子看着我。我突然问出："你喜欢我吗？"小家伙立马笑眯眯地冲我说："喜欢啊！"然后她轻轻地凑过来，用柔软的身躯抱住了我。

每个孩子都会在得到糖时与别人分享，会在你意想不到时把手里的糖也剥开喂给你，黑板上有一行字：我们没有什么不同。忽的，感觉心被震撼了一下，也许我们一直在用一个不理解他们的角度去看他们。

你心柔软，也有力量——给光明学校的伙伴。

项 目 名 称：我们没有什么不同
项目组成员：周晖林　潘　宁　孙金柱　张华强　王国庆　孟逸凡
　　　　　　郭龙雨　赵雨萌　庞晴匀
指 导 教 师：刘兴银
撰　稿　人：周晖林

反对校园暴力，我们在行动

浙江金华第一中学

校园，向来被誉为"象牙塔"，象征着神圣洁净，但如今，滋生于其中的校园暴力越来越成为社会成员普遍关注的严肃问题。因此，怀着对社会的强烈责任感和对广大学生的热切关心，我们"反校园暴力"课题小组应运而生。

"源"来不孤单

何来？

我们是来自浙江金华第一中学的学生，起初有组员在网上注意到近年来发生了许多中小学生之间互相殴打、虐待，甚至产生师生暴力矛盾的校园暴力事件。相关的研究还显示，近十年来校园暴力事件表现出情节越来越严重、暴力事件制造者和受害者的年龄越来越小的特点。在我国，校园暴力还表现出明显的地域特征，即经济发达地区其校园暴力发生率更高、手段更加残忍、性质也更加恶劣。日前，国务院教育督导委员会也发布相关整治文件。组员与大家分享这个消息之后，我们深刻认识到了这个社会上普遍存在的严肃问题，于是下定决心为此出一份力。组长陈雷远给我们打预防针："既然我们决定做这么一个范围大而立意深的课题，我们就要坚持把它做好，不论中途

有多困难也不可放弃。"同时我们希望在课题进行中培养我们的社会责任感、服务社会的意识和组织管理能力，即领导力。呼吁当代中学生在享有他人贡献的同时，也有责任付出、回报社会。在真正做事的过程中成长，在服务他人的过程中感受做人的尊严，体味付出的快乐，是学生不可让渡的权利。

何为？

2016 年 1 月，组员们带着满腔热情行动起来了！

首先，我们印发了认真修改过无数次的调查问卷，在金华市区的不同层次的中学发放，如：金华一中、八中、艾青中学、南苑初中、金华高级技术学院等。组员们在遥远的路途中来回奔波，没有喊过一次累，他们默默抹掉额上的汗珠，继续坚持。然后，结合调查问卷结果和专业文献资料，我们发现职高校园暴力发生率远比重高、普高高得多。并且，校园暴力呈现年轻化、团体化、暴力主体多元化等特征。

1. 校园暴力年轻化

现在的应试教育使学校家长大多忽视了孩子的心理问题，学生缺乏法制意识，加之家长的不管不顾、任意妄为，使得孩子心理压抑，脾气暴躁，因此从大学延伸到中学，暴力呈现年轻化趋势。

2. 校园暴力团体化

这是校园暴力泛化阶段的显著特征。团伙主体的年龄结构偏低，文化程度不高，暴力手段较为单一。

3. 校园暴力主体多元化

近几年，校内与校外，学生与教师之间的暴力事件也频频发生。此类学生与教师之间的暴力事件连续发生，且行为极端、手段残忍，造成了严重的社会影响。

为了了解社会大众对于校园暴力的看法和面对暴力时的所作所为，我们走上街头，由组员上演了一出"威胁推搡"的好戏，用摄像机记录下路人的反应，大多数人看见后只是议论却不上前劝导，只有一名男士上前制止，由此可见人们的漠视程度。

接下来，为了了解更多更专业的信息，我们采访了专业人士。第一位是清华大学法学教授金勇军，我们抓住他作为校友在金华一中开展讲座的机会，针对是否要降低青少年刑事责任年龄进行咨询，

采访清华大学法学教授

并询问了有关校园暴力的法律问题。第二位是台湾心理学教授王志寰，教授很谦虚，说自己不太了解大陆校园暴力的具体情况，只是声情并茂地给我们讲述了台湾青少年的心理问题。由此我们知道，校园暴力事件的原因之一，就是青少年心理的扭曲。

一开始有很多人，甚至老师和家长都在质疑我们说："国家都没解决的问题你们能做什么呢？"组员包宇琳说了这么一句话："正是因为没有解决，所以它亟待解决，虽然我们高中生能力有限，但我们也要代表中学生站出来！"因为我们相信，对于社会中的不完善之处，与其坐而论道，不如起而行之；再小的行动，也比喋喋不休的抱怨更有价值。我们所做的项目将会表明，即便是中学生，也可以有大作为，使这个社会更美好。

"缘"来不孤单

规而划之

我们小组的目标是让受害者有渠道获得帮助，让社会上更多的人了解并抵制校园暴力，让我们的社会和校园更加美好！

因此我们做了以下开展一系列活动的时间规划：

街头实验

讲座

1月，制作发放调查问卷并开展街头实验；

2月，各组员充分利用寒假时间，通过各种方式（如上网了解、阅读图书、与人沟通）获得有关校园暴力的信息，深刻认识其本质；

3月，采访专业人士，走访法律援助中心和多湖派出所，开办线上咨询和心理辅导平台，并开通相关的微博；

4月，在学校开展有关是否要下调青少年刑事责任年龄的辩论赛，在广播站宣传并举办黑板报评比活动。采访全国人大代表方青校长以及信访教育局局长；

5月，在各个学校和社区张贴宣传海报和宣传标语，制作易拉宝，在人民广场举办两次宣传和签名活动；

6月，制作网络概念宣传片，举办多场校内外讲座，联系媒体进行报道；

7月，后期成果整合。

协而同之

组长：陈雷远（策划与海报）

组员：包宇琳（联系与主讲）

朱奕谦（沟通与主讲）

王高远（技术与总结）

胡卜滋（文案与沟通）

"原"来不孤单

描绘美好蓝图之后，我们的活动就开始如火如荼地进行了！

播种·汲取

项目刚开始的时候，为了扩大我们的宣传力度，在身边人的心中种下反对校园暴力的种子，我们从多个方面通过多种渠道开展了我们的宣传活动。

先是在我们自己的学校浙江金华第一中学，我们与宣传部门沟通，先后在海报墙张贴了4期海报，介绍了具体的校园暴力知识，获得了广泛关注，这是一种视觉的、纸质的宣传。我们学校还有自己的广播站，我们与广播站负责人进行了沟通，开办了每周三下午的"法制小故事"广播节目。在节目中，有关校园欺凌的概念、案例、防范知识等内容都被结合着风趣幽默的小故事、动听悦耳的音乐进行播报，有效地吸引了同学们和老师们的注意力。同学们普遍反映对校园暴力有了更深层次的理解，甚至有一名曾经遭受过欺凌的同学来和我们沟通，并告诉我们："听了你们的节目之后，我发现我好像知道在遭受校园暴力的时候应该怎么有效地去处理了，谢谢你们。"除此之外，不仅在我们学校，我们还在金华市曙光小学、金华市婺城小学、金华市第五中学、金华市十五中等多所中小学张贴了海报，摆放了展架，虽然有时会被某些学校拒绝，但我们仍不放弃，向学校申请了介绍信后再次前往。

在社会上，我们也采取了类似的方式。印制属于我们的宣传册，定制横幅，向有关部门申请宣传活动的地点等事先安排就耗费了我们不少的精力。在申请的时候，我们遭到了拒绝，一方面我们没有带去学校提供的证明文件，另一方面我们还需要填报许多的申请表格。之后，我们在金华人群最密集的地方——兰溪街和人民广场进行宣传，为了在家长这一群体的心里种一些有关教育孩子拒绝校园暴力，远离校园暴力的知识，得到大家的广泛关注和大力支持，我们甚至还在现场教授简单自我保护术。然后走进社区，因为时间

社区宣传

不足等各种原因，我们只是简单地在社区的宣传专栏张贴了海报，并布置了展板。

继续拓展，我们将目光投向了网络和传媒。我们先后写了两篇新闻稿介绍我们的课题和我们的课题小组，并向《金华晚报》《金华日报》和《浙中新报》进行投稿，刊登了两篇文章。我们拜请了中央电视台的记者到我们的活动现场进行宣传和拍摄，最终关于我们小组的节目在金华新闻频道播出，这是金华最有说服力的电视节目，获得了上万的点击量。我们还在网络上建立了自己的官方微博，以公共媒体的形式对反对校园暴力进行传播。

这一条路很长，也很远，但我们咬牙奔跑，不畏惧任何的艰难险阻，终于达到了我们所预期的宣传效果，种下了我们一直想种的种子。

最后还有一个在学校里举行的大型签名活动，在我们的横幅上签满了名字，不仅我们可爱的同学参与了签名支持活动，还有我们的老师，甚至我们的宿管阿姨和食堂的大爷都参与了，也许他们的字并没有多么的华丽和刚劲，但是我们知道，那认认真真的一笔一画，都是他们对我们最诚恳的支持，以及对校园暴力的深恶痛绝。

百人签名"反对校园暴力"

聚力·合作

我们原计划 5 月在浙江金华第一中学开办一期反对校园暴力的法制讲座。我们先在团委那边争取到了一次可以面向全年级同学开讲座的机会。随后经过一番苦心的寻找，金华市金东区检察院的检察长向我们推荐了检察院公诉处的胡又文检察官。当得知检察院也有检校结合的工作任务，而胡检察官又是我校的毕业生后，我们欣喜若狂，当即把胡又文检察官亲切地称为胡学姐。胡学姐自然是十分乐意的，既为母校做点儿贡献，又能完成工作任务，何乐而不为呢？

不过，困难接着就来了。我们团委和检察官两边都联系好就已经是周四了。我校实行大小礼拜制，大礼拜和小礼拜交替进行，大礼拜周五下午放学，小礼拜周六下午放学。而能腾出来让全年级一起听讲座的时间只有周一下午最后两节的大扫除、周三下午最后两节可能停课的选修课，以及小礼拜的周五下午最后两节自修课。这周虽然是小礼拜，但各个方面还没完全准备好、协调好。而下周和下下周胡又文检察官都要出差，周五才回来。

刚开始的一番失望过后，我们肯定地认为，回来之后的那一个星期肯定是可以开讲座的，因此信心满满地做了周全的准备，连海报都做好了，海报上的时间妥妥的，就是那周三。梦想是美好的，现实是残酷的，我们终于认识到了这句话的残酷性。我们打算周三开讲座，结果被告知，周三那个时间段的社团秀活动，需要占用会议室，而当我们把时间推到周五的时候，又发现周五下午国际部要进行学生会换届选举，无论如何都会把我们的讲座冲掉，他们都提前三四个星期就已经把大礼堂会议室给预定了。我们的计划再一次遭受了沉重的打击。组员们不得不忙于各种讲座海报宣传和准备活动的撤回，整个团队乱成了一锅粥。

但我们并没有因此失去信心，即使质疑的声音如四面楚歌像我们裹挟而来。组长陈雷远这么鼓励其他五名队员："困难，其存在的意义就是被人所征服，只要我们一步一步地来，每个人做好分配到手头的任务，咱们六个

185

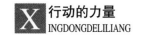
人汇总起来就是完美。"而这个星期过后胡又文检察官因公务在身，需要去上海一趟，因此这个活动绝对不能再拖了，我们已经为之倾注了一个月的时间与汗水。经过多方面的协调，我们当机立断，缩减原来的要求，将人数由600人缩为300余人，作为一次团校学习开展，时间在本周五晚上第一节课，面向的群体为高一所有团校学习成员。最终，这场讲座开展得异常圆满，胡又文学姐的口才得到了全场的称赞，连我们最担心的学生提问环节也是精彩纷呈。（偷偷地告诉你，当初我们为了这个学生提问环节，怕学姐回答不出一些学生非常奇特怪异的问题而冷场或无人提问而尴尬，还特意准备了一些简单正常而不失深度的问题给要好的同学。）胡学姐对各种刁钻提问甚至"刁难"都对答如流，激起了同学们一阵又一阵的掌声。当胡学姐讲"谢谢大家，今天的讲座就到这里"时，我们大大松了一口气，心头沉甸甸的担子放了下来，这毕竟是身为高一学生的我们第一次举办如此大型的正式的讲座啊！看着同学们专注听讲的眼神，看到组员们的脸上如释重负的笑容，我们都知道，这一次的努力与挫折是值得的，我们终于有了回报。越过一个个的坎，克服一个个挫折与困难，不正是挑战自我的意义所在吗？

为了得到更加权威性的支持，我们特意去拜访了金东区实验小学的校长，同时也是全国人大代表——方青女士。方校长在2015年的两会上就是把反对校园暴力作为她的提案的，这也是我们拜访她的原因之一。那天是周末放学，我们匆匆赶了过去，却不料被门卫挡在了校门外，我们还和门卫发生了一些争执，最终等了近两个小时才见到方青校长本人。在访谈过程中，有不下八次被外面的教师或者方青女士的电话打断，我们安静地等待，整理笔记，表现出了优秀一中学子的风貌。最后，方青校长在我们的恳请下，还录了一段半分钟的视频。

成长·足迹

我们还通过开办校园暴力心理预防讲座，致力于有效缓解学生的心理压力，减少校园暴力事件的发生。我们特别邀请了国家二级心理咨询师赵雪梅老师在学校报告厅与学生面对面交流，并提出有效建议。赵雪梅老师提出，面对生活中的问题，要让自己冷静下来，用一些有效理性的方法去缓解心理压力，安静地思考解决问题的方法，而不是通过暴力手段。生活中更要多为他人考虑，遇到蛮横无理者，不应用以牙还牙的方式去报复，而应通过劝说或求助学校、家长等方式解决问题。报告厅内座无虚席，互动频繁，笑声不断。通过讲座，同学们不仅学习到了一些缓解心理压力的方法，更懂得了如何控制内心的施暴倾向，进一步从学生的心理源头上预防了校园暴力的发生。

此外，我们还在金华市婺城中学、婺城小学、曙光小学等五所中小学进行了相关讲座活动，给同学们宣讲了反校园暴力的相关知识。我们从多个角度分析问题，在心理层面，呼吁同学们控制自己的不良情绪，不要让自己成为施暴者；而当面对

邀请专家来校开办讲座

校园暴力的现象时，作为旁观者，我们教育同学们应如何机智应对，对受害者伸出援手。讲座大获成功，并受到校长们的大加赞赏。在组员们的讲解下，同学们反响热烈，活动结束后，我们也看到了许多关于我们活动的积极反馈。

活动的丰富多彩能让我们更有效地带动身边的人一起站起来反对校园暴力，所以我们还开展了黑板报评比活动，在与宣传部进行协商之后，我们与宣传部共同提出并举办了以"反对校园暴力，促进校园和谐"为主题的黑板报评比活动。各班同学积极参与，用画笔描绘出自己对于和谐校园的美好期望。在增添有关校园暴力的知识的同时，还为各班教室增添了一道靓丽的风景线。

　　我们向辩论社提出了有关辩题，并被他们采纳。基于在法律援助中心了解到的情况，我们在金华一中举办了以"是否下调未成年人刑事责任年龄"为辩题的辩论赛，同学们积极参与，热情度极高。通过这次辩论赛，调研所得的知识有了很好的传播，更多的同学因此了解了即使是未成年人在校园内施暴也是违法的。

　　有没有人看到过在街头发生一些暴力事件却不敢上前？所以为了更深入地了解市民对待校园暴力的态度，还原真实场景进行调查，我们在金华市人民广场附近模拟了一个校园暴力场景，并观察路人反应，将之拍摄下来剪辑成一段长达五分钟的街头实验视频。在街头实验的过程中，我们发现，即使暴力现象发生，还是有许多市民对它视而不见。这个小小的实验表明，群众对校园暴力事件视而不见，缺乏对学生暴力行为的关注度，或者不敢站出来阻止，生怕受到牵连；

金华一中"是否下调未成年人刑事责任年龄"辩论赛

我们还和我们学校的生命志愿者进行了合作，前往一些特殊群体学校开展我们的反校园暴力教育。

"圆"来不孤单

　　在经历过寒冬和暖春后，我们终于在这个盛夏赢来了收获。

　　在上海举行的为期七天的领导力大赛上，我们收获颇多，对领导力这一概念也有了较深的理解。下面是我们想对这几天学习生活说的几句话。

　　"领导别人是一种领导力，被别人领导其实也是一种领导力。"这句话是我参加完本次大赛最想说的。我们每个人都是优秀的，但优秀的个体不一定能组成优秀的群体。有一个优秀的领导率领着一些和他能力相同甚至比他能力更强的组员形成一个坚不可摧的队伍。那么，这个领导具有领导力，组员亦然。

"失败是什么？失败是许多次成功之后的一次失败而选择了放弃。成功是什么？成功是许多次失败之后的每一次坚持。"这也许就是领导力的魅力，这也许就是金中的力量。

"凡事做完之后，不后悔。"这句话是我们亲身经历过的，感受十分深刻。还记得28日的晚会，第二轮小组要出一个节目。虽然组员们付出了自己的最大努力，积极配合，但因为晚会时间过长，使我们的节目最终没有向大家展示。不过，现在想来，付出过，就不后悔。

"即使在多么不公平的比赛制度下，我们也要保持自己的本色。"制度不管有多么不公平，在这个制度执行的范围之内，一定有适应制度的人，一定有赢家。不过，存在必有其合理性，如果一个人在这个失败的阴影中，在声声怨气中首先走出来安慰组员，这个人就会赢得一些威望。一个团队需要有人站出来支撑灵魂，需要正能量。

"无论在项目的分工中你是怎样的角色，只要你专注做好，把并不起眼的任务做到excellent，做到令人惊叹得出色，那么你一定不会受到亏待。"纵观本次比赛，我们组第二轮最后得到中学生领袖奖的同学，他的任务却微不足道。他不是组长，没有外出，在项目展示中没有成为主角，可他做的机智答辩却让评委老师所叹服，成为项目展示的一个亮点。作为负责PPT的我，虽然没有像他可以对答如流那样神通广大，但最后为我组争取到了一些视觉上的优势。这些事例或许就是这句话的诠释吧！

"在这里我懂得了和谐的重要，忍让的美德，专注的纯粹。"凡事不要求必争第一，对手、同伴的忍让会让你得到意外的机会。我对这一点理解得颇为深刻。仔细回想，当初参加领导力大赛的目的是什么？得到奖项，为校争光。站在大赛的尽头来眺望当初，发现自己的功利心太强了，而我们的项

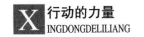

目亦然。功利心背后所掩藏着的浮躁心理，是我们的不足。若我们金中参与本次大赛的初衷是纯粹的，不因获奖而获奖，或许，我们的项目会走得更远。

关于演示文件的制作，我们也想在此和大家做一些分享。

作为整个团队的多媒体展示背景，PowerPoint 的制作、focusky 制作等可谓是展示中比较重要的一个环节，你需要知道，自己的团队想展示什么东西，评委怎么样才能知道你所展示的东西，如何全面展示你们小组做出的成效，这是很重要的一点。接下来我将从四个层面来介绍，如何使你的演示文件为组内锦上添花，为所有来宾献上一场视觉和听觉的盛宴。我们是这么说的，也是这么做的。

切合讲稿，一步一脚印。

在正式开始制作 PPT，也就是在构筑制作思路之前，需将组内成员的讲稿读熟看熟，明白组员的讲解体系。因为只有做到这一点之后，你才能在后期修改方面保留核心的骨架，不必将整个 PPT 大换血。一旦大幅修改，对制作 PPT 的同学心灵是一种伤害，对他的自信心也会造成不小的影响。

明确了每个组员讲解的内容后，你有两个选择，第一，根据自己的理解自行制作所有内容，这一条推荐那些平时电脑技术过硬的人选择；第二，找寻现有的模板并修改，虽然契合度不会有第一种情况高，但是往往会获得不错的展示效果。不管你的选择是什么，在整个制作过程中必须能够牢牢扣住你们队伍的核心。

学会换位思考，不要舍本逐末。

很多时候我们在制作过程中会过分地追求页面的动态效果，而将自己最想展示的东西放在了最后。说到底，展示时候的动画效果是帮助你理清思路的一种手段，是用来锦上添花的，而不是你展示的内容。评委希望看到的，也是最终能得高分的作品，往往是内容充实全面，并且思路清晰，赏心悦目。简单来说，突出最想展示的，摒弃零碎的内容。

学会换位思考，设身处地去体会嘉宾、评委老师们的心境。如自己只是看这个动画演示，能不能最准确地 catch 到里面的每个点，能不能留下点儿什么印象。因为做相同主题的队伍实在太多，大多数的队伍在评委脑海中留下的都只是走个流程，顶多有一点点的印象，而一个良好展示效果，不仅可以吸引全场的目光，而且能为你的队伍争取到多的分数，留下印象，这很重要。

知己知彼，百战不殆。

这么说可能带有一些功利的意思。这句话运用在这里，就是知道以往做这个项目的人的不足，比如有些不用说大家都默认的东西，避重就轻，有些之前队伍没有做进去的东西，就可以完善。评委们也好，参赛者也好，一届一届历久弥新，所有人的水平都在提高，所有人的展示都有共性与特性。为什么大多数优秀项目在展示的时候会显得与众不同？一定程度上就是抓住了人们渴望看到新的东西这样的心理，不过，当然与默契的团队合作与踏踏实实地做过活动密不可分。只有不断地修改，不断地推敲，才能让你的作品与团队臻于完善，直到天衣无缝。

牢记流程，精修细节。

在完成以上三点的同时，你要牢记展示的顺序，比如使用 PowerPoint，就要知道我下一张幻灯片在哪句话的时候切出，一个镜头要停留几秒，知道每一张幻灯片之后是哪一张。如果足够默契，推荐制作成自动播放，这么做就等同于给团队立下军令状，不断催化默契升华，也保证了不会发生临场发挥时手抖点错的尴尬局面。在展示的时候，身为听众的我们一般是听着解说介绍，看着大屏幕，一旦对应不上，观看者往往对这支队的印象分就下降了。所有参赛队都很优秀，要在强者之中脱颖而出，那么就是细节决定成败。

"愿"来不孤单

这一路走来，老师和学生给予我们较高的认可与评价。同学之间不仅在物质上得到了帮助，同时也沟通了感情，有了更强的对于未来学习生活与工

作的美好期望。在第七届全国中学生领导力展示会上，我们获得了来自全国各地的评委老师、学生的认可，得到了社会各界人士的支持与帮助——胡又文检察官、方青女士……从组织、策划到行动，小组成员完完整整地经历了一次领导力课题的调查，使每一个成员的个人能力得以提升，为以后的学习生活提供了经验的积累。每个成员团队意识的提高，使我们彼此之间更加珍惜这种缘分，更加明白了领导力课程的核心意义所在。

纵观我们整个项目，从优点上来说，整个项目提高了社会对校园暴力的关注度，传播了解决这一类问题正确的思路与方法，从而实实在在帮助到了需要帮助的人群。我们的活动组织有序，队员分工合理、清晰，拥有较强的行动力和面对突发事件的应变能力，为其他领导力小组做出了一个好的榜样。此外，我们的项目不仅仅局限于一年，我们还与社会各界和各个学校建立起长久的联系，让项目能够有可持续化的发展。

看到多个学校受到我们的影响后针对校园暴力做出了相应的反对措施，心中的快乐是无法言表的。能够在这个年纪为社会做出自己的贡献，我们的心中自然也无比自豪。而在活动的过程中，我们也逐渐提高了自己的社交能力、合作能力和领导能力，收获颇丰。组员说："青春里最美好的事，莫过于找到一群志同道合的人，一起为喜欢的事而奋斗。"的确，青春里，能遇见这么一群志向相投的人是何其幸运！几个月来，我们一直携着一个共同的梦想，以积极向上的心态彼此鼓舞着。寝室门口的拥抱，展示前掷地有声的自信"加油"，压力过大时组员安静地聆听，每一段记忆都暖入了心底。偌大的学校里，小组就是我们的家。认识他们，我才终于明白，青春里最值得信赖的朋友，不是一起嬉笑打闹的玩伴，而是那些曾陪伴你走过起起落落，一起为同一个目标拼搏过的人。

当然，限于资金、人力等，我们的活动还有很多的不足。我们的活动辐射面仅局限于金华城区，没有能够很好地利用网络将宣传面扩展得更大。后期，我们会在不足上加以努力，将这个项目继续做大做强！

在上海，我们还交到了许多来自五湖四海的好朋友，一起做微型项目，进行成果展示。在上海的七天时光，虽然短暂，学到的东西却让我们终生受用。

因为年轻，才敢在青春里为自己的远大志向拼尽全力。参加领导力展示会能让我们收获很多的能力与经验，这是我们高中时代乃至整个人生极其珍贵的财富。八个月里，我们愈发清楚，只要你愿意去拼，没有什么是不可能的事；只要你做好安排，克服懒惰，兼顾能力、学业和生活的方方面面其实并不难。课题的发展中，我们也碰过壁，但正是这些困难与不顺利，让我们更加了解如何与人相处、如何在失败面前调整好心态、如何面对巨大的压力而硬着头皮做下去。中学生领导力展示会让我们更加确定青年力量的重要性。大赛各组的志愿者，几日无眠，他们每一年都相聚于此，培养了一批又一批的青年领导者。几年的辛苦劳累，大赛的规模越来越大，更得到中央电视台的支持。这些志愿者们永远是我们的楷模，是我们奋斗的方向。因为他们，我们看到了自己身上无限的可能性；因为他们，我们更加确定，祖国的未来掌握在我们的手中。我们是 future leaders！ Yes，I can!

我们会永远记得，2016 年的盛夏，我们圆梦上海，用欢笑、泪水与汗水，为社会贡献了青年的力量！

2016 年的盛夏，是我们青春里一段最美的时光。

浙江金华第一中学"反对校园暴力"课题小组
2016 年 10 月

> 项 目 名 称：反对校园暴力，我们在行动
> 项目组成员：陈雷远　胡卜滋　包宇琳　朱奕谦　王高远
> 指 导 教 师：郑佳宁　陈凯丽
> 撰 稿 人：陈雷远　胡卜滋　包宇琳　朱奕谦　王高远

在领导力那些日子里

山东省广饶县第一中学

> 2016 年 7 月底，一个骄阳似火、暑热炎炎的盛夏，我们"细雨蒙蒙爱璧还"项目组全体成员来到上海，来到美丽的格致校园，来到中学生领导力大赛会场。经过一轮一轮的展示，凭借着精心制作的 PPT 展演、熟稔流畅的宣讲、精彩绝妙的表演，以及机智灵活的现场应答，我们征服了评委，征服了观众，我们的项目获得了大赛特等奖。辛勤的耕耘终于换来了收获的喜悦，在一片欢声笑语中，我们又不禁想起了为中学生领导力绞尽脑汁、辛劳奔波的那些有苦有乐、悲喜交加的日子，我们特别希望能跟大家分享在中学生领导力所经历过的每天每夜、点点滴滴……

与领导力相伴的日子

当上海展示会如约闭幕，激烈比拼的硝烟消散，我们如释重负。来不及品味胜利的喜悦，稍稍喘息休整片刻，顿时感到我们的肩上又增添了更多更重的责任。是的，领导力带给我们欢愉，引领我们成长，更让我们体会到了那一份高中之前所没有接触过的"社会责任"。

回首一年来的中学生领导力课程，进进出出的同学不少，却大多浅尝辄止，与领导力擦肩而过。而我们因为一份曲折的坚持，便从当初对领导力感到陌生的少年成长为一个热衷于社会公益及领导力的行动者和倡导者。再想到自己曾无数次喊叫"放弃",又无数次重拾项目,继续行动,就会耳热脸红,喜愧交加。如今,我们终于可以毫无遗憾地说:"我坚持下来了!"尽管领导力课程需要我们投入大量的时间和精力,但这并不意味着耽误学习。我们深知自己还不够优秀,所以毅然选择了它——领导力。展示会的最终成果印证了我们的选择是多么明智,是我们更加坚持的意义。

大赛前那一个月,我们顶着压力,没日没夜追赶项目进度,那艰辛和困难不堪回首,却历历在目。领导力大赛定在七月底,而六月底我们还忙于资料的整理、项目提交等事务。又正是期末考试前的敏感时期,项目组的骨干成员只能用自习课的时间,弥补之前资料准备不全、分类不细致的不足。当然,迫于考试的压力,大多数班主任对我们的忙碌也都不置可否。好在经过几天的努力,在截止时间只剩下几十分钟时,我们终于完善了项目材料,达到了大赛要求。所有人都松了一口气。

参与领导力项目,也许让我们在高一时段失去了一些东西,但它教给我们的许许多多、点点滴滴却是在学校和书本上学不到的。倘若不是当初咬紧牙关坚持下来,我们也不会得到与全国各地的中学生在上海"论剑"的大好机会。回想在上海那酷热的六个日日夜夜,我们的确非常辛苦。刚开始,所有人都在忙于第一轮的展示。当我们一大早起床时,却发现有人比我们起得更早,于是所有的怨言烟消云散,我们一心只为项目的完美展示努力付出,

准备比赛的我们

一心与团队共荣辱。也许这就是领导力为团队注入的凝聚力吧！第一轮展示结束，我们以第三名的成绩进入集中展示环节。这时，带队老师指出了我们在台上暴露出的问题："你们太紧张了，好像抢着说完赶紧给下一个。"我们连夜排演、调整，相信自己可以做得更好。所有人心里都有了自己的小算盘：下一次将面临更大的舞台和更多的评委、观众，我们一定要表现得更出色！

当站上集中展示的舞台时，我们其实也已经释然了——我们已经脱颖而出，何必那么紧张？抱着这样的轻松心态，我们终于不负众望，取得了令人骄傲的成绩。当看到获奖证书上面金光闪闪的大字时，我们不由得流下了激动的眼泪。回首往事，即便我们遭遇过许许多多的困难，但坚持的力量让我们最终捧起了耀人的桂冠。寒来暑往，步履不绝。一年来的风雨兼程，我们无怨无悔。上海之行，我们收获良多。偌大的舞台展示，使我们更加自信。我们坚信，有努力就会有收获。

我们是中学生领导力课程的受益者。领导力提升了我们参与、合作、沟通与协调的能力，增添了我们敢于担当、勇于负责的社会责任感。记得有人说过："领导力就是让别人追随你的能力。"参与了这次大会，我们也明白了，其实它的内涵不仅仅是领导别人的能力，更重要的是如何领导好自己。个人素质很重要，团队的力量更不应被忽视。

第七届全国中学生领导力展示大会已落下帷幕，我们在高中阶段的领导力课程也圆满结束。我们希望，在不久的将来，能成为"青励公益"队伍中的一员，继续为中学生领导力贡献力量。我们永远不会忘记 2016 年这个上海的盛夏，我们收获了大赛的荣誉，收获了合作、感动和成长。我们一定会带着这份收获去迎接未来的挑战，伴着领导力走得更远，用行动引领属于自己的青春！

行动，引领未来

在骄阳似火的七月，在英才汇聚的格致校园，我们参加了第七届全国中学生领导力展示会，我们交流着各自的收获，高歌"行动，引领未来"，群情激昂，思绪飞扬。

第一次听说领导力，是在学校的社团里。学长说："你们要为社会做点儿什么，哪怕是些不起眼的小事情，展示你们的风采，展示青年人的力量！"嗯，我究竟能做些什么？又有多大的能力？我开始观察，开始思考……

大雨说来就来，而我们总是猝不及防。同学们在大雨中狂奔，放肆的雨水将浑身衣服浇透，活似"落汤鸡"……树下躲雨的同学，一边拧着衣服上的雨水，一边抽搭鼻涕，瑟瑟发抖……每当看到这一幕幕，我的心里总是涌上一阵愁绪。

突然，一个想法冒出脑海——为什么不设置公共雨伞，让人们在大雨中获得一些遮蔽，获得一点儿温暖？太好了，我们的领导力项目有思路了！

确定好了思路，我们的项目也有了一个动听的名字：细雨蒙蒙爱璧还。这"璧还"典出《左传》，意思是"拿了别人的物品要毫发无损地原物奉还"；而"细雨"则寄托了我们美好的祝福，希望我们的爱能像细雨润物那般沁入人们的心田，让人们在大雨中也能收获一份温暖与感动。一把小小的雨伞，能够让人们路遇大雨，不再慌乱地四处躲避，而是从容地撑起伞，慢慢地前行，甚至充满诗意地徘徊在悠悠长长的雨巷……

正在街头分发调查问卷

　　因为领导力，我看到了一个别样的社会，开启了人生道路上许许多多的"第一次"。第一次走上了街头，发放调查问卷进行采访；第一次踏进了县政府的大门，与身穿制服的工作人员交流；第一次走访大小企业，向经理、老总介绍项目，筹集资金；第一次联系慈善机构，询问建议，获得帮助……

　　我也曾被拒之门外，也曾被辱骂讪笑；我曾因一句"一群学生不好好学习，干这没用的"而伤心流泪，曾为一句"回去等电话吧"而痴守好几天，曾因一句"今天老板不在，你过两天再过来"而奔波好几趟……

　　然而，面对千难万苦，我没有气馁，更没有放弃。我不能辜负同学们的期望、老师的赞扬，更不能辜负自己内心的召唤！我深知，开展这个项目，没有资金，一切都是纸上谈兵！在寻求资金帮助的那几天时间里，我和项目组的同学们顶着烈日，几乎跑遍了开发区所有的企业，我们都没有叫苦喊累，而是互相鼓励，互相加油，彼此感受着来自团队的力量和温暖。功夫不负有心人，在与宇通公司商谈几次后，我们签署了合作合同，终于获得了第一笔雨伞制作资金。

　　有了资金，我信心倍增，同时也觉得肩膀上更添了一分重担。我深知，我们的项目不仅仅是一群中学生的课外活动，更寄托着社会各界的希望和支持。回想争取资金的种种努力，我十分珍惜这个努力的过程，不管是成功还是失败，我都从中得到了很多，明白了做人做事的道理。领导力项目，让我认识了更真实的社会，体验了合作的力量和快乐。

　　终于，带着一个完成了的项目，我们携手来到了上海。

　　在展示台的聚光灯下，我们与来自全国的中学生代表们一起交流努力的心得，分享收获的喜悦。

　　在分组展示后，我们的项目成功进入了集中展示环节。那一刻，我又是激动，又是紧张。更大的舞台，更多的观众，更多的专家评委，是机遇，更是挑战。展示中，我学会了淡定和从容，一句句清晰地说出自己想说的话；我明白了临阵不乱的道理，面对尖锐的提问，冷静思考，坦然作答；我还学会了保持微笑,哪怕是失误,甚至失败……

一轮的项目展示,我始终是策划者,在组内意气风发。可在二轮项目展示中,我却没了主意,虽然我们团队都倾听每一个成员的意见,尊重每一个同学的想法,可那时的我却没了往日的自信。是因为其他人自信坚定的侃侃而谈?还是因为自己没有适应这个新的环境?我不知道,反正我不敢轻易开口了。

经过反复激烈的思想斗争,我终于对二轮组长说出了自己的想法,没想到竟得到了他的支持,为此他又特意组织了一次组内交流,这让我很感动。这里有肯倾听的人,让我感觉很温暖。这也让我明白要大胆地说出自己的所思所想,尽力为团队做些什么;同时,还要学会聆听,善于听取别人的意见和建议,接受批评。我明白了怎样组织讨论,怎样让同伴倾听认同自己的观点,怎样得到同伴的支持,又该怎样处理想法的碰撞纠纷……

领导力是一个广阔的平台,为我们展示、交流、学习、提高……提供了施展的空间。在上海,我们不仅仅是展示自己,更是学习交流。我结识了来自五湖四海的同学,他们有的精通电脑技术,分分钟制作出精美的海报与视频;有的博识多闻,把你想听的时事热点一一娓娓道来;有的足智多谋,总是提出一个又一个亮点子。从他们身上我看到了自己的不足与差距,看到了行动的力量,看到了青年人澎湃的梦想和光明的未来。

领导力引领我成长;行动,引领未来!

月夜追忆

起初,在我的认知里,领导力指的是一个领导干部所具备的能力。领导力这个字眼是那么高大上,那么可望而不可即。后来,通过中学生领导力课程,我渐渐明白,领导力就在你、我、他中间,就是一种自我管理能力和团队管理能力,包含全面统筹能力、人际交往能力、团队合作能力等全面性的能力。

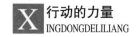

于是，暑往寒来，我沉浸于领导力的魅力中，孜孜以求，乐此不疲。

"路漫漫其修远兮，吾将上下而求索。"用这不朽的名句来形容我们领导力的经历实在是再合适不过了。在这段人生的旅途中，我们边走边思考，边做边探寻。在求索的途中，我们既被荆棘扎伤，又遍览繁花美景；既有心酸苦楚，也有甘饴欢愉。

这个夏天，我们顶着前所未有的酷暑，怀着莫名的兴奋与恐惧，踏上了期待已久的上海之旅。

全体成员合照

魔都的深夜是繁华美丽的，而我却无暇看景。到上海参赛的这几天，虽然每一天的活动都很丰富，也很有意义，但到了夜晚，躺在宿舍溽热的床上，我的心里还是不免想念父母和朋友，想念家乡的微风清凉。尽管与舍友已相处多日，但那种异乡之感也时常让我在深夜感慨万千。

记得那天晚上，照例给父母发完短信，刷了一遍朋友圈，满眼是好友们的笑脸。我忽然感慨，"一直都在忙着项目，都还没和他们聚聚呢！""不知他们有没有也在想我？"思绪万千，不觉已是午夜时分。我躺在床上，透过窗户洒进屋里的月光轻轻地笼罩着我。"举头望明月，低头思故乡。"刹那间，我明白了这千古诗句中所蕴含的深意，产生了难以遏制的共鸣。我打开床头的灯，借着淡淡的微光下了床，想看看窗外的夜景。不料，走廊里传来一阵脚步声。我赶快回到床上，装出一副熟睡之态。

脚步声近了，我努力保持平稳的呼吸，眼睛张开小小的缝隙，原来是"翔姐"！他轻轻地走到床前，没有发现我是装睡。他给我关上灯，又轻轻给我盖上被子，我的心里突然一阵暖，先前的孤独感一扫而光，这里的他们都对我关照有加。那一刻，我多想从床上跳起来，给他一个大大的拥抱！

但是没有，我带着微笑睡着了。那晚，我睡得很踏实、很舒服！

睡梦中，脑海里满是一幕又一幕领导力的过往场景。

一年多来，在这条悠悠曲曲的道路上，我们跋山涉水，不知走过了多少弯路，遭受了多少失败。然而，这些弯路和失败不都是宝贵的人生经历吗？无论如何，我要感谢失败。不知经过了多少次失败，才换来了今日的成功，不知多少次被玫瑰的刺扎伤了手，耳边总有声音对我说："放弃吧，你做不到的，你注定失败！"而我对自己说："再坚持一下，相信梦想，成功就在前方！"就这样，多了一份坚持的我，成功了，我为今天的我而骄傲。感谢经历，感谢这一路上的苦乐百味，感谢同伴们的坚持和努力，成就了今天的我满载硕果归来，收获成长，收获友情。感谢机会，让我可以自己待在一座陌生的城市生活，在每个华灯初上的街头，自己品尝苦与甜，自己扛过一切，终于可以一个人，不再躺在父母的摇篮里。感谢遇见，为了这难得的缘分，不知上天安排了多久，让我在茫茫人海中遇见你们，让你们给我带来一点一滴的温暖，看照片上的你欢笑的容颜，不知多久才会会面，你们见过我的失落，见过我的彷徨，见过我的哭泣，见过我的欢笑，你们是我世界里璀璨的群星。多少年后，我仍会记得你们，是你们将我的成长道路点缀得芳香弥漫。

那份真情让我感动，那份甜蜜涌上心头，从你们关怀我的一点一滴，从你们陪我度过这时光起，你们已停留在我的心头，这条路上只有"单程车"，

感谢经历，感谢遇见，感谢这一切的一切，让我成长，成就了今日的我，遇见了将来的我。

风雨里行走的我们

烈日炎炎，我们相聚在上海。欢声笑语一路伴随着我们，偶尔也有些小插曲，但终究是一篇优美动听的乐章。

赛前，我们一行人为"细雨蒙蒙爱璧还"项目四处奔波，寻找企业赞助。太阳当空，熙熙攘攘的车辆急速驶过，一点儿也不愿意接受太阳的炙烤。大地发着高烧，烧得我们每个人头上落下一滴滴晶莹的汗珠。我们时不时擦着汗水，但心中没有一点儿怨言，因为我们心中知道，不付出就没有收获。我们一次次地向企业相关人员介绍项目，一次次地被拒绝，一次次地失望，又一次次地重整旗鼓……经历了多次挫折后，仿佛是一种力量为我们指引方向，我们才制定了新的方案，完成了项目。不经历风雨，怎么见彩虹，不经历挫折，汲取教训，怎么成功！困难再大，挫折再多，唠叨再盛，也抵不过年少轻狂。你迎面堵上一堵墙，拐道弯前面就有路；你不经意间碰到一道坎，勇敢地跨过去，未来的道路一定更宽阔！

上海，我们来了！领导力，我们来了！

带着满腔欣喜与激动，我们到达了格致中学。全国各地的学生聚集在这里，校园里格外热闹。陌生的面孔走到我身边，跟我打招呼："你是谁谁谁吗？我见过你的照片，我们是同一组的……"我被她的热情感染了，一起随她寻找同组伙伴，大家似乎认识了很长时间，一见面就聊得不亦乐乎，爽朗的笑声传遍校园。

我们项目组约定好早早起来排练，为今天的比赛做好充分的准备。清晨5：30，我们来到了宿舍楼下，太阳已经起床，为大地洒下光芒。早已将稿子烂熟于心的我们一遍又一遍地排练，希望将最好的风貌展现给大家。都说"早起的鸟儿有虫吃"，果然，早起的我们取得了优异的成绩，我们流下的泪水换来了大家的认可。

第一轮结束后，我们又投入到了第二轮的微型项目中，与刚结交的新朋友共同生活，小组内分工明确，讨论题目啊，制作 PPT 啊，一切都井然有序按计划进行，仿佛一切是那么的顺利，但暴风雨的突袭，让我们不知所措，就在比赛前一晚，我们吵架了，为了一个微不足道的问题。每个人争着发表，争着反驳，争吵声响炸天。时间一分一秒地过去，我们还没有写手稿，棒棒姐姐及时制止我们，她的一番和风细雨，让我们重新回到和谐的状态，似乎刚刚什么都没有发生，大家又都埋头苦干自己的任务了。终于，我们完成了任务。心中深有感悟：团队的力量是多么伟大，效率极高！

与大家相处了六天，仿佛已经融合在一起，临走前的那天晚上，我们用荧光棒在桥上摆了一个心形，在黑夜中闪闪发亮，那么绚烂夺目。我们十一

格致花絮

个人围成一个圈坐下，皎洁的月光洒在身上，伴随着微风回忆起那一起拼搏、激烈讨论的日子，不禁流出了眼泪。虽然只有短短的几天，但我们已经成为一个小家庭，可谓是感情比墙厚。晚休前，我们手拉手异口同声地喊："人散，心不散！"

或许我们"转瞬即天涯"，下次相聚遥遥无期，但这些发生的事，却会永远刻在我心里，不会被时间冲走。相反，我们的感情会同时间的沉淀，变得越发浓厚。靠得住的友谊，是今生最温暖的外套。我想就算今后我身处寒冬腊月，只要想起他们，心里也会暖融融的吧。

领导力之行，满载而归，友谊、知识……收入囊中。舞台上演讲的画面，不时让心头甜滋滋的。聆听微风，絮絮低语，记忆犹新的他们，时常在眼前浮现，我们是领导力之行中轻舞飞扬的美妙音符。

破茧成蝶

现在的从容证明，最初的选择是对的。回首时方明白，这兴许就是破茧，那么艰难，那么美好。再看一眼台上的我们，落落大方，沉着冷静，这，也许是再好不过的回赠。

生性腼腆而又内向的我，渴望着改变，却迟迟不见机遇。直到领导力出现，如获至宝的我欢欣地接受了这一切。殊不知，一个又一个的挑战正慢慢靠近。

街头采访的那次，让我初尝那五味杂陈。好不容易鼓起勇气，红着脸走上前。"阿姨您好，我们是广……"

"没空，没空！"

出师不利深深打击了我那颗原本脆弱的心，本能地想要流泪，却咬住嘴唇，就是要锻炼自己，哪能轻言放弃。揉揉有些僵硬的脸颊，重新带着微笑，迎接下一个路人。经历了一次次的不顺，也有了经验。有时，勇气与经验技巧的结合，就能创造出令人赞叹的结果。在可以淡定地应对一个又一个的问题时，会惊讶于自己的进步，心里偷偷地欢喜。众所周知"熟能生巧"，却不知"熟"的境界是那样的辛酸。遭过冷眼与嘲笑、路人的指指点点，换作之前的那个自己，也许早就受不了了，初尝了成长迈出的第一步，到现在能够自然大方地与陌生人交谈。在别人眼中，这很简单，没什么大不了，而对于我，这就是向前迈了一步，事虽艰难，乐在其中。

青岛体验营的经历是我记忆最深的，也是最能感受到自己卑微而又渺小的。迫切地想要改变自身素质，新面孔虽没有令我不安，但是相比于他们，自己是多么的可笑。当队友在熟练地用英语交谈着，我却尴尬无言；自认为绘画还可以的我，连张海报也画不出来；身为文科生，却交不出一份体面的展示稿。那时懊恼自己，嫌弃自己无用，没有什么可以为团队做的，也哭过，但哭了就去洗把脸，让泪和着水，重新爬起来迈上新的台阶。那之后又面临了新的问题，对于时间的分配，又是一个难题。在不耽误学习的基础上要把这些事都做好很难，但正是那时的忙碌，让现在的自己工作效率提高了。感谢最初那个自己，顶住了那么多的压力，坚持到最后。

从陌生到成为友人，原来只需把心拉近。从微格教室时的紧张，手心渗出了细密的汗珠，一遍又一遍地读着稿子，尽管它早已烂熟于心，到最后台上的从容不迫，是我们铸就的辉煌。

那些天流过泪、流过汗。曾经因为项目主题的确定而争执不休，事先没有联系好厂家而进退两难，我们所经历的，渐渐地磨去了我们的棱角，使原本脆弱的心变得坚强，我们在破茧，我们在羽化成蝶。拥有绚烂彩翅的蝴蝶，总是令人艳羡，而它的前身则是丑陋不堪的毛毛虫。就像过往的我们与如今的对比，过去的腼腆幼稚，现在的大气成熟，这就是成长的力量，我看到了从"零"到"一"的质的飞跃。从小的娇生惯养让那时的自己娇柔脆弱，一有不顺心就自己不高兴，"事事不顺"才体悟到本该"逍遥"，学习老子那样的超然态度，却发现那也不容易。那颗玻璃心缓缓成钢，历经了磨炼，百折不挠。负重前行总是艰难的，何况经历坎坷，遇到挫折。但幸好我们始终向前，一路高歌，战胜艰难险阻，克服种种困难，最后翻过大山的我们，背着行囊，走向远方。

丑陋的毛毛虫，经过了破茧时的疼痛，方能舞动翅膀，就像我们经过这些天的蜕变，方能享受最后成功时的辉煌。

一路有你，真好！

这个夏天，我们满载希望归来。一路上，有过风，有过雨，更有你。我很珍惜这份来之不易的经历，珍惜这风雨同舟的友谊，珍惜这份难忘的回忆。

成员合影

回想这段历程，是我人生中宝贵的财富。回想起赛前在烈日炎炎中我们坐公交车去百里之外拉赞助时，面对部门人员尖锐的质问，面对有关人员的拒绝，让我们手足无措。前行的每一步都浸满了我们苦涩的汗水。记得那也是我第一次发调查问卷，面对路人们一次又一次的拒绝，不仅要回以微笑，还要说声"谢谢"。然而，每当填完一份问卷，心中却是满满的欣慰，对前方又充满了希望，去努力耐心地面对下一位。

这一路上，有苦，有痛，有甜，有乐。还记得有一次我胃疼，那一阵阵的剧痛像是一根针不断地扎着我的肚子，那种撕心裂肺的痛苦可想而知，然而没有想到，这次的胃痛却让我收获了一份份纯真的友谊。那一声声贴心的问候，一杯杯暖暖的热水，如同这冬日的暖阳，温暖着我的内心。我的心被阳光塞得满满的，心中溢出了风与阳光。那声声问候中虽然没有华丽的辞藻，却如同雨中红莲，总会给我意想不到的感动；那一杯杯温水中，虽然尝不出酸甜苦辣，但喝下一口去，腹中荡漾的是比茶更清纯，比酒更浓烈的温暖。时光清浅，岁月静好，有了这群来自全国四面八方朋友的陪伴，让我整个上海之行，不再孤单。

"七月份的上海，正如我们火热的热情，灼人目光"，开幕式上一个教授如是说。伴着炎热的天气，伴着如火如荼的热情，我们踏上了憧憬已久的上海之行。还记得刚到一个陌生的城市，面对一群陌生的人，内心的恐慌；还记得在一个风景如画的校园里居住，我心中的兴奋之情；还记得刚见到新舍友时，内心的欣喜之情。这一切的一切，都是我回忆的沙滩上一颗颗晶莹璀璨的珍珠，绚丽而夺目。

这次上海之行的点点滴滴充满了感动，充满了温暖，充满了惊喜，在这次人生的旅途中，我们哭过，笑过，成功过，失败过，这些都是我们努力的认可，都是我人生的骄傲。

不知道是因为我们年少轻狂，还是不知疲倦，我们总是一路坎坷曲折，却一直走在希望中。我们两耳不闻窗外事地埋头写文稿，细细斟酌每一句话；我们聚精会神地一次次彩排，每一句都是我们千言万语汇聚而成，每一个动作都是一场惊心动魄的演出，我们边走边歌："一路有你，真好！"

匆匆那年

从第一次听到领导力这个名词开始，我就格外地兴奋。刚开始，单纯的我认为领导力仅仅是当个领导而已，但当我加入"细雨蒙蒙爱璧还"项目组并开始做项目的时候，我才知道领导力的内涵是有多么的丰富。

匆匆赶路时却不料一场大雨说来就来，在路上的你该何去何从？

在那天，下午第五节课下课后赶往餐厅的我们不幸遇上了瓢泼大雨，风

刮着雨滴到处乱飞，无情地拍打在我们身上，浸湿了我们的校服和运动鞋。像我们一样有伞的话还好点，起码前面不至于湿透了，可是看到其他同学都没带雨伞，心里面难免会有些感触，便由此萌生了我们的这个想法。

随后，我们几个同学聚在一起制定了策划案，准备开始行动。

我们一起做了调查问卷，包括网上问卷和实地调查。网上问卷相对好完成一些，同学们在空间和朋友圈转发一下就会有很多人来做问卷，再加上家长们的参与，帮我们多多转发，因此网上问卷很快就完成了，真正困难的是实地调查。

走在街上，人与人擦肩接踵，几乎透不过气来，繁忙的街道上分散着我们的成员。

"您好，打扰您几分钟。"

"没空！"

"您好，我是来自广饶一中的学生，我们正在做……"

"我对这些不感兴趣。"

一次次地被拒绝，一次次地被辱骂，我们开始失去信心，开始质疑人们的内心，难道人们就不为自己所在的地方将实行惠民政策而高兴吗？当然，我们也遇到脾气较好的人。

成员正在与政府人员沟通

"您好，我是来自广饶一中'细雨蒙蒙爱璧还'项目组的成员，我们正在做问卷调查，请您帮我们做一份问卷。"

"好的，没问题。"

问卷这一环节也就告一段落，接下来我们走访了有关的政府部门和学校，我们去了乐安大厦、孙子文化园、城管局、实验中学等，都得到了领导们的鼓励，他们希望我们能够成功，还答应找保安帮我们看管雨伞。

我们也对我们的项目进行了大力的宣传。在佳乐步行街等人群密集的地方发放传单，举行大型的横幅签字活动，逛街经过的同学们也来帮助我们做宣传，不到一个小时，我们就将七米长的横幅签完，把打印的彩色倡议书全部发光。

百人签字活动

全体成员参与的公益捐书活动

项目组的成员正在整理学校中设置的爱心雨伞点

正在计划顺利进行的时候，资金问题又使我们一筹莫展。不懂人情世故的我们来到了开发区寻求企业的赞助，虽然在开发区待了一上午，但是屡次被拒绝，毫无头绪的我们像一群无头苍蝇，没有资金支撑的项目难以继续进行下去。

我们最终选择了寻求教育方面的支持，他们为我们提供了太阳棚、桌子和奖品，支持我们的公益捐书活动。还有，我们与宇通和阿瓦山寨经过商量也得到了他们的赞助。宇通公司同意赞助我们 300 把雨伞。

孙子文化园愿为我们提供三个爱心柜，并将于 6 月 30 日运到广饶一中进行试点，反响良好。说来也是巧合，那天正巧下雨，下课后有很多同学来借伞，也及时归还。

初到上海，我对未来的几天充满着无限憧憬。或许，我会变得更强，抑或是变得更理性。

人海中攒动的那一缕红色，是志愿者的颜色，他们在迎接着我们的到来。正如那火红的衣服，此刻我们的心情也是汹涌澎湃。

最振奋人心的是最后的闭幕晚会。志愿者们根据格致中学的起床铃声改编的舞蹈虽不算完美，但也展示出了年轻人的朝气蓬勃。遗憾的是由于时间关系，还有很多节目没有表演。最后一晚了，我们来到了操场，那天正巧是陈奕迅的生日，大家一起唱了《十年》，忧伤的曲调，感伤的我们，离别的气息愈发浓烈……

快乐的时光总是短暂，不知不觉离别的时刻就到来了。大家都在互道珍重。临行时，我不舍地回头望了一眼待了七天的格致中学，那一抹红色像是初见时一样突然闯入了我的眼帘，那些志愿者们脸上依旧带着微笑，站在那里朝我们挥手，只是这次却成了告别。回忆这七天的种种，那抹红色充斥了每一张画面，如果不是他们的热情招待，尽职工作，我们也不会过得如此快乐。想到要就此别过了，我鼻子不禁发酸，看了看其他人，脸上表情也是十分凝重，此时我们的心情是一样的留恋与不舍。

既然时光留不住，便只能期盼下次相遇，那时我们会是怎样的模样呢？也许会褪去青涩，也许依旧是稚嫩，但我们都会变得更好；也许我们的容貌、声音会发生变化，但我们相信这些天相处积累的情谊会因时间的沉淀变得浓厚。青山不改，绿水长流，五组的朋友们，期待几年后我们以志愿者的身份再聚！

项　目　名　称：细雨蒙蒙爱璧还
项目组成员：李梦翔　张嘉倩　孙嘉诚　巩佳琦　王瑞新　曹文玲
　　　　　　　齐梦凡　庞凯迪　李泽岩　刘晓晨
指导教师：程英姿　张芳瑞　张新玲　燕东君
撰　稿　人：李梦翔　张嘉倩　孙嘉诚　巩佳琦　王瑞新　曹文玲
　　　　　　齐梦凡　庞凯迪　刘晓晨

书山有路，志存高远

新疆农业大学附属中学

2016 年元旦后不久，新疆农业大学附属中学"书山有路"项目组正式集结，我们八名成员来自高一年级不同的班级，为了一个共同的目标走到一起，那就是世界图书与版权日系列活动。

这个项目缘起于什么呢？我们通过资料搜集发现，我们邻近的两个国家，每年人均读书量：韩国 11 本，日本 40 本，世界上每年人均读书最多的以色列则是 64 本，而中国每年人均读书只有 4.5 本。就此现状，我们确定这次的主题为"世界图书与版权日"，通过一系列活动的开展，让我们身边的人与书本更近，更热爱读书，更注重版权。

项目小组的名称，来自韩愈先生的名言："书山有路勤为径，学海无涯苦作舟。"取这个名称一是为了突出我们的主题——阅读；二是为了激励我们勤奋地做好各项活动。从皑皑白雪的寒冬，到烈日炎炎的盛夏，这半年来，我们克服种种困难策划完成了 11 项活动，从中我们也得到了许多收获。

策划了一整个寒假，持续了一整个学期，我们的项目是如何一步步展开的呢？让我们一一道来。

"书山有路"项目组师生合影

分量十足的问卷

2016 年 3 月我们项目小组成员合力在问卷星网站完成了相关调查问卷的制作，然后进行了问卷的发布。问卷共计 19 题，调查对象主要是我校学生、教师及学生家长，最终我们收集的样本总数为 605 份。针对问卷调查的数据我们分工进行了分析，得到如下结论：

有 86.28％的人对于世界图书与版权日都不太了解，这也是我们进行这个项目的直接原因，人们喜好读书，却不知道图书日是在哪天，所以对世界图书日进行宣传是十分必要的。

年均读书量情况是，40.49％的调查对象一年读书量不及五本，41.32％的调查对象读十本左右，只有 15.7％的调查对象能读几十本，拥有每年上百本阅读量的调查对象屈指可数。与那些发达国家相比，我们身边的人年均阅读量显得很少。

在对读书的态度问题上，大多数调查对象比较喜欢读书，这是一个非常好的趋势，不论是同学还是老师和家长，都不排斥阅读，其中还有相当一部分非常喜欢阅读，说明我们身边的人对于阅读这件事情的概念越来越清晰，并开始享受阅读所带来的乐趣。

在调查对象看书的喜好方面，有相当一部分人喜欢阅读小说，其次是报刊和文学名著，以及历史传记，鉴于调查的人群大多数为高中生和教师、家长，哲学宗教以及漫画类就不那么受欢迎了，第一是不同年龄段有不同的阅读选择，也有各自的爱好，第二是对于非专业人士来讲，有些书比较难懂，不容易阅读。

读书时间上，每天阅读半个小时的调查对象最多，还有相当一部分调查对象没有时间去阅读。其中，有接近 60% 的调查对象对自己每日的阅读时间表示不满意，仅有不到 10% 的人对自己的读书时间满意。

对于我国国民图书阅读率最近 10 年呈持续走低态势的现象，大多数调查对象认为，国民图书阅读率最近十年呈持续性走低态势是十分值得重视的，是因为知识不断在更新，时代不断在变化，越来越多的人用知识武装自己；有一小部分调查对象认为，这是可以理解的，对于学生来讲，他们繁忙的学业大大压缩了阅读的时间，对于工作人群来讲，每天的劳累也使得他们无法保持长期阅读的习惯。

关于阅读是否有价值和读书的目的方面，80% 以上的调查对象认为读书是为了丰富知识，提升修养，少部分认为它是用来放松心情，消磨时间或者考试。其实读书应该是生活的一部分，也是自己的一部分，它会让一个人受益终生，也会改变一个人的一生。

获得书籍的主要来源是，自己去书店买书的调查对象占 50% 以上，20% 以上的调查对象会去图书馆借阅，这说明人们相对崇尚正版，同时这也能遏制盗版的滋生，有利于维护作者的权益。不过，也有少部分人借助网络阅读。

如果遇到盗版书，只有 13.55% 的调查对象会去举报投诉反馈，其实我们宣传图书日的另一个目的，就是为了宣传维护正版，打击盗版。也要告诉人们，在遇到盗版图书的时候一定要维护作者的合法权益，这样我们才是真正的尊重原著，尊重了每一个故事。

在微信、QQ 空间等转载一些文章段落时，50% 以上的调查对象会注意作者的姓名。维护每一个作者的合法权益才能体现人们对于知识的尊重。

通过这一问卷调查，我们了解了身边不同人群的读书情况，同时也掌握了大家对"世界图书与版权日"的了解程度，通过数据看，开展这样的活动是很有必要的。在调查的同时，实际上已经拉开了我们项目的序幕，"世界图书与版权日"也得到了初步的宣传。

书山有路的倡议

迎着 4 月的第一缕阳光，读书月到来了。我们"书山有路"小组也在周一升旗仪式上发出了倡议，倡议大家了解并参与到书香活动中，宣传 4 月 23 日"世界读书与版权日"，号召大家多在图书馆借阅自己喜欢的图书，坚持每天抽出时间来读课外书，养成良好的读书习惯，在读书中发现自我，在读书中陶冶情操，在读书中感受世界。我们的倡议如下：

尊敬的老师，亲爱的同学们：

大家好，我们是农大附中"书山有路"项目小组的成员。今天，我们想同大家分享一些关于读书的活动。

众所周知，书籍，是人类宝贵的精神财富，是经验教训的结晶，是走向未来的基石；读书，是人们重要的学习方式，是人生奋斗的航灯，是文化传承的通道，是人类进步的阶梯。

中国人人均每年读书 4.5 本，每天读书不超过 15 分钟，而韩国人均每年读 11 本，日本人均每年读 40 本，俄罗斯每年人均读书则达到 54 本，以色列人均每年读书最多，达到 64 本。

从这个数据上来看，中国人读书的确是非常非常少的。所以我们现在开展了一系列的读书活动，想通过这些活动激发学生的读书热情，使学生养成爱读书、好读书、读好书的习惯。丰富学生的课外阅读量，培养学生课外阅读的能力，大力促进学生知识的更新、思维的活跃、综合素质的提高。通过读书活动，在校园内形成热爱读书的良好风气，不断提升我校的办学品位。并且开展读书之星等评比活动，用阅读引领学生成长，让阅读为我校学生打造亮丽的精神底色，用洋溢的书香感染今天和明天的莘莘学子。

所以我们发出倡议：

第一，营造班级书香环境。希望每个班级都能开展"献两本看百本"的活动，使各班级图书架都有一定数量的书籍可供学生阅读。

第二，进行班级图书推荐活动，在班级文化展板上张贴阅读书目推荐表，帮助同学们多读书，读好书。

第三，争当班级图书馆管理员，帮助发放书目，登记、归还等服务工作，并负责保护图书，不弄丢或损坏。

第四，多参加学校举行的有关图书的活动，包括书法比赛、手抄报比赛。

第五，通过出黑板报鼓励学生多读书，读好书。

第六，观看经典名著电影，如《城南旧事》《骆驼祥子》《钢铁是怎样炼成的》《巴黎圣母院》等。

第七，续写经典，参与读书笔记征文，读名著，写感想，书写青春印记。

第八，朗诵青春之诗，组织班级青春诗会。

第九，按照中学生推荐书目进行阅读，与书本为友，与大师们对话。

第十，多去学校图书馆借阅书籍，增加自己的阅读量。

这个短短的倡议，我们全组成员先后商讨了很久，期间也产生了分歧意见。不过，最终我们认为，每一个活动，只要我们用心，就能感染别人。

书汁书味的班会

当读书活动走进各班，各班都开展起"一展读书风采"的班会活动。

我们在校内倡议各班组织班会的目的是：通过简单而又有效的班会，利用 40 分钟时间让大家畅聊读书之乐，畅谈读书趣事，畅想读书的真谛，分享读书的感悟。让书香在你我他之间传递，洒满整个校园！

初一、初二、高一、高二四个年级的班级基本都响应了我们的倡议，很多班会都是同学们自发组织的，他们精心自制 PPT，介绍自己喜欢的作者并推荐图书。

我们观摩了部分班级的班会活动，有的同学说，读书改变了我的人生价值观，读书让人生变得充实；有的同学说，书总让人受益匪浅，是开启人们智慧的大门；有的同学说，读书能修身养性，体现个人魅力所在；有的同学说，读书就是帮你融入社会，了解更多你不知道的东西。我们还发现有些学生喜欢通读史学经典，纵观古今，这令我们无比欣慰！

我们突然觉得很有成就感，活动的大门就此打开了！当然我们也在反思，我们为谁读书？我们该如何读书？我们要怎么利用读书所学的知识？我们应该用自己的写作去品味并歌颂读书对我们人生的重要意义和影响。

"书汁书味"的班会，大家不仅对别人读的书有所了解，增长了知识，同时也对读书有了更深刻的理解和认识。"路漫漫其修远兮，吾将上下而求索。"

集思广益的书单

读书当读好书，为了让各年龄段的人都有好书阅读，我们项目组在我校采集信息，制作了书单。

首先，我们把采集信息的对象确定为初一、初二、高一、高二学生及老师和家长。

其次，我们采用的信息收集方式有：录制视频，面对面采访，下发问卷。

再次，我们利用课余时间，去办公室采访老师，到各年级各班采访调查，并归纳整理，总结出推荐书目，大致可分为青春文学、历史学、现代小说、西方名著几个方面，同时最受欢迎的作家有鲁迅、海明威等。

最后，经过全体成员的努力，利用了 3 月份的时间，我们在 4 月初搜集到推荐书籍 61 本，然后我们分工录入，制作公告在各班张贴，公告包括推荐书籍的作者、推荐理由。但是，有两本书是否该被推荐出现了一些争议，部分老师和同学认为其是否有利于中学生阅读有待讨论，再三衡量后，我们确定推荐书籍 59 本。这一个小小的过失也告诉我们，以后一定要细心谨慎，因为真的有很多老师和同学在关注我们！

书香四溢的板报

读书日宣传活动如火如荼地开展着，以班级为代表的板报评比也拉开了华丽的序幕，让我们一睹佳作风采吧！（见第 216—219 页的板报 1 至板报 11）

在此之前，我们没有想到这么多班级响应我们倡议的板报评比，更没有想到的是，板报的成品这么好看！听到身边的同学说每当走进教室，看到这样美好的画面，确实仿佛闻到了书香时，我们觉得我们付出的努力值了！

板报 1

板报 2

板报 3

板报 4

板报 5

板报 6

板报 7

板报 8

板报 9

板报 10

板报 11

图书管理员的培训

为了更好地管理书籍，为了更好地提高图书管理员的能力，我们组织了各班的图书管理员进行集体培训，校图书室的老师精心地给同学们传授了许多图书管理的经验。

我们的培训包括三个方面：第一，明确图书管理员的职责，这一方面非常重要，如果没有一个细致耐心的图书管理员，书籍很容易丢失和破损；第二，如何进行图书的管理及图书的分类与编码，这一方面很有挑战性，需要图书管理员用心再用心；第三，各个班级应确立制度体系，并需要长期有效地坚持，这很需要毅力。

最后，我们还制作了管理图书的表格样式：

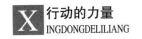
借阅时间	图书名称及编号	图书价格	归还时间	完好情况	借阅人签字

　　整个培训中，我们也收获了很多，从前期的联系老师、准备工作，到进行培训的资料发放、邀请各班同学参加，再到最后的了解培训反馈，我们更加明白了分工明确是非常重要的。

捐一读百的图书角

　　自我们的项目开展以来，各项活动都受到了同学们和老师们的欢迎和支持，作为项目重要内容之一的图书角活动也开展得非常顺利。

　　我们又开始着手邀请全校师生共同参与了"捐一本读百本"的图书角创建活动。各班同学、老师都踊跃捐书，以每人捐一到两本图书的形式很快使图书角"繁华"起来。

　　学校为此还为各班配备了一个木质书架，让学生们在更好的环境和条件下享受读书带来的乐趣。除此之外，学校的图书室还特地为年级各班提供流动书籍和报刊，每月由各班图书管理员到图书室更换。如今，每个班的图书角越来越丰富多彩，同学们读书的热情不断衬托出它的美好与价值。

图书角 1

图书角 2

图书角 3

通过举办的几个活动，我们发现了团队中合作的重要性，所以特别希望别人也会合作，合作的第一步就是分享，因为分享更能让人感受到读书的乐趣。

精心设计的推广

前期的活动已经为我们的项目夯实了基础。2016 年 4 月 23 日当天，我们项目小组在微信朋友圈里精心设计了关于世界图书日的微信链接接力棒活动，至今一共有 3000 多名网友进行了转载接力及详细的阅读。

推广 1

推广 2

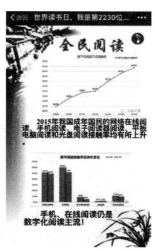
推广 3

推广 4

推广 5

推广 6

　　我们想通过接力方式向社会不同的人群推广全民读书活动，让读书走向社会的每个角落，让读书成为一种风气。

　　此链接先向网友介绍了读书日的来历和中国人的全民阅读情况，然后号召大家把每天都当作世界读书日，全民阅读，书香中国，使中国早日出现世界读书之都！

许多网友看后感触很深，有些网友感慨了读书的好处，有些网友后悔没有坚持读书，字里行间充满着对书籍和知识的真情实意。我们节选的精彩留言：

留言 1

留言 2

留言 3

　　希望读书充实每个人，希望有更多的人关注这个活动，让读书之声遍布中华，让中华大地书香芬芳！

量身定制的好书推荐

好书推荐 1

　　"世界图书与版权日"当天，我们项目组开展了"图书进校园"活动，我们提前联系好了乌鲁木齐的新华书店，让他们的工作人员把适合中学生阅读的最新、最畅销的图书带入校园，让同学们可以与好书面对面，体会阅读的乐趣，如果喜欢的话还可以现场购

好书推荐 2

好书推荐 3

买。在烈日炎炎的操场上，现场工作人员的汗水很快就湿透了衣衫，我们也体会到了做任何事都不是表面上看到的那么简单，要付出很多汗水和努力，但一看到同学们脸上洋溢的求知的欲望，我们顿时觉得我们付出的所有心血都是值得的，都是有意义的。

低头是厚重的图书，抬头是胸怀天下的抱负，炎炎烈日并没有影响同学们对图书的喜爱，都沉浸在读书的喜悦里，将自己真正融入这次活动中。同学们仔细挑选自己心爱的图书，以便在紧张的学习之余走进图书，走进作者，收获知识，感悟人生，让身心愉悦，让自身充实。

同学们选得那么认真，大家很珍惜每一次与图书近距离接触的机会，选择一本好书，读出一种态度。我们还在现场制作了展板，让同学们留下感受，写下自己喜欢的书籍。

同学们购完书后写下自己对图书、对读书、对此次活动的感想，一千个同学心中有一千种不同的感受，写下自己的感想，是对自己心中喜爱的图书的赞美，也是对这项活动的支持。

购书与读书的队伍如同长龙在校园里蜿蜒着，每一个经过此地的同学都会停下来驻足翻看，感受图书的魅力。展板上留下了每位同学读书的感想和自己推荐的图书，大家都在努力地让阅读成为生活中不可缺失的活动，让书香洒满校园。

通过图书的售卖与推荐，同学们对此次活动有所了解，为了让更多的同学参与进来，下午的课间我们又走进各班收集了同学们对图书、对读书的看法，贴满展板，放飞理想。同学们争先恐后地写下自己对读书日的感受，这是发自心底对图书的热爱，每一张小小的便签记载了同学们参与活动的感受。

好书推荐 4

"图书进校园"得到了广大同学的热烈欢迎，本次活动也为各位同学们搭建了良好的与图书交流的平台，当天图书总销售额达到了1763.9元。活动得以成功举办，离不开每一个人所付出的汗水和努力，我们通过自己的付出，通过团

好书推荐 5

队的合作，成功举办了一次精彩的活动，或许这才是我们在这次活动中收获的最珍贵的东西！

读书心得的征文

4月结束5月到来，我们的活动仍在继续进行。我们联合校德育处在初一、高一年级组织了读书心得征文比赛，收到了100多份与读书有关的征文，评选出一、二、三等奖，共计40篇。

此次比赛中，每位同学都尽全力为书香满校园添砖加瓦，自己书写出与书本之间的故事。

好书推荐 6

　　初一的某位同学多次阅读《西游记》后，视角独特地把父母比作孙悟空，他写道：他们就是我们的父母，他们本领高强，爸爸是一个家的脊梁，一边陪家人在一起，一边又要为家庭奔波、工作。妈妈一边要相夫教子，一边要打理家务。他们都是恨自己没有分身术。他们都有侠肝义胆，在我们遇到困难的时候，他们低调登场，为我们遮风挡雨，披荆斩棘，努力去营造一个美好的环境供我们学习成长。当我们询问他们身上的伤痕时，他们只是稍稍地露出一点儿伴着沉默的微笑。他们都朴实忠厚，当他们在辛苦地打理家务时，我们也许躺在沙发上看电视，也许与朋友在一起玩。当他们为你做了一顿丰盛的晚餐时，你与朋友聚会抹消了一切，但他们没有生气，反而祝福你们玩得开心。当我们意志消沉时，他们使我们找回了自己。当我们成功时，他们的笑容比任何人都灿烂，是因为他们为之付出的"汗与泪"比谁都多。他们用生命换来的是他们很可能看不见的未来的辉煌。但他们愿意，因为他们是父母。

高一的一位同学思考着海明威为什么没有让老人最终胜利。用小说中老人的话来说，"一个人并不是生来就要被打败的""人尽可以被毁灭，但却不能被打败"，这就是《老人与海》想揭示的哲理。不可否认，只要是人就都会有缺陷。当一个人承认了这个缺陷并努力去战胜它而不是去屈从它的时候，无论最后是捕到一条完整的马林鱼还是一副空骨架，这都已经无所谓了，因为一个人的生命价值已在那追捕马林鱼的过程中充分地体现了。曾经为自己的理想努力追求过、奋斗过，难道他不是一个胜利者吗？老渔夫就是敢于挑战自身缺陷及自己勇气和信心的胜利者。从世俗胜利观的角度看，老渔夫不是最后的胜利者，因为尽管开始他战胜了大马林鱼，但是最终大马林鱼还是让鲨鱼吃了，他只是带着大马林鱼的白骨架子回到了岸上，也就是说，鲨鱼才是胜利者。可是，在理想主义者眼里，老渔夫就是胜利者，因为他始终没有向大海、向大马林鱼，更没有向鲨鱼妥协和投降。就如音乐大师贝多芬所说："我可以被摧毁，但我不能被征服。"

我们号召同学们书写出自己的读书心得，总结出读书带来的收获与一些感触，就是为了让每一个参与进来的人在笔尖流淌出书香的精神，在心中保留读书的感悟。像这样，将书中的精粹放到自己的心中，奔腾在生生不息地流淌着的热血之中。

亲子共读的时光

期末来临之际，我们又联合班主任教师、学生、家长一起合作开展了"亲子共读时光"书香家庭活动。

期末考试复习阶段是书香家庭活动开展深化的好时机，同学们复习期间，家中营造良好的读书氛围，可以为孩子的期末考试助一臂之力，也能为孩子的健康成长和终生发展奠定良好的基础。所以项目小组号召同学们和他们的家长一起拿起书本，放下手机，真正地享受家人之间的交流，让读书充裕我

亲子共读 1

亲子共读 2

们的生活，让读书成为家庭之间的纽带。

许多家长都很配合，取消或减少玩手机和电脑的时间，减少看电视的时间，为孩子营造一个安静、和谐、舒适的学习环境，为孩子们树立一个读书的好榜样。他们和孩子一起读书，在孩子复习时，每天坚持以阅读书籍的方式进行陪伴，选择了一些很有意义的书籍进行阅读，比如《活着》《目送》《亲爱的安德烈》《野火集》等。

当孩子看到他们在专注安静地阅读时，会感受到父母高质量的陪伴与关心，更能营造出一种安宁舒心的复习备考氛围。

活动结束后，很多家长反馈了心得体会。读书给家庭增添了无尽的乐趣，也让亲子之间增进了对彼此的了解，让孩子和家长得到了共同的成长与进步。希望读书与陪伴都能更长久！

热情似火的展示会

当我们项目的所有活动都有序地开展后，各项成果也逐渐丰硕起来。暑假来临，我们最后要做的，就是充分准备，积极备赛，迎接全国展示大赛。

7月的炎热天气，也抵挡不住我们参赛的热情！暑假一开始，我们就利用了一周的时间进行参赛准备，这一周我们科学分工，进行了大量的文字工作，把收到的征文整理录入，把活动的资料详细编排，最后汇成成果集和过程集。同时，我们编辑并练习朗诵我们的展示台词，配套制作focusky展示软件，不断进行彩排。准备工作结束后，比赛时间也已到来，我们带着十足的信心踏上比赛的征程。

7月21日，我们抵达了正值大暑的上海，我们学校两个项目组的10名小伙伴从新疆乌鲁木齐出发，经过40多个小时的长途跋涉，横跨了整个中国，最终抵达上海奉贤中学。7月22日一早，作为首批到达的学校，我们有礼有序地完成了各项报名任务。下午大赛举办了热烈的欢迎仪式，来自全国各地的学生陆续抵达，比赛氛围也开始激烈起来。

7月23日开始了精彩的项目展示，经过半天的时间，我们结束了紧张激烈的第一轮比赛。结果出来后，我们都庆幸这个学期的努力没有白费，我们的项目"世界图书与版权日系列活动"获得全国一等奖。至此，我们项目的展示告一段落，但是，这个项目没有结束，它还会以2.0版本、3.0版本的方式延续下去。

整个展示会的圆满举办，多个精彩讲座的思想洗礼，全体工作人员的共同努力，尤其是那些比我们大不了多少的志愿者哥哥、姐姐的一言一行，都让我们完完全全感受到了这个活动的"热情似火"。第七届全国中学生领导力展示会的主题"行动，引领未来"在这个夏天深深地烙印在我们每一个组员的心中。

组长陈敏同学的心声：比赛结束后，我思考了很多。从小到大，没有一个活动能让我收获如此之多。项目每一个活动的策划、实施和事后的撰写稿件，进行微信平台宣传，很多次我都想放弃了，坚持下来后才发现是如此的珍贵与骄傲！这便是行动的魅力。

负责外联的张韧毅同学的心声：数次在电话中被拒绝，不敢想象电话那头残忍拒绝我的叔叔阿姨当时是怎样的表情。但正是因为这样，在得到支持的时候才倍加感恩。一路走来，尤其是大赛第二轮微项目比赛后，我更坚定地认为：所有的行动，都应该充满感恩，充满阳光，充满积极！

　　负责宣传的李乐莹同学的心声：有人说："现实是此岸，理想是彼岸，中间隔着湍急的河流，行动则是架在川上的桥梁。"我的行动，应该是用"精彩的文字、动人的图片"为人们打造最棒的邮轮，让他们在湍急的河流上也能欣赏两岸的风光。

　　负责摄影的冯嘉妮同学的心声：起初我并不擅长摄影，但是我想挑战自己。我曾经听过一句给青年的忠告："永远做你不敢做的事。"做你没做过的事情叫成长，做你不愿意做的事情叫改变，做你不敢做的事情叫突破。这一次，我成功地挑战了自己。

　　在"书单"活动中深有感触的闫泽轩同学说：修改修改，不断地修改，课间在修改，放学回家后也在修改，周末还在修改……连梦里我都在想着书单。真的有人会看吗？我也偷偷地问过自己。可是真的有很多老师和同学都在讨论，甚至为了两本书还有了争议和辩论，事实上每个班级都张贴了我负责的书单，看得人很多，我要对读者负责，要对项目负责，要对我自己负责。最后，我渐渐明白，修改的不是书单，是我自己，从起初懵懵懂懂的加入，到现在得到组员、同学、老师、父母的不断好评，真的如梦一般，我变得比我想象的更加优秀。我们都把自己修改成了最好的自己！

　　我们正在行动的路上，你呢？愿意加入我们吗？书山有路，志存高远！

附录一：问卷

您好！我们是新疆农业大学附属中学领导力"书山有路"课题小组的学生，目前正在做一个关于"世界读书与版权日"的项目，需要进行调查研究，希望您能配合。完成这个问卷大概需要花费2—3分钟时间，请您结合自身情况来回答所有问题，本问卷不记名，所有题目答案无对错之分，请您放心作答。

1.您的年龄段：

A.小学生　B.初中生　C.高中生　D.大学生　E.已工作　F.已退休

2.您的性别：A.女　　　B.男

3.您知道世界图书与版权日是哪天吗？A.知道　　　B.不知道

4.您一年能读几本书？

A.不到五本　B.十本左右　C.几十本　D.上百本

5.您对读书的态度是？

A.非常喜欢　B.比较喜欢　C.不喜欢　D.很不喜欢　E.说不清楚

6.您平时喜欢看什么类型的图书？（多选题）

A.历史传记　B.自然科学　C.哲学宗教　D.文学名著

E.小说　　　F.报纸杂志　G.漫画　　　H.学习参考书

7.您现在每天平均用于阅读的时间有多少？

A.没有时间　B.15分钟以内　C.30分钟　D.1小时　E.2小时　F.更多

8.您对自己读书的状况是否满意？A.满意　B.比较满意　C.不满意

9.我国国民图书阅读率最近10年呈持续走低态势，您认为这个现象正常吗？

A.正常　B.可以理解　C.不正常　D.应当引起重视

10.如果您觉得现在自己很少读书的话，主要原因是什么？（多选题）

A.书的价格过贵　　　　　B.缺少高质量的图书

C.网络等阅读方式更方便　　D.学习、工作太忙

11.您看图书的主要目的是：

A. 丰富知识　　B. 消磨时间　　C. 放松心情　　D. 提升修养　　E. 考试　　F. 其他

12. 您买书主要受什么影响？

A. 自己的喜好　　　　B. 同学、朋友的介绍　　C. 家长要求 / 孩子的需求

D.（工作单位）或者老师让买的书　　　　E. 书店的销售排行量

F. 书的价格　　　　G. 作者

13. 您现在获得书籍的主要来源是什么？（多选题）

A. 去图书馆借书　　B. 去书店自己花钱购买　　C. 向亲戚朋友和同事借

D. 通过网络购买　　E. 下载　　　　　　F. 在线阅读

G. 用电子书或手机软件阅读

14. 如果遇到盗版书您采取的行动是：

A. 与我无关　　　B. 举报投诉反映　　C. 不买也不举报

D. 买盗版书　　　E. 其他

15. 在您的朋友过生日、升学等值得纪念的时候，您觉得以书籍为礼物送给朋友有意义吗？　A. 有意义　　B. 没有意义

16. 您认为读书对人有多大的作用？

A. 作用极大，影响久远　　B. 作用一般　　C. 没有作用，无效果

17. 您在微信、QQ 空间等转载一些文章段落时是否会注意出处？

A. 每次都有观察和了解　　B. 偶尔会看见作者的姓名　　C. 从来不在乎这个

18. 您觉得留意文章的出处有必要吗？　　A. 有　　B. 没有　　C. 无所谓

19. 为了避免造谣传谣，也为了保护知识产权，以后转发之前您会留意出处吗？　A. 会　　　B. 不会

最后，感谢您抽出宝贵时间参与此次问卷调查，希望您以后多读书、读好书，也请多关注世界读书与版权日及相关活动。

附录二：班级图书管理细则

一、明确图书管理员的职责

1.图书管理员在班主任的帮助和指导下，将图书编号，便于分类、整理和进行借阅记载。

2.负责记录同学们的借阅情况，利用课间整理、管理图书。

3.查看还回的图书是否完好，如有损坏及时记录并向老师汇报，督促损坏图书的同学修补或赔偿。逾期不还者，督促将书收回。

4.做好防盗、防潮、防蛀等保护工作；做好书刊的清点、整理、修补、保管等工作。

5.期末前两周将所有外借的图书收回，清理后归还给图书的主人。

6.协助班主任或图书馆开展各种读书活动。

7.协助班主任借、领分发每学期学习用书及学习用品。

二、如何进行图书的管理及图书的分类与编码

1.编号：编号的基本格式是：类型名称＋图书序号。

2.数量在1到100本之间且同一名称的书无重复，可以直接用标签对书进行编号，同时这100本书的书名便于管理者查找要有一个书目，这样也可加快别人浏览书目的速度。

3.数量在100本以上且同一名称的书有重复，这样一般不对书直接进行编号，举例来说，如果有10本新华字典（如有重复的书，方法也一样），其他书都是1本，那么有重复书的编号一般放在最后，如果前面的书都编号编完了，轮到新华字典是27时，那么这本就编为27-1，下一本新华字典的编号就是27-2……直到27-10,还有一种编号方式就是按照书的主题来进行分类，现在市场上的书，常常可以在它的价格和条码处看到"建议上架"的标志，那可以根据这个标志，先对书本身的种类进行分类，分类后再进行编号，举

例说明，如果是言情小说，就编为第一类，编号为1，第一本历史小说就编为1-1号，第二本历史小说就编为1-2号，可是如果书重复怎么办呢？还是一样，可编为1-1-1，1-1-2，以此类推。这就是常用的编号方法。

4.在编号时，对内容相近的图书应尽量集中编在一起，以方便管理。例如，科技类中，作物种植、栽培等图书的编号应集中在一起，家禽、家畜等养殖类图书的编号应集中在一起。文化类中，小说、散文、诗歌等文学类图书的编号应集中在一起，人物传记、历史故事等历史类图书应集中在一起。

也可以按照图书馆的分类法来进行分类：A.马克思主义、列宁主义、毛泽东思想、邓小平理论　B.哲学　C.社会科学总论　D.政治、法律E.军事　F.经济　G.文化、科学、教育、体育　H.语言、文字　I.文学　J.艺术K.历史、地理　N.自然科学总论　O.数理科学和化学　P.天文学、地球科学　Q.生物科学　R.医药、卫生　S.农业科学　T.工业技术　U.交通运输V.航空、航天　X.环境科学、劳动保护科学（安全科学）　Z.综合性图书

5.图书馆给图书编码的方法是分成四位：第一位，图书购买日期；第二位，该图书的类别编码；第三位，该图书的存放位置；第四位，这类的图书共有几本。

6.登记：图书分类登记本应按图书的六大类型分为几个部分。管理员在填写图书分类登记本时，应将图书按类型分别记录在图书分类登记本的各个部分。登记的图书信息应包括：图书的书名、图书编号、出版社、出版日期、价格和册数。备注栏目可以用来记录图书的损坏或丢失等情况。管理员在准备登记本时，要注意在本上给各类图书登记预留空间，为以后增添的图书预留空间。

注意：标签一般统一贴在书的侧面，用钢笔或者碳素笔（不易擦掉的笔水都行）来写编号，然后用透明胶粘住标签防止借阅者篡改编号。

三、各个班级应确立的制度体系

1. 每位同学每次只允许借一本书，要签好书名、借阅人姓名及借阅状态。

2. 每次借书必须经班级图书管理员允许，并确认签字后方可将书拿走，归还时也必须有图书管理员的签字并注明归还。

3. 借阅图书时，同学们应自觉排队，听从图书管理员的安排。

4. 所借图书一周归还一次，周一统一由图书管理员登记借阅，周五由图书管理员登记归还。

5. 设班级图书管理员 2 名，具体负责图书的管理、借阅等工作。

6. 借阅者应爱护图书，严禁涂画、撕割，如有污损、撕割、涂写或丢失的现象，要赔偿相同版本的图书或按原价 2 倍赔偿。（图书丢失有记录的借书者赔偿，无记录的管理员赔偿）

7. 上课时不允许看书，如有违反者一周之内不准借书。借阅者延期不还，一周之内不准借书。

项 目 名 称：“世界图书与版权日”系列活动

项目组成员：陈　敏　李乐莹　张韧毅　闫泽轩　冯佳妮　朱丽烨
　　　　　　金清远　石博升

指 导 教 师：方　婧　曾海威

撰 　稿 　人：陈　敏　李乐莹　张韧毅　闫泽轩　冯佳妮

母婴助力计划纪实

上海市格致中学

"母婴组"，怎么听都是很有温暖和爱的一个组。的确如此，和另外九位可爱的人儿在一起，还有叶老师、李老师、王老师、沈老师、褚老师等的帮助，我们带着爱和理想，走上全国舞台，也把这种关爱母婴的思想带向全国。

两处房间，一样心思

那是 3 月初的一个下午，春意刚刚到来，但也足以"暖风熏人醉"，使人暖洋洋地提不起精神来。王学之打着哈欠走在走廊上，突然看见自己的历史老师叶开江大步流星地向自己走来："王学之，我跟你说点儿事！"王学之吓了一跳，不知发生了什么事，他只好跟着叶老师风风火火地走进了教室。刚坐定，叶老师就问："有没有兴趣参加中学生领导力大赛？""那是什么？"王学之一头雾水。叶老师大致解释了一番，这是一个权威竞赛，且参与者对社会大有裨益等等。王学之本就是个爱好课外活动、兴趣广泛的人，当下便一口答应下来。

突然上课铃"叮铃铃"响了起来，原来师生俩的这一番交谈，下课的十分钟便过去了。叶老师不便多说，而是拍拍王学之的肩膀："好好干，我看好你！"随后大步流星出门去了……

同样的情形发生了六次。叶老师找到了王学之、吴喆元、丁顿、潘艺帆、陈欣嘉、冯怡琳六人，商议要组队参加这届中学生领导力大赛。前两人是男孩子，答应起来颇为爽快；后四人也巾帼不让须眉，决定参赛。师生七人摩拳擦掌，要尽自己的微薄之力，给社会带来些改变！当然，能有幸再在大赛中拿个奖，就再好不过了。

叶老师召集完组员的三天之后是个周一，七人趁午休时间找了间没人的教室商议选题。在座的都是高二学生，午间难得有空，一见面便是一番热议，叽叽喳喳，非常热闹。王学之率先发言："我以为，我们大可做个节约水的项目。我每日经过人民广场时，都能看见那里的喷头大喷特喷，可是很多喷头旁边有障碍物如树枝、石块之类，大部分水浇灌不到草坪。有时天降暴雨，这喷头也没停止喷水。我们可以从此入手，倡导节水。"叶老师略一沉思，就说："不妥，不妥。我们做社会项目，切入点小，受益面大。你这一件项目，切入点固然是小了，但社会受益面也小。"王学之还欲争辩："我们确实是以此为切入点，然后可以向社会拓展，开展更大范围内的节水项目。"旁边的同学们也一直摇头，认为就像老师所言，这个项目不够好。于是，潘艺帆提出整治违法摊贩、吴喆元提出入城务工人员的安置房项目……王学之都一一做了记录。午休时间很快结束，却仍未得出统一意见；不得已，只好下回再商议。

时针很快又划过四圈，周三到了，七人又到老地方开会。叶老师自信地笑道："端详了上次的意见许久，我算是有个结论了。"他掏出一本小本子，打开说道："潘艺帆提出的整治流动摊贩项目很好。一个，收益面广；二个，就贴近我们身边——校门口的那一条街不就有不少小食摊吗？大家认为怎么样？"陈欣嘉也表示支持："而且，对于解决方案，我们也大可将他们合法化。恰巧我与一位老板相熟，明天我便去问问。"众人一起献计，决定设计、制作类似爱心帮帮车的流动食摊，规范流动商贩。这样一来，食客的安全有了

保障，摊贩们也不必每天提心吊胆躲避执法人员，还有可能为财政创收。就这样，他们规划完了项目安排，决定由王学之担任项目主席，男生们负责采访，女生们调查摊贩数量、设计调查问卷。项目就这样走上正轨啦！

他们不知道的是，此刻，就在他们楼下，高一学生金叶和她的组员们也完成了项目选题与项目设计。她们要做"育婴地图"，旨在帮助哺乳妈妈们找到附近的母婴室。两处不同的房间，都怀着一颗同样的心：帮助他人，帮助自己。

合并，突击

在项目完成规划后的半个多月内，同学们就如火如荼地展开了活动。在马路上的四处闲逛只是表象，其实他们的眼睛都紧紧盯着流动摊贩的踪迹，随时准备对流动摊贩做一采访。然而，采访下来，结果并不理想，很多摊贩对同学们的想法并不感兴趣。不过，也有的摊贩诉苦，表明自己确实是为生活所迫才不得不无证设摊，一味取缔只会伤害自己。女生们也对爱心帮帮车的模式做了深入了解，得知这是由长乐街道率先推出，随后在上海市试点的一套新方法。在经过资质检查之后，人们就可以加盟爱心帮帮车。这样看来，只要能说服所有摊贩接受检查并加盟，项目的难题就迎刃而解啦！

然而事情并没有这么简单。在3月末，学校内的各个项目间做了交流，并向校领导进行了汇报。随后，经校领导研究决定，各个项目间要完成融合与升级。叶老师的项目组在与金叶的项目组合并后，课题目标改为"流动育婴室"。

刚听到这一消息，项目组内简直炸开了锅：既有对过往努力报废的惋惜，又隐隐有些前途未卜的迷茫与理念被否定的愤懑。流动育婴室是个啥？我们真的有办法做好这个完全陌生的领域吗？当然，迷茫又很快被振奋所取代——车到山前必有路，我们怎么可能被这样一个小题目难倒？

两个组碰了面，很快决定了人员的精减——因为参赛队伍的人数有限制。最终，另有历史剧本大赛要事在身的吴喆元和一位高一学生依依不舍地离开了，新的项目组由十人组成：王学之、丁顿、潘艺帆、陈欣嘉、冯怡琳、金叶、王海童、毛奕平、汤世豪、石倩，指导老师依然是叶开江老师，项目主席由王学之担任，项目秘书为冯怡琳，项目监督为陈欣嘉，其他人负责宣传、后勤等任务。

新项目组的首次开会又定在了周一。王学之"抛砖引玉"道："大家认为我们要怎么做这个项目？金叶，你来谈谈前面育婴地图的相关情况呗！"金叶回答说："现在我们调查了不少地方了，发现上海的母婴室很少，基本在一些大商场才有。比如来福士，就有一个。数量少很值得我们重视，也是我们做这个项目的初衷。""而且啊，社会对于母婴室的关注度不高！我们之前做地图的时候，很多人都不知道母婴室这个概念。我们做移动母婴室的时候，也要注重宣传。"毛奕平补充说。"好，那我觉得我们还需要知道母婴室的一般功能和设置情况，以完善我们的设计……"

充分地协商讨论后，目标被确定了：改进公共政策。通过调查社会对于母婴群体的关注度，研究移动母婴室的功能特性，制作一台移动母婴室并在南京路或各大公园里展出使用，发动宣传，最终在全上海推行布置。目标确定后，项目组的成员们又加足了马力，狂奔前进啦！根据分工，潘艺帆完成了网络问卷的设计与调查、丁顿和高一的小伙伴们进行了街头采访并摄影录音，还去了一妇婴保健院采访专业人士，冯怡琳和妇联人士沟通获取建议和资金，王学之和陈欣嘉一头扎进信息的海洋里，查找和母婴室有关的资料，同时他们还在 Fab Lab 实验室（即微观装配实验室）中利用 3D 打印机和激光切割机制作了母婴室的模型。

一个月，成果喜人！网络调查问卷回收了 400 余份，采访的路人也达到了数十位之多，调查走访中发现，母婴室不仅在数量和密度上存在明显缺陷，而且仅有的一些母婴室还面临着使用率低的问题。成本和管理始终是挡在母

婴室普及面前的两座大山。

同时，母婴室及相关资料也找到了不少，马伊俐炮轰国内机场母婴室、香港妈妈们集体哺乳抗议母婴室缺失等热点社会问题给予了我们办好项目的底气和迫切感，一些发达国家的母婴室设计也给予了我们灵感：母婴室应该具有哺乳、换尿布等功能，因此尿布台、温奶器、座椅、垃圾桶等许多设备都是必备的，而发达国家母婴室特有的幼儿娱乐区，因为考虑到它与移动母婴室的移动性与便捷性实在是无法兼顾，只好忍痛放弃了。5 月 7 日，调研组前往上海市第一妇婴保健院等地进行实地采访，护士长和主任医生站在专业人士的角度建议母婴室要以安全、清洁、舒适为宗旨，也提出了在他们眼中比较科学的母婴室构造，为项目组后来的模型建造提供了新思路与建议：

1. 母亲需要有喂奶的区域，如：带靠背的椅子一把；

2. 摆放母亲大包小包等物品的地方，如：面积较大的空间，靠近靠背椅；

3. 清洁用具，如：无菌洗手液，纸巾，用水设施；

4. 隐私方面保障，如：挡帘，门锁，指示灯；

5. 安全方面保护，如：紧急呼叫灯；

6. 通风系统，如：天窗，空调；

7. 附加配件，如：钟表。

经过王学之、陈欣嘉等一个月坚持不懈放学后留在 Fab Lab 设计奋战——偶尔也有其他同学前来"助拳"——母婴室的模型终于新鲜出炉啦！

一切都进行得井井有条，除了一点——经费。小型的模型可以自行制作，但用于使用的流动育婴室的经费该从哪儿来呢？在与各卫浴厂商联系"以广告换赞助"未果、与妇联联系资助未果、与校方申请资金未果后，这个难题给我们的项目蒙上了一层阴影。

屡遇挫折，三次展示

又一次开会了，但是气氛有点儿沉重。

"虽然很不愿意面对这个事实，但是要我们做出决策的时候来了。"王学之的嘴角露出一丝苦笑，"我们的项目已开展近两个月了，但最关键的资金依然无法落实。同时，校方向我们提出了建议，妇联的相关人士也给予了我们类似的建议。具体请陈欣嘉讲讲吧。"陈欣嘉解释道："最近我们又与校方和妇联的相关人士联系过了。对方在看了我们的计划书后，十分赞赏。但是，妇联的财政也无法直接支援我们，要求校方向市政府提出书面申请……""那我们就请校方提申请呗！"组员们七嘴八舌地嚷嚷起来。"但是校方也不同意啊！现在有校领导向我们提出了建议，我们专门做好模型，然后再依托模型进行宣传。也就是说……""我们的项目目标，要改了，而且是大改！我们本来想做实体移动母婴室，现在只能做模型母婴室了。将来，我们就可以借助妇联做的一项活动，来借机宣传我们的理念和项目。""其实这样想想也挺好，毕竟我们还只是高中生，贸然动用大笔资金可能确实是一种浪费。我们也要理解校方的苦衷呀！"

队员们抓紧下课时间讨论项目遇到的问题与解决方案

组员们都隐隐有点儿泄气，但也在心中暗暗憋了一口气："认为高中生不靠谱？我们偏要证明给你看，高中生也有大能量！"

就这样，项目组转移了重心，立刻组建了策划宣传组，从线上线下两个角度开始了宣讲。项目又开始前进了。项目组以"我们的小幸运"为名，设立了微博，进行项目宣传；为了吸引年轻妈妈们，项目组充分利用了新媒体的优势，在微博上获得了过千的访问量，当项目组得知自己的理念获得了大众的认可和支持时，备受鼓

签名布的一面与我们的 logo

舞。低迷的士气再度高涨，于是紧接着筹划起了受众面更广的微信公众号。项目组在公众号上宣讲我们的理念，推送育儿经，发布线下宣讲的活动预告……组员们不过是十七八岁的青葱少年，却为此学习了许多专业知识，也因此深深感到父母对我们的关爱有多深、为人父为人母的责任有多重。

　　同时，也决定从 7 月初起，开展外出宣传活动。为此，项目组定做了签名用的大型油画布、大型展板、展牌、用以招徕关注的抽奖用的小奖品等。这一笔活动经费获得了校方的支持，同时，教导主任杨老师还多次和项目组进行交流，切实了解项目组的活动进程，给予了项目组鼓励。而在一次与妇联人士的交谈中，妇联主任刘老师对项目组循循善诱："你们看看现在所面临的问题，是不是有很多人不理解你们的所作所为？是不是认为移动母婴室是不必要的？我认为，你们所遭受的困难和社会的一种误解有很大关系！很多人忽视了母婴群体的弱势地位。因此，我建议，你们开展项目时，一定要着力扭转这一刻板印象。"刘老师的话无异于一盏明灯。项目组过去的所有挫折，不都是因为弄错方向了吗？举个不太恰当的例子，鲁迅弃医从文，是因为他发现学医只治肉体，不治精神，这对中国毫无裨益；而项目组屡屡碰壁，不也是因为只注重物质上的改善，却忽视了扭转人们过分的"吃苦耐劳"精神了吗？当下，项目组的项目类型便改变为"帮扶弱势群体"。

　　就这样忙碌而充实地度过了一段时日，学习上的一大考验到了——期末

我们利用格致 Fab Lab 实验室制作的
精美母婴室模型，此外还有一个大的模型

考试。紧张刻苦地学习着的 6 月，项目组一时间沉寂了下来，除了偶尔的交流，似乎项目也被遗忘了。可是真是这样吗？如果你在 Fab Lab 看看，就会发现小模型越发精细，越来越多的细节被添加了上去；如果你去看看组员的电脑，就会发现多了许多活动设计的文件；如果你能窥视项目组员的内心，你就会看到那里燃着一团火：渴望成功、渴望改变社会的火焰。

考试结束啦！7 月将到来了，预定好的外出展示活动也将要到来了。首场活动的选址是人民广场，基于它的大客流量和知名度，项目又开始前进了。项目组期望迎来一个"开门红"。为了"合法"地进行宣传活动，项目组来到了南京东路街道文明办，在说明来意后，街道主任表示很感兴趣，并将项目组引荐到南京东路城管大队。之后，项目组马不停蹄地赶去并完成了备案，递交了材料。

6 月 27 日，项目组第一次走上了大街，在人民公园门口，开始了宣传活动。有同学在一个星期之前查了天气，天气预报告知那天有中雨。但因为组员们的空闲时间只有那少数的几天存在着交集，所以就在匆忙和无奈下定了这一天。

那天一早就飘起了小雨，可老天似乎听见了组员们内心深处的祈祷，当项目组到达人民公园的时候，雨意外地停了。在潮湿的空气中布置起场地，把桌椅和奖品从车上搬下，一个个摆放到位，五个人的力量支起了雨棚，用一箱一箱的矿泉水固定住了支撑宣传海报的架子，男生跑回学校拿那个被遗

忘在 Fab Lab 的宣传模型。终于，一切准备就绪。

一切都比预想的要顺利一点点。项目组成功邀请到了第一个人关注我们的公众号，签名板上渐渐出现了一些名字，拍立得相纸上留下了第一组亲子照。更加惊喜的是，石倩、王海童向两位外国友人介绍了我们的项目，并得到了他们的大力支持。

可中午似乎是一个转折点。人民公园的管理者请我们离开，因为南京东路街道未得许可不能占用人民公园门口，这需要向另一部门报备。活动的继续面临着危机。那一瞬间，所有人的脸上挂着勉强的笑容，互相安慰着彼此。嘴上说着"其实仅仅一个上午的成果就已经挺丰厚了"，但谁又甘心止步于此？明明还有好多事情没有完成，还有好多预期没有实现！而雨只顾着越下越大，使租借来的雨棚有了用武之地。

灵机一动的组员们决定把"摊位"平移 30 米，远离人民公园门口。于是一切又慢慢步入正轨啦！越来越多的人开始关注我们，几个同龄人自愿帮

人民公园前宣传时，队员们合影

助我们宣传，第一次活动圆满收官！

　　在人民广场的宣讲让项目组感受到人们对于母婴室还是抱有期望的，然而觉得事不关己，只顾批判或鼓舞而不加思虑其实际的困难在哪里的人比比皆是。于是项目组再一次定下心来，分析母婴室难以推进的原因。为了明确项目组的目标人群，项目组进一步联系了几家早教中心，终于位于市中心的一家早教中心联系了项目组，项目组成功地在早教中心门口举办了第二次线下的宣讲活动。在两次宣传活动圆满完成后，项目组计划在大赛前举办第三

在早教中心活动时，家长们表现出了
极大的热情

次活动。很快，项目组迎来了与妇联的第二次合作。在妇联的牵线下，项目组开始与公益组织"上海俪群会"进行项目理念的宣讲。最终项目组来到外滩悦空间，开展了面向白领们的宣传活动。最终，项目组的活动还吸引来了浦东人民电台 FM106.5 的媒体，为项目组的活动及项目做了宣传。

　　随着第七届领导力大会的结束，我们的项目似乎是应该告一段落了。但事实上，项目组深知这样还远远不够，高三的学生已经没有时间了，但高二的同学还能继续！项目组将会继续致力于母婴助力计划的实施，助力天下母婴！

组员有话说

　　王学之：我们十个人中，有的擅长网购，有的擅长沟通，有的有比较广阔的社交网络、有的掌握很多专业的知识……于是，我们在实施项目的过程中，将项目分割为一个个小块，各司其职，最后汇总。尽管遭遇了诸多挫折，

但正是通力合作为我们取得了阶段性的成果。试想，若无合作，我们组的成果必将要大打折扣了。

在商务楼的白领中心向即将做爸爸妈妈的白领们宣传项目，普及育婴知识，家长们都十分专注

都说团结就是力量，但合作时，有些同学是不是曾觉得自己被别人拖了后腿呢？有的人对别人缺少信任，凡事必定要亲力亲为。其实，个人英雄主义是幼稚的，也是低效的。没有蚂蚁般抱团互助的决心，我们将不能越过火场、渡过湍流。

马克思说，一个人是所有他的社会关系的总和。合作除了增进效率，更能带来愉悦心情。我们在外出宣传时，就一路荡漾着欢声笑语。感谢我的组员们！感谢能遇上你们，谢谢你们。

陈欣嘉 & 冯怡琳：领导力大赛的魅力不在于它可以带给我们多么大的荣誉，而在于它不断促使我们发掘不一样的自己。我们学习有效沟通、社会调研、科技制作……在一次次争执中学习凝聚；在一次次被拒中学习坚持；在一次次挫败后学习反击……我们的成长是看得见的。大千世界，有我们一份！

金叶：分在宣传组里的我，是带着一种"嗯嗯嗯？大家都很厉害我该站在一个什么位置好呢？"的心情加入了十人大家庭。我们项目刚开始的时候是在7楼一个空教室开的会，第一次见到大家还很陌生，学之大佬分配完工作就over了，因为本来中午时间也很短暂。后一次开会的时候我已经"光荣"地坐上轮椅了。再之后因为移动母婴室模型的打印我们移到了Fab Lab。

在宣传组里，我主要的差事是印宣传海报。我找了一家海报公司，分别印制了长条幅的海报和大版面的海报。前者挂于学校底楼，后者在我们第一次活动时使用。联系海报呢，还是有点儿难度，有以下几点需要考虑：①质量。质量当然是重中之重，我们要做宣传，不是只挂一天两天的事，需要防水、耐磨、不易褪色的材质。②价格。虽说可以向学校报销，但我毕竟第一次买海报，并不了解市场上海报的印价，更何况淘宝上有极便宜的，也有贵得上千的。因此，选一合理的价位非常重要。③距离。我们要印大幅海报，属于较大工程，若是离本市市区较远，那么万一印得不满意，要退回或要重印，在时间上的折腾都不少，故宜选一家相距不远、配送较快的店家。

搜寻半天，我选了一家物美价廉而且就在浦东的海报公司。图片的交接一切顺利，快件也完好无损，一切都很完美，而且也没忘记开发票。

其实啊，我是一个有很多毛病的人。在参加展示会前的体验营上，母婴组的其他成员即使与我不在一个随机分的组内，也一直照顾着我，大家互为臂膀。在展示会上台展示时，虽都很紧张但也互相安抚。

有这么一个机会，让我明白了一个项目的全部过程。经历了磕碰和成长，也改变了自己，提升了能力。谢谢这个机会，谢谢大家的指教，也谢谢我自己，摒弃旧我、接受新我。母婴组希望给宝宝们提供一个摇篮，也给了我孕育新生的机会。

"母婴组"，怎么听都是很有温暖和爱的一个组。的确如此，和另外九位可爱的人儿在一起，还有叶老师、李老师、王老师、沈老师、褚老师等的帮助，我们带着爱和理想，走上全国舞台，也把这种关爱母婴的思想带向全国。

"如何遇见你们，与你们共度一段时光，结一段尘缘。"

感谢你们，母婴组的大家，各位给予鼓励的老师，那些支持我们的同学、网友、市民，希望爱，永动不息。

毛奕平：短短 4 个月间，为了母婴助力计划，我们做了一系列大大小小的宣传活动，其中有快乐，也有辛酸。网上问卷调查与微博、微信的点击量、阅读量、完成量少得可怜，一度让我们心急如焚；一次又一次在街头被路人视而不见，这样的挫败感曾让我们心灰意冷；活动宣传不够强劲，致使没有媒体愿意问津。然而，一次次的曙光，又令我们重新振作，决定继续向前。网络点击量和完成量厚积薄发，渐渐变得可观，最终定格在一个可喜的数字

上；签名板在我们不断"厚脸皮"的宣传下，终于变得满满当当，一眼望去，十分的壮观；在我们的努力下，比赛前夕，终于有媒体愿意为我们的活动做宣传，也令我们倍感欣慰……人间自有真情在，这一切的一切，都成为我们继续前进的动力，让我们为了我们的目标继续进发，感受着行动的力量。

潘艺帆：在领导力大赛期间，作为一个后勤保障人员，做的事情比较杂，基本上是机动式的哪里有活干就去帮忙。主要参与的活动大概有这么几项：在模型制作的准备期开会，然后做了一份有针对性的网络问卷，努力动用一切人脉去推广，希望得到更多、更全面的信息。参与了母婴室模型的前期制作，跟技术部的同学还有学校的劳技老师一起，在 Fab lab 里泡着，消耗着放学以后的空闲时间，一起为了共同的目标奋斗，磨合互相之间的想法。在外出宣传期的准备阶段，多次商讨外出宣传的目的、过程、形式、奖品、预算等等，在暑假这种凑齐人员很难的时间段，几次开会的出勤率还是令人满意的。我参与了准备期间外出采购奖品的活动，大热天的在外奔波也是不容易，好在有队员的支持、鼓励与同行。在宣传活动中，负责了拍摄照片，留下影音资料，为日后秘书制作的 PPT 提供材料，另外，抓拍到一些很有趣、很温馨的画面，在活动结束后与队员一起讨论，十分振奋开心。在大赛最后的准备阶段，写了一篇通讯稿，发表在学校公众微信号上，接到这个任务的时候时间十分紧急，于是赶紧梳理资料开始动笔，很赶巧的在 deadline 之前把文章成功发给负责老师，于是公众号也准时更新，队员也都很兴奋，在朋友圈里大肆推广了一波。另外，我们还为外滩居委会的听众讲了一次育婴科普知识，并分发了奖品。发现有了宝宝的家庭大多还是很注意这些相关知识的获取的，提的问题都能回答出来，把奖品送上的时候叔叔阿姨们也蛮开心的，我觉得那次活动还是很成功的。到了最后大赛 PPT 的校稿和审阅期间，我也帮着改了一些文稿，和队员们集思广益，力求我们的发言稿能够简洁明了，表达我们为活动做出的努力和理念。

全国中学生领导力展示会改变了我，让我认识到一个中学生所承担的社会责任，以及我即将步入的成年之后应该有的样子，认真、负责、充满朝气与活力，就是展示会上来自全国志愿者的缩影。在短暂的高中三年里有幸遇到这样一个机会去参与这样一种有别于学科类竞赛的特别的展示会，让我学会了分工与合作，拼搏与收获，是一生都难忘的美好经历。

王海童："感觉你们最近像社区老阿姨。"看到列表小伙伴的这条略带笑点的评论，在"扑哧"一声的同时，我竟然有些满足。突然想到为这个项目付出的点滴，想到了大家在一起倾注心血的那几个月。

那一段日子里，QQ 空间、微信朋友圈和微博被我们的宣传刷屏。创建了微博账号和微信公众号——发送；熬到半夜看见了更新的推文——分享；近期的宣传活动——转发。毫不夸张地讲，在某一个特定的时间段里，社交工具上似乎只留下了我们的踪迹。编辑了一条又一条文字，转发了一次又一次，都是为了能让更多的人关注到我们，关注到我们正在做的事。每每看到同学、亲戚、朋友把我们的哪怕一点点的成果分享给他们身边的人，都会在下面评论中写长篇的感谢，内心的喜悦溢于言表。

十个人，十颗心，一个团队。

石倩：在整个过程中，选购各类物品要一直货比三家，十分累人，但我却感觉很有意义、十分满足；在绘制签名布的时候，我更是对我们学生的身份感到无比的自豪。我要感谢这个社会，我们的项目想要唤醒群众，更多的是依靠群众的力量。两年前我还只是只重分数的初中生，而现在我却能为社会的蜕变出一份微小的力了！感谢大赛为我们提供的平台。

项目名称：母婴助力计划
项目组成员：王学之　丁　頔　潘艺帆　陈欣嘉　冯怡琳　金　叶
　　　　　　王海童　毛奕平　汤世豪　石　倩
指导教师：方　婧　曾海威
撰稿人：陈　敏　李乐莹　张韧毅　闫泽轩　冯佳妮

成长印记

成　长

广州市铁一中学　林子濠

从开始的不会说、不敢说，到如今能说、敢做、能做，这一年与团队风雨同舟，一路走来，我成长了。

或许每个人在第一次听到领导力这三个字的时候都觉得这是一个十分高大上的名词，我也不例外。刚开始的时候，老师向我传达要思考身边有什么需要改进的地方时我觉得莫名其妙，这神奇的课程究竟要让我们干些什么，这和领导力有什么关系。但事实证明，之后的几次会议让我很充分地理解了领导力的真正核心。到现在我终于明白了，在领导力的大家庭里面，更多的是团队凝聚力，是个人贡献力，以及影响他人、引领他人的力量，也是自己想要成长的力量。

我们项目团队一同研究课题的过程，如今想来真的是一个极辛苦也是极开心的过程。有史以来，我第一次走进别的学校与陌生的叔叔、阿姨进行访谈，第一次与市政府、社会机构、教育局等联系，第一次在学校里向陌生的同学进行宣传，第一次拍摄微电影，第一次在校内组织大型活动……在这里，真的发生了好多好多我从未经历过的事情。也是领导力告诉我什么叫作团队，团队的力量有多大。不知道为什么，我们项目团队哪怕再苦、再累、再忙、再有怨气，也依旧凝聚在一起。当然，我也知道后来我们组员减少了又扩大了，争执了也和好了。这一切，都是我们人生路上经历的成长，一种如今回忆起

来都会让我高兴的东西。

下面谈谈这次参加领导力展示会给我的感受。

第一轮的项目展示，我们五个人的表现还可以，在评委及观众的质询环节，很完美地回答了每一个刁钻的问题，或许是因为我们准备的还不是特别充分，开始时 PPT 与演讲配合出现了一些失误，让我们以 2 分之差无缘集中展示。但在集中展示当中，我了解到一种新的展示形式以及展示的软件，也让我明白了，项目展示不仅仅需要告诉评委和观众你为什么做，做了些什么，有什么样的效益，还需要适当地用演示软件或者是一些言语来吸引他们。也让我学习到项目需要细致入微地实施，真正干实事还需要善于利用媒体。

到了微项目的环节，一开始我们微项目小组在选题的时候就发生了较大的争执，我与两位同学意见不合，我们一直争执不下，但为了团队的进程，我最后选择了妥协，但他们确实选择了一个非常大的选题，是政府治理许多年都无法解决的水污染问题，我真的觉得我们对于该问题是有心无力。可能因为这个，我在第二天项目实施过程中带有负面情绪，导致降低了我的工作效率。到了晚上，有一位同学开始做 PPT，我想过去帮忙，但我们意见仍然有许多不合，我便到一旁与组里的一位外国组员聊天。等我们回到宿舍以后，发现无论是 PPT 还是演讲稿都出现了较大的问题，我和小组内另一名同学一起，通宵进行了修改。因为种种原因我们拿了该会场的最后一名，这或许在开始已经注定，到后来推选学生领袖时也因几票之差让我无缘第三轮。但我在这过程中成长了，这就够了。这一次的展示会让我收获了很多。

在本次展示会中让我明白：

1.确立目标，找准定位；在选择课题时，首先要明确我们要干什么，我们能干什么，要注重选题的可操作性，从实际出发，从小事出发，切忌选题大、空、假。

2.行动高效，注重细节；在完成课题的过程中，我们应提高自己的效率，不应该带有个人的负面情绪，以最短的时间完成最多的事。但是，在高效的同时更应注重细节，每一个细节的完善才能保证整个课题的顺利进行，细节决定成败。

3. 学会反思，善于表现；在完成课题后，反思的环节必不可少，反思完成课题时遇到了哪些困难，反思课题完成后仍未解决哪些问题，反思个人的不足与长处。其次，在展示课题时，可采取音频、视频、focusky 与讲解相结合的办法来增强说服力，也可通过新闻采访、话剧、小品等形式来增强表现力。当然，团队的默契也是课题展示成功的关键。

4. 责任；这是贯穿整个大赛的一个词，也让我更加明白，每一个人都应投身社会实践，担当社会责任，就像本次大赛的主题一样，用行动，引领未来。

5. 友谊；友谊的支持无疑是每个人走向成功的精神动力之一，本次大赛让我能够结交这么多来自五湖四海的朋友，我倍感欣慰。

6. 团队；本次大赛本着同校不同组的原则将所有同学分为许多个小组，这使每一位同学都拥有了属于自己的新团队，为每一位同学充分展现自己的能力搭建了一个全新的、良好的平台，但此时团队意识就显得尤为重要，切忌因个人原因而拖慢团队进度。

大赛中，各位志愿者、学长、学姐和专家们给我留下了深刻的印象。真人图书馆中他们向我们分享他们的经历和感触，这让我对未来有了渐渐清晰的目标，我更加认清了自己想要做的事，未来需要怎么去做。他们用自己的经历让我对未来不再迷茫。我曾经只为追求成绩而埋头苦读，很少去在乎自己的梦想。很感谢他们让我开始对今后的道路做出规划，我在这次活动中渐渐成长，一步一步坚定地朝着自己的未来前进。

领导力让我更好地去系统思考问题。领导力是一种影响力，它能让身边的人同心协力地去做一件事，它不是什么头衔，它是一种行动，是一种能感染身边人的行为方式。

万里路胜万卷书

广州市铁一中学　黎焯轩

　　一年了。

　　在经历了迷茫、纠结、失落、痛苦、崩溃、抉择之后，心中的那份执念依旧坚持，让我走到了现在，也走出了一条不同的路。

　　但我的开始与大家是一样的，从对中学生领导力的不了解、不明白，到在一次次的讲座中逐渐明了，在一次次的讨论中逐渐清晰。经过一年的学习后，也对它有所领悟，有了自己小小的心得。

　　还记得我与第一个小组选题时的那个下午，我们一行人在教室里讨论着我们的选题，结果出现的太快，太不纯粹，因为当时我们的组长想尽快地完成讨论，当时小组成员 3 赞成 2 反对 1 弃权的情况下强行举手表决通过，结果导致了小组内的积极性不足，课题开会时经常缺席，内部会议也是。最后把课题也退了，剩下我们三个苦苦支撑。最终我们也受不了了，其他两人也选择了退出课题，而我选择了加入其他小组继续战斗。

　　在面对各个项目的招揽时，我内心是非常纠结的，我查看了他们的可行性报告，了解了他们的计划与进程，以及假设我进去了，我大概会有哪些工作。最后，我选择了"教辅回收与利用"小组。我觉得在其中能发挥出我的价值，能够与大家积极地开展项目的工作，再加上我自己对环保比较有兴趣，所以两方就一拍即合了。

　　然后我们开始了各种各样的活动，比如调查工作的开展，表演宣传剧，准备宣讲会，策划初三中考完后课本教辅的回收等等。我与小组成员一起齐心协力，迈过一个个关卡，也使大家的友谊越发的深厚。

　　之后又因为各种各样的原因，我来到了"创益羊城环保行动"小组，与他们一起准备全国中学生领导力展示大会。当时的我并不愿做一个蛀米虫，并不想给小组拖后腿，于是我在奋力地追赶前辈，在一次次的排练中，通过不断的磨合，让我与学长、学姐们的交流变得流畅；在一次次的修改稿件中，我对项目的了解越来越深入，对大赛也有了更多的了解。在准备的过程中，也收获了与学长、学姐们的友谊。

　　很快就来到了上海，一个热情的城市。在这个火热的城市里待了七天，在城郊的校园里待了七天，如同没有来过上海似的，但我相信这比我在东方明珠、黄浦江等景点学到的东西更多。首先我在这里认识了从天南海北而来的中学生，大家因为缘分而走到了一起。在七天的相处中，从拘束的陌生人到相亲相爱的一家人，这份感情来之不易。在听说了其他小组在微项目的开展过程中，因为相互不服气，导致出现了这样那样的事情时，我也为大家感到庆幸，因为我们相互敬佩，我们通力合作，我们分工明确，我们也明白，工作没有高低贵贱，只有可有可无或不可磨灭，很高兴我们都为这个小组与项目添上了一笔属于我们自己的印记。其次我在这里见识了很多从各地而来的非常棒的项目，尽管我们的项目也很棒，但是，还是有一些展示的技巧我们没有多加注意。最后，我看到了许多走在我们前面活得精彩的哥哥、姐姐们，聆听他们的经历与对事物的看法，这些带给我的收获，都是在书中读不到的；也很感谢学校能够提供给我这么一个机会，让我见识了这个广大的世界。

领导力伴我一路走来

广州市铁一中学　付盛豪

领导力，好一个高大上的词语！这便是领导力给我的最初印象。于是，我带着忐忑与不安，我带着梦想与希望，参加了领导力。

初识领导力

懵懂的我，最初还不知道领导力课程要干什么，甚至对领导力的定义都有点儿模糊。也没有找到领导力课程的乐趣所在，只当是一个高大上的社团，只想玩玩，丰富一下课余生活。因此，当听到要做项目，当听到要用自己的力量改变自己的环境、改变自己的生活时，我是不信的，我是抗拒的。所以，我很不积极，老师催一步我就走一步，只想混过这一年。然而，随着项目的推进，我渐渐改变了想法，渐渐找到了乐趣。

参与领导力

既然有了乐趣，便找到了前进的动力。于是，我和陌生的小伙伴们开始了选题。我们打算从身边做起，组织社区与校园服务，改善当代中学生的文明礼仪。为了项目的顺利实施，我们开展了一系列精彩的活动：国旗下讲话、开创微信公众号、刊登大洋网……这些活动层层深入，富有创意，成效颇丰。这些活动对于我们，既是一种任务，当然也算是一种挑战。在这些活动中，我们从陌生到相识，从相识到信任；从畏手畏脚，到落落大方；从做事拖拖拉拉，到行动迅疾如电；从说话结结巴巴，到谈吐滔滔不绝。我从稚嫩走向成熟！通过我们小组的通力合作，我们的项目逐渐充实完善；通过我们小组的互信互助，我们从平凡走向卓越。于是，我们带着我们的卓越、我们的友谊、我们优秀的项目，自信地来到了领导力展示会。

展示领导力

为了展示我们的风采，为了跟全国各地优秀的师生交流学习，我带着憧憬，来到了大上海，来到了美丽的奉贤中学。一来到这里，我就感觉到了他们的不一样：他们自信，从容，大气，友善；他们勇敢担当让我折服，他们团结互助让我温暖，他们坚定果断让我钦佩；他们的优秀让我平庸，他们的光芒让我暗淡，他们的经验让我稚嫩。这为我们首轮出局埋下了伏笔。

虽然出局，但我带回的不只是悲伤。我又遇见了一群志同道合的朋友，我又遇见了一位细心体贴的教练。我们一起，完美地完成了第二轮的微项目。在我们并肩战斗的这几天里，因为我们要处理早餐的垃圾，所以可能起的有点儿早；因为我们要服务整个大校园，所以可能有点儿疲惫；因为我们是处理垃圾，所以可能显得有点儿窘迫。但是，我们的早起，赢得了大家的赞扬；我们的疲惫，扩大了影响；我们的窘迫，收获了成果。最后，我们组的女生用优美的文笔，写出了精美的文稿；用精湛的技术，制作出了震撼的PPT。最终，我们的付出，换回了最甜的成果——第一名。

来到了第三轮，因为大家的优秀，所以我有点儿不敢报名。但看到我们组员给我的坚毅的眼神，于是我第一个报挑战者，结果还真的被选上了。虽然结果有点儿不尽人意，但是我参与了，我成长了！

回顾领导力

　　回顾领导力，我一路走来，经过一路风雨的洗礼，学会了很多，也成长了很多！一开始我便说过："我带着一颗火热的心来，总得带点儿什么回去。"我想我还是实现了我的诺言。从领导力里，从优秀的组员身上，我学到了胆量，我学会了雄辩，我学会了机智。感谢知书达礼小组，感谢 52 组，感谢领导力，感谢一路有你！

　　领导力，我们一定会再见！

一路陪伴，永不言败

广州市铁一中学　　王维熙

7月22日之前我对领导力大会还没有那么看重，觉得只不过是个比赛，除了比赛就没有其他值得关注的事情了。但是这几天的磨合下来，我发现自己大错特错。领导力大会不只是个比赛，它还让我学到了什么叫真诚待人；什么叫人外有人，天外有天；什么是经历过磨难的友情……

7月22日，我离开父母来到一座陌生的城市，开启了一段与之前不同的旅程。来到上海的第一天，我就被它的酷热吓到了，还好有勤奋的志愿者，把我们及时带进空调房。这是我第一次接触到志愿者，跟随学校团队完成了一系列入会手续后，我就迫不及待地去找我们的教练。与想象中的不同，教练不是一个严肃的代名词，而是一个可爱贴心的大哥哥，他在第一天就带着我们熟悉彼此，给我们介绍日程安排，还带我们玩游戏，让彼此更加熟悉。结束了一天的正事之后，他给我们讲述了他的大学生活，告诉我们一定要自立自强，高中时代一定要尽心尽力，不要到了大学才后悔……

23日是大赛正式开始的第一天，经过了开幕式、名家讲座等活动后，我身为一名观摩队员，在奉贤中学新疆部分会场观摩了其他学校的展示。其中令我印象最深刻的是来自山东昌乐二中的同学，他们的主题是"非物质文化遗产保护行动"。首先说说他们的舞台表现，他们从上台一直到展示完毕，

脸上永远是得体的笑容，落落大方的台风为他们的舞台表现增了不少分。但一个好团队的优势不止体现在这些表面功夫，更体现在他们有条不紊的介绍与答辩上。在介绍时，他们每个人都能在有限的时间内从容淡定地完成各自的演讲任务，偶尔时间不够了，他们也能力挽狂澜，其成熟稳重的气质让他们的台上表演更加精彩，给评委的印象更加深刻。就其展示内容来看，他们的切入点与他们的主题也是非常贴合的，他们切入的重点放在与政府的交流与该项目的宣传上，而且他们的行动也非常具有行动力，他们与政府之间的沟通已经取得相当可观的成绩，这样的成果在同类项目中是非常少见的。在最紧张的答辩环节，他们也能展现出自己的特点——冷静理智。针对评委观众提出的问题，他们能够抓住重点来回答问题，不会像其他组的同学，词不达意，又浪费了时间。在他们的身上，我们能学到经验，这是一个很好的学习机会。

24 日学校项目最后一次集中展示，在这次展示中，参加的选手都是领导力项目的佼佼者。例如通辽五中的关爱老兵项目，选题新颖，方案也非常有可行性。但今天的重头戏不再是学校项目展示了，而是第二轮小组微型项目，微型项目的展开才是这一天最能学到东西的活动。在组里确定主题时，我们有过激烈的争辩讨论，最后，经过比较各自主题的优点、缺点，双方队员不断说服对方，我们最终统一了意见，选出了我们的主题。在这次的主题选取中，我看到了不同同学的思维方法、游说技术，真正地体验了强悍的逻辑思维，也深入地了解了对方。在接下来的方案策划和分工合作中，我们的 idea 不停地提出，筛选，修改，结合微型项目的特点，选择更有实际可操作性的方案，方案的修改其实是我们每个同学思维表达、说服他人的一个过程，这个过程是能让我们乐在其中、提升思维层次的重要方式。每个人都拼尽全力，为这次的项目出谋划策。

最后的几天相对轻松，但我们很快就意识到分别的日子不远了，短短的六天，经历了许多，有争吵，有协作，有竞争，有团结，我们在教练的带领

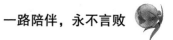

下不断地磨合。来自不同地方的朋友，语言差异也很大，却能慢慢熟悉彼此，实在难得！

　　领导力的大会，真的不仅仅是比赛，它还让我学到了很多课堂之外的，如行动力、团队合作能力、外交能力……希望以后还能有机会参加这场大会，无论是作为参赛选手，还是作为志愿者，都希望还能回到这个大家庭！

一路走来

浙江省镇海中学　张煜明

比赛完回来，有人问我："参加领导力带给你最大的收获是什么。"

"自信。"我说。

当高一刚刚接触领导力的时候，我完全不知道它是什么东西，也不觉得自己能一步步走到现在，成为"年度中学生领袖"。这些都是我从来没有想过的，因为我不觉得我自己有这个实力。

一开始，身边的人都没看好我，甚至有时候我自己都怀疑自己，"你真的能带好这个项目吗？"作为"ZZ学子讲堂"的项目主席，我曾一度迷茫，我们到底应该怎么定位，我们的项目到底应该做什么，怎么做。是的，我没有策划过项目，更退一步说，我根本没有参与过任何一个项目，我更清楚地知道，我们项目组内有实力远远超过我的人。而现在，我成为一个项目的主席，要带领这个项目走到全国中学生领导力展示会上，身上的担子自然就重了起来。

而这一路走来，我们经历过挫折，也看到过彩虹。每当"ZZ学子讲堂"项目停滞不前时，我们就一起探讨，一起总结，进行一次次的头脑风暴；每当我们成功办好一个项目之后，我们不骄不躁，趁热打铁，将项目继续进行下去。所以，这一路下来，ZZ学子讲堂从ZZ讲座到ZZ课程，一直到了现在的ZZ学子说，回首这一年，有感激，有泪水。

镇海中学ZZ学子讲堂——特等奖。

是的，我成功了。

面临的更大问题，就是第三轮集中展示。

作为项目主席的我，自然被推选到了第三轮，而我从来没有接触过无领导小组讨论，在经历前两轮的展示之后，我才开始想，我该怎么办。

于是第四天晚上，在真人图书馆结束以后，我找到了一个角落，打开手机，输入无领导小组套路，从最开始的定义看起，开始学习。

就那么安安静静的，一点一点看着，一点一点学习。直到室友打来电话，催我回寝室。

到了寝室，在阳台上，我继续看着，直到凌晨。

第二天，我怀着一份忐忑的心，上了台。

那十二分钟，我不知道是怎么过来的。

最后，我又成功了，以比第二名高出两分多的成绩，获得了"年度中学生领袖"的称号。

我并没有原本想象中那么激动，而是呆在了那里。我在回想这一路，一路走过来，我到底收获了什么。

自信。

我从一开始的懵懂，从一开始的焦虑，慢慢成长、收获，到现在敢于挑战新事物。我不会再去怀疑自己，而是勇敢去做。这一路走来，每一步，我都在这一条路上留下了深深的脚印，当某天，回想起这段时光，我应该也会给自己点个赞吧。

赛后，得到了许多人的祝福。可无论怎么样，我都会不忘初心，在这条路上，继续坚持下去。

指导老师：赵多加　曾昊冥

夏日记事·领导力

浙江省丽水中学　毛珍妮

丙申大暑，群英荟萃，在沪之滨，余有幸参加第七届中学生领导力之盛会，实为感叹，以为之记。

领导力大会已然走过了七个春秋，而我在今年才听说它的存在，委实羞愧难当。不得不说，领导力是一个契机，激励我去做自己一直想要做而怕浪费时间的社会实践。

于大暑前一天抵沪，与炽热天气相似的，还有出站口及全程陪伴的志愿者。红色服装给人热情似火的感受，志愿者们主动帮我们登记，联系，领路，甚至提行李箱，让我受宠若惊，我不禁想，领导力大会该是怎样的盛况。

好在科技时代信息发达，于正式开始前一周就知道了自己组内的成员名单，在群里进行了沟通，不至于见面尴尬。大家来自五湖四海，这是我第一次真切地感受到华夏大地 960 万平方公里包含了很多迥然不同的文化。寝室里有西安妹妹一口标准儿话音，有贵阳姑娘豪爽干练的声音，也有香港令人熟悉的粤语，当然，还有我这个南方的吴侬软语。在寝室那一方小天地里，各种口音在杂乱的床铺行李中交织盘旋，生活真的神奇啊。

一轮展示仅有我们两个人，稿子没有打印，PPT 没人播放，处处都是令人焦头烂额的问题，午间我们在走廊上默默背稿，一遍又一遍地排练，无谓旁人走过时投来的目光。真到我们快上场时，在一旁静候的我们虽然表面平静，内心却已然涌起了波涛。两个人在演讲和播放 PPT 中轮流切换，虽间隙有差，然于其紧张氛围中，已尽我等全力。本抱着学习的心态而来，不求名次，出分数的那一刻甚至有点儿惊喜，于我们自身而言，已是满足。当然期间观众问答环节充满了智慧的火花，同学们不俗的问题、雄伟的气魄，令人眼前一亮，我颇为叹服同龄人的不凡。

二轮是小组在一天之内做一个微型项目，既充满新奇，又是挑战。经过组员激烈的讨论和投票，我们才定下了方向，之后便是组长分配任务，本想参加外派组挑战一下自己，但又被组长的分配结果说服。惭愧的是，在做完自己的任务后，我并没有参与帮忙其他组员的工作，以致进程拖沓，后期匆忙慌乱。组长更是为了彩排一事忙到凌晨，而我却帮不上什么忙，这大概是我为数不多的遗憾了吧。好在经过大家努力，次日展示成果尽吾辈善。

三轮仅少数人可以参加无领导小组讨论。评论时事本我所长，却没争取到机会，深觉憾矣。但在观众席上观看其激昂雄辩，亦不快哉？这大概也是领导力大会之所以以"领导力"命名的原因吧，今我辈少年有如此之势，明朝山河必定大好。

领导力大会很有心，还开展了各种各样的名家讲座、真人图书馆等活动，请到了中科院院士、滴滴打车创始人、迪士尼合作设计师、海遇网 CEO 及领导力大会总负责人尚靽等等，向我们分享或传奇或励志的故事，这也许能让我们将来少走几年弯路。

领导力大会已然闭幕，但它在七天里给我带来的汗水、泪水、笑容、友谊、勇敢，这些美好的东西是不会落幕的。它像一颗种子，又在我们无数人心里重新发芽了。任公有言："鹰隼试翼，风尘翕张。奇花初胎，矞矞皇皇。"梁任公借此形容少年孕育无限未来的潜能，参会的各位如同明星闪耀在暗暗的黑夜，因为，我们的征途是星辰大海。

离场的清晨，我看到了头上初升的红日，七日的过往，是我今夏最美的收藏。

2016 年 8 月 28 日于图书馆

在挫折中成长

贵州凯里一中　何明锦

各位亲爱的老师、同学们：

你们好！

我是来自凯里一中的何明锦。在学校领导的大力支持下，2016 年暑假我们"爱就能助，同拾微光"领导力小组前往上海参加了第七届中学生领导力展示会。在七天的领导力之旅中，我们成长了许多，而今天，我想代表我们小组和大家分享在第七届全国中学生领导力展示会这个舞台上一路走来的一些感想与收获。

我们凯里一中是今年刚刚引入中学生领导力培养课程，在全国的舞台中，很多同学也是经过校内一轮一轮激烈的比赛才能站在那儿，我们也不例外，在校内凭借我们的课题，从十余个项目组百余人的团队中脱颖而出，得到前往上海参加比赛的机会，从而成为贵州省黔东南州苗族侗族自治州第一个站在中学生领导力舞台上的队伍。

曾经的我们，会为取得这所谓暂时的成绩而沾沾自喜，却不知困难即将来临。

7 月，我们怀着一颗比上海 40℃高温还炽热的心来到上海。在第一轮展示会上，看着一支支展示队伍的精彩展示，看着一些省会城市和老牌领导力学校丰富的参赛经验和课题行动力，我们赞叹不已。不知不觉中，我们的目标慢慢也从第一名到最后的一等奖、二等奖……这个时候我们或许才深刻体会到什么叫"夜郎自大"。

比赛时我们大放凯一人独有的自信色彩，大方冷静介绍我们的课题成果，最后我和组员们带来的帮助学习型弱势群体的课题项目"爱就能助，同拾微光"在参加比赛的近 120 所学校，超 160 个课题项目中成功脱颖而出，荣获了第七届全国中学生领导力展示会一等奖！

成功的背后是一次次反复排练与实践的汗水，当然我们深知由于只有 3 个月的成立时间，学校第一年参加经验不够，相比全国各个项目组我们还是付出得不够等原因，一开始的我们或许还有些挫败感，觉得千里迢迢来到上海没到达到最满意的成绩而感到好累、好后悔……

但随着第二轮微型项目的展开，组委会将所有参赛队伍重新分配。我则与来自祖国各地学校的 13 名精英组成一个队伍，共同在 36 个小时的时间内完成"组织社会与校园服务"类课题项目。在大家有条不紊的分工实践过程中，我发现在领导力这个大舞台上，身边原来有好多比我们还要优秀和努力的同学们，他们可以为课题展示早晨五点就起来排练台词，也可以为了课题 PPT 的制作熬到凌晨两点，甚至会抓住空闲时间开始背些单词……

不过，功夫不负有心人，在我们全体成员的努力下，我们的微型项目在同类别 20 余个课题组的激烈竞争中获得前三名及"最佳组织社会与校园服务奖"的佳绩！登上领奖台的那一刻，我们都流下了感动的泪水，因为我永远不会忘记那展示会的 36 个小时，更不会忘了学校课题成立 3 个月的辛苦付出和我从未见过的、如此团结奋斗的时光！

紧接着，到了展示会的第三轮环节，15：1 的比例，1500 名参会同学中最后只能选出不到 100 名同学进入，荣幸的是，我通过自己的努力与激烈的组内推选，成为凯里一中唯一一个站在无领导力讨论环节舞台上的同学，很多老师和同学为我们感到自豪，我也很高兴自己有机会能站在这舞台上。第一年参赛的我稍显稚嫩，但也在最后的无领导力小组的辩论中，尽力展示着

独属于贵州同学的风采,最后虽然没有突围进前20名而得到奖项,但正如大会总负责人尚鞅所说:"比赛中暂时失败的同学,才是从活动中收获最多与成长最快的。"没错,经历比赛后,我自己真正从对手中看到了自己的不足,成长了起来,回到学校相信我们也会继续推动校领导力社团的全面发展!

在主办方举行的"真人图书馆"与"致青年——我一路走来"演讲交流活动中,我们领悟到了责任、奋斗、担当、自信,明白了当今的我们只有不断努力奋斗,未来才有更多选择的权利!

在最后的展示会闭幕式上,我们邀请一同参加比赛的贵阳一中与兴义八中的同学,与我们携手表演侗族大歌《布谷催春》和凯一校本操《飞向苗乡侗寨》,为全国的同学们献上了一场苗侗文化的盛宴,得到了在场千余名嘉宾的阵阵掌声!那一刻,我们才深刻明白,原来看似不起眼的少数民族文化竟然如此受欢迎;我们也庆幸,庆幸我们能传承少数民族文化,庆幸我们身处苗侗明珠贵州凯里!

当然,第一年参加中学生领导力就能走到这一步,学校老师和同学都为我们骄傲。所以我心中更多的是感动,无论今后我是否还继续着领导力培养,我都会深刻明白,在祖国的四面八方,还有更多比我们优秀的同学在不断奋斗着。他们或许是不断用公益活动践行自己的人生价值,或许是每天奋笔疾书为未来奋斗着,这些祖国各地的同学们真的有许多值得我们学习的地方。无论怎样,我认为这就是中学生领导力的魅力所在,它让我了解了全国各个学校教育的不同,更让我学会了宽容、交流、团结、奋斗。也让我们无论身处哪里都要不断反思、总结、学习、奋斗,向更多优秀的领导力学长看齐,或许以到场嘉宾原复旦大学杨校长的"博学笃志,切问近思"为自己的人生理念,又或许深入思考展示会特邀嘉宾 Stefan Ulstein 先生所说的:"为什么在我们看起来完美的项目,而在别人面前有可以拒绝的理由?"

正如万科集团董事长冯仑说过的"受了挫折与苦难的人,才最有魅力",所以你问我什么是领导力,我觉得这就是领导力,大家都越来越明白共同奋斗与团结，互相鼓励前进，共同承受一系列挫折困难，共同在这片沃土上收获成长。短短七天，我们经历了如此之多，我相信，这将会是我们今夏最美的回忆！

2016 年 7 月

——于第七届全国中学生领导力展示会

举办地上海市奉贤中学

愿未来我们的道路上困难重重

浙江省义乌市义亭中学　沈燕君

很多想表达的话，也只能用谢谢和缘分这两个词来解释。谢谢这次展示会，谢谢失败，谢谢你们。能碰见你们是缘分，天南海北，共聚一堂。

我在展示会的第一次失败是在第一轮的分组展示中。在这个见证半年成果的舞台上，我忘词了，我脑子空白了，我手足无措了。有时候真感觉是命运在捉弄你，嗯，它偏不让你得逞。下台了我在想老师会不会怪我，在这个节骨眼上出这种差错。我的台词已经很少了，这能怪谁，怪自己明知道应该多读读多背背，自以为：嗯，我肯定会背了，赛前多背背就好啦。结果是：哎，怪我怪我。老师当然不会怪我，反而担心我会在场上发生一些事情。回来时再与老师谈起这件事，老师告诉我说："蔡志忠老师说过这么一句话，只要你坚定成功的信念，越坚定，就越能成功。"

我对老师感到愧疚，对队员感到愧疚，对自己感到愧疚。

说到这里，我也要谢谢我的教练，若不是他点醒我，可能我还被埋藏在愚蠢的哀叹中。在第一轮集中展示后，教练开了个反思会，挨个问我们在第一次展示上收获了什么。我告诉他我的失败。他回答道："失败很好。你想想，如果你这次成功了，你可能高兴一星期就过去了，但是如果你失败了的话，你可能会去反思，会自责，会愧疚，反而让这次体验更加深刻。可能在以后你做同样的事时，你就会想起这次的教训，避免产生一些错误，岂不更好？"

他讲出来的这番话，我之前就听到过类似的，但并没有给我多大的冲击。但真的，经过这番，我释怀了，真真切切地明白了失败是福。以后我也应该会在失败面前不单单是自责，愧疚，后悔，也应该释怀，反思，牢记。过度揪住自己的过错也是件愚蠢的事。

再说说第二次失败，是我们项目组成员的一个集体失败，若没有这次失败，就没有现在的29组，就不会有感人泪下的场面，就不会有情比金坚的友谊，何来谈什么两年之约？

组长宋蕊与组员刘涵菲去交 prezi 后，匆匆忙忙地又回来拿了电脑就走，说是有小差错。当时大家都以为肯定能搞好的，不用担心，小差错而已。在我独自在角落写着点赞墙的时候，一回头，人竟然都不见了。碰见回来拿鼠标的梁皓炎，询问后才知道，我们的 prezi 不稳定，用会务组的电脑打不开，冷酷的会务组直接拒绝我们，让我们自己想办法，12点前交过来。我觉得挺好的，冷酷才能带给我们社会的感觉。不过我不是做 prezi 的人，如果我是，大概就不会这么想，应该很气愤，怎么没有一点儿同情心！希望当自己真正面对这类事情的时候，能把自己置身事外，用冷静的眼光去看。

那晚，我看到了所有队员的奋斗，做 PPT 的与组长进行合作，即使只是一名"半路出家的和尚"。改稿子的在皱着眉头看哪句话用词不当，是否还缺少了什么。我们在旁边陪着他们，在某人焦躁的时候给予安慰，告诉他没事，咱慢慢来，扣票咱不在乎。时间很快就到了半夜，终于赶出了 PPT，不悔！估计也是在那时候我们的感情升了温，不再是以前的29组。在此，我要感谢一位评委，他对我们的精神很是赞扬，也对我们表示鼓励，更是对我们的肯定，让我们知道，固然社会是冷酷的，但总有温暖的存在。让我们知道，这次不是白费，有它的价值意义。谢谢！

教练又开了一次反思会，让我们都说说这个项目的优点和缺点。在听了早晨评委们对项目的评论后，发现我们做的真得不够好。有一位同学说我们做的很形式，我也发现了。在进行活动的过程中，很多人都说，这只是一种

形式，有形式在就好了啊。对此我表示不是很赞成。微型项目的意义不是在于给你一个让你登上第三轮领袖展示的阶梯，而是让你从既定的大体方向去发现一个社会问题，并予以基础的解决方案，做这个是为了解决问题，提升能力。脚踏实地去做一个活动，认认真真去执行每一步，才是关键。还有一个很严重的问题，就是时间分配不当，这是让我最不可思议的地方。一天半的时间不长，但是我们却还有很多空余的时间。在定好最后要做什么内容的项目后，我们也把接下来要做的事情排列好了，我看了一下，有很多是我们可以立即就能做的，但是组长并没有分配到位。

再说说我自己，一开始他们决定做汉服这个项目我觉得挺好的，但是听教练说汉服的种类有很多，太大了，我也问了我的学长，也同样说有困难，我就对此表示怀疑，并且不支持。我把我的想法提出来后，组长就说："为什么你一定要否认这个项目？"那时候，我挺伤心的，一群人都在热火朝天地讨论，我只好盲目地看着他们在上面"表演"，就好像我已经看到失败的结局了。但是学长告诉我不管怎样，都要服从团队。好，那我就做下去。我也挺小傲娇的，感觉他们都根本看不见我，分配任务也没看见有我的名字。算了，回寝室好了。晚上睡觉的时候想：难道就抬头不见低头见吗？你可是花钱来这儿的，别打水漂了。最后还是感觉到了满满的善意！

谢谢能在我青春的时候遇见你们，谢谢你们都是一群充满正能量的人，即使我们偶尔会斗嘴吵架，但团队就是团队，最后和好如初，感情加深。在最后的告别式上我们都哭了，幸好我们都哭了！

教练曾经告我们说："我至今哭过两次，一次是在高中毕业的时候，一次便是在这里。"

最后，引用我们组员给我们的寄语："愿未来我们的道路上困难重重。"两年之约，有缘再见！为了你们，我也要变得更好，为了自己，我定要成为最好的自己！以自己的新姿态去迎接你们。

特别喜欢开幕式上视频中的一句话：欢迎回家！

谢谢第七届中学生领导力展示会，谢谢所有辛勤付出的志愿者。等着我们，再相约！

指导老师：金莹

不起飞怎能靠近蓝天

浙江省义乌市义亭中学　许银银

每一个不曾起舞的日子，都是对生命的辜负。

2015 年随着学姐的脚步，我们来到了北京，参加了第六届领导力展示会。还清晰地记得，当时一位老者告诉我们：我们要的不是在战场上厮杀，而是在舞台上成长。那时我成长了很多，我从学姐身上学到了如何做事，从团队中学会了如何团结。

如今，我背上行囊，再次出发，来到上海参加第七届领导力展示会。这次我学到的最多的是如何做人。这次我收获最大的不是感受到了自己的成长，而是看到了小伙伴们的成长。

2016 这半年走来，辛苦是不必言说的，但是这些辛苦都在这七天开出了美丽的花儿，温暖了每个人的心窝。还记得刚到上海的前两天，阿贾和艳儿都红着眼圈告诉我，她们想回家。但是到了最后离别的时候，她们又悄悄地告诉我，她们舍不得离开。这也就是领导力的魔力。

到达上海的第一天，我以老油条的资本告诉教练，我要当队长，因为我有经验。何其幸运，在其他能力者到来之前，我当上了这个队长。哪怕只是晚那么一步，我都会与队长之位擦肩而过。如果说机遇和能力哪个更重要，我觉得两个都重要，但是能力是机遇的前提。

第二天，我们组的队员全部到了。接下来，我们开了一个短会，这个短会我开得很糟糕，于是他们开始怀疑我的能力。一个上海妹子把我拉过去说："你一开始就错了，你应该凶一点，要注意时间。"没有规矩不成方圆。那个晚上，我一直在调整自己，一直在思考。我开始怀疑我自己的能力，身边的人都是来自全国各地各大高校的优等生，而我，只是一个普通高中的学生，我有什么资格带领他们？最后我还是没有放弃自己，我应该肯定自己，我有经验这是事实，所以我必须把这一优点发挥出来。

第三天，我以最自信的姿态出现在队友的面前，吸取上海妹子给我的意见，重新大干了一番。到最后一天当教练拍着我的肩说，我们有一个好的队长时，我知道我成功了。

我想第二轮投票环节，当我们组拿到第一时，我们激动得全体起立答谢评委及同学们那深情的场景是我永远忘不了的。还有那随后进行的组内领袖候选人竞选，即使当时火药味浓到随时可以把组内每位成员撕成碎片，但是一切敲定之后，大家又可以把酒言欢。

虽然成功地进入了第三轮，但是害怕和担心成了我最大的阻碍。这时给我最大帮助的莫过于我身边的队友。与你们相遇好幸运。一次次的磨合和交谈也让我知道，我们需要的不仅仅是最后的荣誉，更大程度上是一个团队必须具有的团结和默契，以及每个组员之间的相互体谅和配合。这世界上不只你一个人存在，学会为他人考虑吧，每个人都是很可爱的，成长路上，你必须学会做人。

当七天的时间如烟雾般从我眼前飘散，我开始回首过往。两年来，从秘书到主席，从组员到队长，我不断挑战自己，以不同的阶梯，绽放不同的自己。我知道，我需要一直努力，不起飞怎能靠近蓝天。

指导老师：金莹

正待化蛹成蝶

广州市铁一中学　段　然

　　7月末的上海，骄阳似火，映照在那一张张稚气未脱的脸上，空气中充满了青春的气息，混合着青草绿地的清新，女孩发尾的芬芳；头顶着激情的烈日，背靠着碧蓝的天空，像脱缰的马儿不顾一切向前飞奔，像展翅的雏鹰挣脱牢笼自由飞翔……在上海格致中学，一场没有硝烟的战争正蓄势待发，它竟预备着点燃"魔都"！

　　22日这天下午，一群活泼可爱的大学生接待了我们，整个有趣的旅途就从他们热情的笑容中启程。

　　当天晚上举行的"破冰仪式"是消除新建团队隔阂的金钥匙。其实我们去上海参加展示会，带有一种"见网友"的轻松心情。在这个星光耀人的夜晚，我们都撕下了自己"高冷"的面具，化身一个个健谈、又拥有共同兴趣爱好的"有志青年"。

　　参加第一轮展示会时，我有明显感觉到我们"从食至终"饮食优化项目小组相较别的展示组多的那一份冷静沉着，完全没有怯场的表现，谈吐大方，收放自如。面对评委和观众刁钻的问题和犀利的眼神，他们依然保持着强大的气场和淡定的姿态。

　　在第二轮微型项目展示的准备筹划阶段，我们的新建小组表现出了强大的团队协作能力。我们的组长分工有序，对每个阶段的问题及处理的方法都计划得井井有条，而剩下的小伙伴们也积极地配合着组长的工作，绝没有一个人是闲下来的。我们的团队秉承着"万事皆应有 Plan B"的原则，紧锣密鼓地开展起了我们的项目。我们抽到的主题是"帮扶弱势群体"，我们结合了最近新闻中频频出现的与外卖小哥相关的一系列事件，如"外卖小哥被宝马车主辱骂""外卖小哥在北京暴雨夜因迟到被责骂"等时事热点，打算以外卖小哥为帮扶对象，展开名为"骑士，愿有人懂你的'颠沛流离'"的项目，改善外卖小哥的社会处境，并借此提高外卖小哥的社会地位。最终，我们在第二轮的项目展示中获得了第三名的优异成绩。

在整个上海之旅中令我印象最深的，便是由来自各个国家及地区的优秀人才为我们做的"真人图书馆"活动。其中一场由来自南京农业大学兽医专业的优秀指导教练付梦瑶给我们讲述她的人生经历，那个夜晚我收获了太多，瑶姐开辟了一条新路，引领我们走向探索与发现，去感受生命的奥妙；而另一场全英的"真人图书馆"则让我感慨战火中的爱情坚贞不屈。

离别的那晚，展示大会在形式上结束于盛大而略带遗憾的晚会上。其实不然，次日凌晨三点半，在小桥上，蜂拥的人群举着手电筒，簇拥着善舞的姑娘们，欢呼着跳完了未完的舞蹈。那夜星光璀璨，午夜的小桥上摩肩接踵，像是一条冗长的银河，无边无际，充满了青春至上的气息；那夜泪眼朦胧，载歌载舞，激情似火的上海已入深梦，而桥上的人群渐入佳境，澎湃的凯歌、欢脱的音符如精灵般奔走在人们的心头。

上海啊上海！感谢你承载了属于第七届中学生领导力展示会的，那么多的爱。

园丁视角

你是颜色不一样的烟火

浙江金华第一中学　陈凯丽

炎热夏日，洪水突袭，尘封的是道路和街口，挡不住的是一群人的热情与真诚；长年累月，日夜更迭，疲倦的是身躯和疮痍，挥不去的是一颗心的奋进与坚持。作为新晋教师，作为第一次接触全国中学生领导力大赛的带队老师，这里，留存着我很多的第一次。第一次，珍贵且难忘。

汽笛声响起，是出发的号角，烈日的午后，黄昏的站台，窗外的恋人相拥离别，蓝色站牌下的家人互说再见，转眼会是一种季节的轮回。我们也就此告别金华，前往上海，去追寻属于这个盛夏的故事，去寻找属于青春时代的最强音。车辆到站，人来人往，陌生的城市，陌生的脸庞，因为一群红色而心落归处。

这一群红色甚是熟悉，在这之前几个夏天，我也身着火热的志愿者服，和一群有着梦想的人一起在烈日下打拼，一起在道路上奔跑，一起在灯光下熬夜，即便如今我改变了身份，但却不忘曾经的印记，因此，这一群红色于我而言，十分亲切，心里竟油然生发出一种加入他们的冲动。这是一抹自始至终陪伴着我们一起学习、一起成长的红色，这是一群无微不至帮助着我们每一个细节、每一个举动的红色，这是一片默默无闻分享着彼此每一分辛勤、每一滴汗水的红色。我还记得，接站那一天，志愿者们冒着大热天整件红衣服都浸湿的场景，汗水顺着脸颊滑落，挥汗成雨，都始终挂着微笑的旋涡；

我还记得，到格致中学的时候，我的行李很重，一个比我个头还小的女生主动帮我拿行李，她的双手都被拽红了，嘴角还洋溢着欢迎的笑容；我还记得，住在我宿舍旁边的志愿者房间点着深夜不眠的夜灯，每一日每一夜超负荷的工作。从陌生到熟悉，从熟悉到敬畏，校园的每一方寸土对我们来说，都是第一次踏土，带着些失眠的不安，然而正是有了这么一群可爱并且真诚的志愿者们，用他们青春洋溢的红色，伴随我们进入安谧的梦乡。他们是颜色不一样的烟火，让蔷薇开出一种结果，孤独的沙漠里，一样盛放的赤裸裸。

红色带给我们青春与热火，而白色则给人一种敬畏与沉静。有幸参与这场世事的盛宴，有幸加入这样一支智慧的队伍，有幸与一群有思想、有文化的师者交谈学习，有幸和这么一群特殊的小伙伴一起嬉笑玩闹。从一开始带队到最后一刻离开会场，心里面都是忐忑不安的，作为在场带队老师中最年轻的一员，总觉得自己资历尚浅，因此，向优秀的师者们学习便成为我来到这里最大的收获与最充实的任务。从一开始的"破冰"到几次专家的讲座，从一开始的介绍到最后彼此熟悉的问候，从一开始的腼腆到最后相互的开怀，我想说，能认识这么多优秀的人，真好！我认识了组委会的常学勤老师和郭芳芳老师，两位一直陪伴着我们带队老师成长，每当我们有什么生活或者工作上的疑惑，她们总能耐心解答。我依稀印象深刻常学勤老师在第一天"破冰"时候赠予我的微笑，让我这一颗年轻畏惧的心顿时沉稳了下来，在日后的学习过程中给了我莫大的鼓励与安慰。我认识了带队老师中优秀的长者，衡水中学郭德刚老师对学术和教学都颇有自己丰富的见解，郑州外国语学校吕鹏飞老师对中学生领导力课程开发也具有自己的改革创新点，义亭中学李静霞老师对我这个新手给予了很多的关怀并让我倍感亲切，昆明八中杨丽老师在指导朗诵节目时给了我很多的帮助和鼓励，每一位老师都具有独特的人格魅力，不断吸引着我，在这个大家庭里，我得到了很多的关心，更学习到了很多的东西。我认识了很多专家学者，几场讲座的教授都为在场的老师开启了时代的先声，几次交流的嘉宾也都坦诚地跟在座的观众分享自己的学术见地和实践造诣。从茫茫的静默白色中，我窥见的是独到的智慧，更是师者的魅力。我打心底，敬畏这抹睿智的白色，感谢这场白色的遇见。

红白相间则相生，深蓝之间智力共赢。整个比赛场上的主角，便是身穿深蓝色 T 恤的学生们，我蛮喜欢蓝色，因为深蓝会给人一种生命的厚重感和人生的智慧感。作为一名带队老师，与其说我们是来指导学生的，倒不如说我们是和学生一起互相学习、互相成长的。长期的战线让孩子们都身心疲惫，比赛前期看着他们每天晚上做 PPT，写讲稿，做成果册，彩排到深夜，心里都为之触动，一方面是心疼他们，但另一方面更是心生敬畏。他们身处最好的时代，不怕艰苦，不怕辛酸，只因心中有梦，只因年少轻狂。中学生领导力大赛是一个很好的平台，我亲眼看着我的学生这一路经历"迷茫—扎根—磨合—依赖—共生"如此的成长旅程。作为一个团队，他们有过摩擦和磨合，但更多的是相互鼓励、相互扶持。作为一场比赛，或许会有输赢成败，然而

浙江金华第一中学

作为一次学习，我们任何时候都在收获，所以无言失落与失望。为期一周的比赛，我也切身加入学生的行列，在比赛中观摩学习，在交流中探讨收获，与自我的团队反思总结，为后期的比赛打下基础；与他人的团队分享交流，为之后的参赛添加新源。

27 日晚会结束的深夜，我看见寝室楼下各队伍难分难舍，我更加感到了团队的力量，也更加敬佩这群可爱的孩子们，他们的善良，他们的协作，他们的真善美，都让我印象深刻。他们在寝室楼下互送祝福，眼里满含不舍的泪水；他们在紧密拥抱中互道珍重，手心捏攥难别的汗水；他们在挥手告别中互唱离歌，声音中饱含真情的柔和。他们或许年轻， 也曾带给宿舍休息的老师一些困扰，但是无论如何，我敬畏他们敢爱敢恨的真诚，也羡慕他们如火如荼的青春。最难过曾青涩的容颜，最悲伤曾倔强地走远，野草旁离离的少年，夕阳下暖暖的笑脸，看人海茫然喧闹满天，别问什么是永远，笑容斑驳是那一瞬间，嬉闹哭泣是那一容颜。

你，我，他，都是颜色不一样的烟火，造就了盛宴的笑语欢歌。哭过的笑过的缠绵，来过的去过的少年，抵不过流年，却容得往事如烟。

我们生来一无所有，但来这里学会了很多，感谢中学生领导力大赛，感谢热情如火的红色，感谢智慧如水的白色，感谢青春如歌的蓝色，所有的颜色汇聚成一群人，点亮了一座城的沧海盛世。

领导力课程　诗意的远方

浙江省义乌市义亭中学　金　莹

一个人只拥有此生此世是不够的，他还应该拥有诗意的世界。

——王小波

经常会有人问我，你指导的这个领导力开发课程是什么课程？领导力这种能力是说开发就能开发的吗？选择这门课程的学生们总是这么忙碌，他们到底在忙些什么？到了暑假放假的时候，别的老师都回了家，你却还留在学校里，把学生聚集起来，又是在对他们培训些什么呢？

面对这些问题，我很难用三言两语解释清楚，但是我知道许多同学对这门课程不离不弃，追随至今，证明了这门课程的与众不同。他们用半年的系列活动和永难磨灭的七天比赛，给自己迥然不同的体验。在做项目之前，我们懵懂无知，不知道如何选题，不知道如何做策划，不知道如何做准备工作，不知道如何写会议纪要，不知道如何进行沟通，不知道如何具体去推广我们的活动，而现在的我们，能高效率地写出各种文稿和脚本，并且思路清晰，语句流畅，做 PPT 的做 PPT，做 FS 的做 FS，做宣传片的做宣传片，写情景剧的写情景剧，每个人都能找到属于自己的特长，这是一种多么美好的境界！

辅导学生至今，我经常在想，这门课程带给学生最大的意义是什么。我

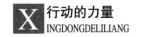

想最大的意义在于，我们在不断地做项目的过程中，坚持与妥协，挫折与困难，伤心与委屈，打击与放弃，希望与肯定，成功与喜悦，一直交织在一起，似乎永远不能分离，但是我们能从中发现自己，肯定自己，改变自己，让自己变得越来越强，越来越有存在感。第二个重要意义在于，我们学会了如何在团队中表达自己，并且切实认识到责任感和使命感的重要性，意识到这两点，对今后的学习和工作，都将有很积极的引导作用。第三个重要意义在于，我们学会了如何在大庭广众之下，勇敢地表达自己，勇敢地说出自己真实的想法，声音不再是气若游丝，而是如洪钟大吕，掷地有声，这个能力在今后的工作中，应该会产生更加巨大的影响。第四个重要意义在于，我们学会了团队合作意识，当团队里发生了一件紧急事件，我们都能很快速地把它解决，而不去计较你付出的是不是比别人多。

看着学生们在集训期间，有时候因为要做一个更完美的 FS，熬夜到凌晨三点，我也很心疼。他们所付出的汗水和努力，时时会让我感慨万千，如果我的高中也有这样的课程，那该多好。那我应该会在很多年之前，就清晰地对自己的未来有一个规划，而不是像自己当初那样，直到大学毕业了，才慢慢知道了自己将何去何从。

路漫漫其修远兮，但我们前进的步伐从未停止。看到学生在比赛期间的精彩展示，我时时刻刻为他们感到骄傲和自豪！像我们这样的农村学校，也能有学生冲入重重挑战的第三环节，并且还能拿到"中学生领袖提名奖"的荣誉，那更是莫大的欣喜。每一颗在太阳下的汗水，每一滴几欲放弃的眼泪，凝聚成了一张张朴实无华的荣誉证书；无数个焦头烂额的电话，无数次动笔即停的急躁，最终化为我们在第七届领导力大赛中的成功！

薪火相传

我与展示会的情感纠葛

第七届展示会教练组　魏　嘉

匆匆四年，岁月褪去了我懵懂的容貌，少年的面庞，一步步被时光雕刻出了棱角。对领导力大赛有爱有痛。相伴四年，希冀终究实现，忘不了被通知录用时的喜悦，也忘不了目送像自己弟弟妹妹们般的学生离开时的黯然。四年，改变了太多，却没改变我对领导力大赛的热忱与信念。

一年艰辛·梦碎山城

四年之前，我高一，就像现在的这群高一学生一样，懵懵懂懂地接触到了领导力，只不过当时还叫作领导力大赛，感觉就像打开了一扇新世界的大门，厌倦了书本里枯燥乏味的辞藻，跃跃欲试加上满腔热血让我有幸成为阳泉十一中第一任领导力课程班长。

那时的我们，意气风发，山城从上到下对领导力都知之甚少，就像许多现在的孩子们一样，我们碰壁，被拒，一次次尝试，一次次失败，甚至被骗，我们被迫将设想的项目一步步、一点点地缩小，总算在比赛前夕有了一个不算优秀，但我们已经竭尽全力的项目。正当我满怀希望和憧憬准备踏上悲伤的征途时，却意外遭遇了流感，自己还孤身在外学竞赛，不懂得照顾自己使得病情稍有延误，以致出发那天最终没有办法坚持继续去比赛，外加与学校

方面发生争执，最终未能前往第四届大赛，之前的网赛与准备都付之东流。现在回想起来，应该再坚持一下，因为那一段经历才是我最宝贵的财富。

三年坚守·梦圆七届展示会

越来越大的课程压力，让我无暇去思考项目，那一段遗憾的经历让我不忍提起这段往事。但是心有不甘的我不能这么轻易地接受失败这一结果，于是，我便开始了三年的志愿者申请历程，我希望我破碎的梦，能够以另一种形式得到实现，从别的孩子身上捡拾到自己失落的记忆。

第一年，那年我高二，兴致勃勃的我有着初生牛犊不畏虎的年轻气盛。忘记了当时的报名组别，只记得顺利地通过了第一轮的筛选。第二轮的面试官是张胜男同学，从她的言谈当中就能够感觉到她是一个优秀的"学姐"。当时，自我感觉良好的自己以为万无一失，可真到名单公布的那天，我收到的短信提示就是"感谢对大赛的支持，很遗憾……"

第二年，高三毕业，我又申请了大赛，还记得当时的选项是赛事组，自信满满的以为去年可以通过的第一轮材料今年一定也行，没想到这一年的竞争压力更大，我的申请在第一轮就石沉大海。这时候我意识到了，以前的自己太过骄傲自负，有许多比自己还要优秀的人，所以你需要去完善自己。欣喜的是，虽然失落，虽然痛苦，但从未想过放弃。

第三年，大一，在这一年里，我通过参加各种社团、志愿活动，努力学习文化知识以及实践经验和技能，并在青励西安站认真工作，努力完善自己，相信这才是提升自己实力的最好方式，才是最有力的竞争武器。于是，这一年，我认真准备了第一轮材料，仔细准备了第二轮面试，终于，四年的梦，终究要实现了。

今年7月，我来到了上海，虽然是第一次参加，可一切的一切都像是久别重逢，和我在梦里看到的一模一样，那是不可言喻的兴奋与快乐。很快，我就理解了往年志愿者们所说的展示会中的问题，好在有所防备，能让自己组的孩子们度过快乐而充实的七天。全身心的投入，让我从未如此真实地获得存在感，也收获了珍贵的友谊——与孩子，与志愿者，与老师。

一晃展示会已过去半月有余，仿如一场甜美的梦，如有机会，请让我明年再做一次志愿者。

后　记

一

中学生除了读书之外，是否有责任和权利为他人和社会做些什么？他们能做成什么？

也许你的回答是否定的。中学生理应刻苦学习，努力考上理想的大学，为自己的人生奠定基础。帮助别人、服务社会那是走向工作岗位以后的事。再说，中学生年龄尚小，能力有限，能做成什么事呢？

也许你的回答是肯定的。中学生也是公民，在享有他人贡献的同时，也有责任付出、回报社会。再说，成长、发展是每一个人的权利。在真正做事的过程中成长，在服务他人的过程中感受做人的尊严，体味付出的快乐；在遭遇和挫折中，在坚持和成功中，咀嚼山重水复的艰难和柳暗花明的惊喜，都是学生不可让渡的权利。

本书选取了十五个项目。项目的主人公无一例外都是在校高中生。他们来自十三所中学：上海市格致中学（两个项目）、浙江省余姚市第四中学、山东省广饶县第一中学、内蒙古通辽第五中学、贵州省贵阳市第一中学、北京师范大学附属实验中学、郑州外国语学校、新疆农业大学附属中学、山东省昌乐二中（两个项目）、浙江省镇海中学、贵州省贵阳市民族中学、山西省孝义中学校、浙江省金华第一中学。他们所做的项目表明，即便是中学生，也可以有所作为，使这个社会更美好。

二

这十五个项目都是第七届全国中学生领导力展示会的特等奖项目。

展示会是一个交流中学生领导力培养经验，展示中学生领导才能的平台，由中国教育学会、中国教育国际交流协会、中国民办教育协会、教育部中学校长培训中心和商务印书馆共同主办。自 2010 年在北京举办首届大赛以来，至今已举办过七届。

学生的社会责任感和组织管理能力被看作领导力的核心内涵。而领导力既包括团队领导力，也包括自我领导力。

研究和探索我国中学生领导力培养的途径及模式，是"中学生领导力培养研究"课题组的主要目的。课题组通过在全国建立课题实验学校，在实验学校开设中学生"领导力开发"课程，开设实验学校学生交流网站——未名网 (www.futurename.cn)，举办全国中学生领导力展示会，组织中学生领导力国际课程，举办中学生领导力体验营，组织实验学校课程指导教师研讨会等途径和形式，推进我国中学生领导力培养工作。展示会是其中的模式之一。

三

作为课题的参与者和展示会的组织者，我常常被学生的所作所为感动。编辑出版课题实验学校学生优秀项目集，展示他们的责任感和担当精神，让更多的人了解这一代高中生，是本书的宗旨。这是优秀项目集《行动的力量》系列第三本。

四

本书的写作者多为在校高中生。由他们采访既是自己同学又是项目的亲历者后，撰稿成书。也有些篇目是项目参与者直接写就。这种让学生写学生的做法，既可以让做项目的同学在事后梳理项目过程，静心反思和回味参与项目所体验和感悟到的点点滴滴，又能让采访者有机会近距离接触这些因所做项目而引起学校上下关注的同伴，详细了解项目中的人与事，体会先行者的热情与动机。

我们相信，采访者不会只是这些项目的倾听者和记录者，还会是动心者和学习者。因为动心，会将这些故事和热情传播、分享、感染给他们身边的同学、家长、朋友；因为学习，而使自己也成为如同伴那样的践行者。

如果您正在阅读本书，您就是了解这些项目和这批学生的又一新的群体。有可能，您也被影响，成为如他们那样的践行者。

学生的笔触可能稚嫩，但与上述可能的收获相比，这样组稿的思路应该是值得一试的。

五

坦白地说，这个思路不是我的发明。

2012 年 2 月，欢庆龙年春节的爆竹声刚刚散去，我与热心于中学生领导力培养的商务印书馆王陆军先生一行去台湾访问，有幸结识了年轻的台湾大学教师薛良凯先生。由他任理事长的台湾社会向上发展协会，致力于"找寻、访谈、报道那一个个胼手胝足，一步一个脚印，认真生活却对台湾有所贡献的人"，并出版了三卷本的《改变台湾的人物故事》。

听良凯娓娓道来这些书出版的"三步曲"时，我的心中一动：好主意！我们的优秀项目结集出版时就用这种方法！

六

当然，二者的第一步略有不同。

良凯书中的主人公散布在台湾的各个角落，各个行业。他们以一己之力，默默改变着周围，为社会牺牲奉献，但尚未引起关注，需要有人去寻找和发掘。也因此，他做的第一步，是在 2011 年暑假招募台湾地区有志青年学生，成立编采营队，去寻找目标人物。而后，才是访谈和撰稿。

而本书的人物和项目已经从全国中学生领导力展示会脱颖而出。我们需要做的是，由各个项目组所在的学校认真尽责且富有开创性和领导力的指导教师帮忙，在本校招募采访者。在此，特别感谢这些指导教师和采访者。

七

我们所生活的这个社会，尚有许许多多不尽如人意之处。但我们相信：与其坐而论道，不如起而行之；再小的行动，也比喋喋不休的抱怨更有价值。

因此，我们主张：不要问社会为你做了什么，而要问自己，为让这个社会更好，我做了什么。

也因此，本书名定为：行动的力量。

虽然我们不否认，论道和抱怨也一样可以具有建设性。

八

青年力量是随着课题研究、全国中学生领导力展示会而衍生出的一个大学生公益组织。其中的成员最初是当年的课题实验学校选修领导力开发课程，参与过展示会的学生，进入大学后，他们又以展示会志愿者的身份服务大会，并带动和影响了更多的大学生加入。

如今，从会务筹备、志愿者招募和培训，到参赛师生、嘉宾、评委的接待，再到展示会的主持、计分、教练、项目和成长经验分享、颁奖晚会及分论坛的策划和实施、后勤服务等各个环节各项任务，均由青年力量负责完成。

随着展示会规模的迅速扩大，承办好每一届展示会，也已成为青年力量要应对的一个重大项目。

他们在用服务中学生、服务展示会的方式回馈着学校，反哺着社会，展示着青年人的责任感和领导力。

九

回到本文开头的问题，中学生能做成什么？这个答案，相信您阅读本书后能够找到。

我从 2008 年加入中学生领导力培养研究课题组至今，见证了一批批学生的成长，感受着他们带给这个社会的变化，其中的欣慰妙不可言。

最后，套用良凯的一句话作为本文的结束语：我们期待透过这些故事，与大家分享中学生有多可爱。透过这些真诚真心的美善，鼓励每一个人，即使只是来自微小你我的一点点力量，都足以改变中国。

《中学生领导力培养研究》课题组　常学勤

2013 年 10 月 8 日（初稿）

2017 年 2 月 28 日（补记）